U0053373

蒼茫追憶

穹宇涉獵 02
三部曲 ——

文釗——
著

目次

我圓了攀登布達拉宮的夢！

　　上世紀八十年代，我在北京和中國當代文藝理論家馮牧先生，在北京飯店共進晚餐的時候，他告訴我前一天剛從西藏訪問回京。我不禁驚訝地問他，以他的健康條件能上到布達拉宮，實在是不可思議的壯舉。

　　他興奮地敘述著訪問西藏的經過。由於馮牧先生患有肺氣腫的頑疾，上到空氣稀薄的西藏，應該是非常冒險的行動。但馮牧先生告訴我，他是率領中國作家協會的訪問團去西藏採風。一開始很多團員對他的健康都很擔心，結果是團裡越是年輕的團員，反而受到更多的高山反應。

　　而大家擔心的馮牧先生，竟然是全團唯一攀登布達拉宮沒有受到高山反應的阻礙，順利登上頂層。後來馮先生解釋稱，在訪問西藏高原時，上了年齡的旅行者，因為行動較為緩慢，而且年長者需氧量較年輕人為少，所以只要緩慢步行，就不會出現任何的負面症狀。

　　聽了他對西藏的介紹，以及他能在古稀之年，雖身患頑疾，卻能順利訪問拉薩，而且登上海拔近四千米高的布達拉宮，引起了我對拉薩訪問的臆想。我和馮牧先生交談時，還只是不惑之年，雖然有強烈的西藏之行意念，卻有著不敢輕舉妄動的擔憂。

　　其實早在1975年第一次前往墨西哥城時，就領略了高原反應的經驗。我和妻子帶著兩個孩子到墨西哥城旅行，從機場租了車開往城區的預定酒店。就快抵達前，我突然感到胸口發悶，而且隱隱作痛，於是趕緊將車靠到路邊停下，找到藥房，藥劑師得悉我胸口發悶後，立即問我何時抵達墨西哥城的，我告知就在一個多小時

前。他立即微笑著說：「沒事，到酒店後先休息一陣再活動就可以了。」

原來墨西哥城平均海拔高度為2250米，最高處可達3900米，我的胸口發悶就是高原反應的輕微現象。聽從藥劑師的指點，我睡了一會，精神恢復後，和妻子帶著兩個孩子去參觀訪問，幾天下來安然無恙。

1990年，我有機會去昆明旅遊，也曾有過呼吸急促的感覺，原來昆明的海拔為1891米，雲南全境的海拔平均在1500-2800米。而最高點可達四千米上下，應該是屬於高原地形。旅行結束後，漸漸地，我將昆明的海拔高度忘得一乾二淨。直到2004年前往出席一個國際旅遊會議時，為了在開幕前布置展臺，但是會場的電梯又未開啟使用，我只能將幾箱重約十多公斤的宣傳資料一箱箱地搬到樓上去。

不料剛搬第一箱，走到樓梯一半時，就覺得呼吸急促，而且四肢無力，起初還以為自己身體不適。只得將資料箱放下，坐在樓梯上喘息片刻，再繼續上樓。此時我才回憶起，初到高原城市是不應該立即隨意步行登樓的，何況兩手還抱著一箱重量不輕的資料。

經過這兩次的高原經歷，我和妻子商議，假如真要前往西藏旅遊，就必需要有步驟地鍛鍊身體，應對高原的反應而不出任何意外。所以我們考慮先到世界各地幾個海拔較高的景區適應一下，等於為自己的身體儲備對付高原反應的能力。

在2010年前後，我和妻子到歐洲旅遊，順道去義大利西北地區探訪老友，義大利友人見到我們高興萬分，而且前一天下了大雪，到處一片白茫茫。友人建議開車到附近的滑雪區「白山」（Mont Blanc）去遊覽。

白山位在義大利和法國交界地，是阿爾卑斯山脈的滑雪勝地，海拔最高點在4800米。我和妻子認為這是考驗應對高原反應的機會，何況白山是世界著名的滑雪區，也是不可多得的旅遊景區，於

是欣然接受他的建議。

我們四人到達滑雪區後，即順著瞭望臺的木板臺階拾級而上。一開始還沒有什麼感覺，等到快抵達瞭望臺時，四個人都有點氣喘吁吁，我們注意到已爬到將近3500米的高度。

值得欣慰的是，和墨西哥城及昆明市相比，我們對高山反應，有了相當的適應性。在瞭望臺休息片刻，呼吸即恢復正常，我們還在那裡嘻笑留影。然後順原路下山，在滑雪場的餐廳裡，享受了一頓可口的當地烹飪，還有義大利西北部出產的紅酒。

那次的白山旅遊，證實我和妻子的體質，對高山反應有了更強的適應能力。但是為了訪問西藏能萬無一失，我們決定再選擇一個高原地區旅遊，來培養我們對高山反應有更為堅定的適應能力。

於是在2016年，我們到了南美洲祕魯，參觀印加文化遺址馬丘比丘（Machu Picchu）。很多人談起馬丘比丘，就會以為其海拔高度是當地最高點而嚇到。事實上，馬丘比丘的海拔只有2430米，並不是當地的最高處。而前往馬丘比丘時，必須先到庫斯科（Cuzco）停留，其海拔為3399米。

我們從祕魯搭乘當地航班抵達庫斯科時，立即意識到空氣的稀薄，但不至於影響行動，在當地陪同的安排下先抵達酒店。大廳裡配備有大玻璃茶容器，裡面盛滿了泡好的茶水，容器旁邊還放置著許多茶杯。陪同告知，這是印加人遺留下來的傳統，這種茶就是幫助初臨斯地旅客緩解高原反應的飲料，我們立即喝了兩杯。

一夜無事，第二天外出參觀，在街頭走多了，不知不覺間就會出現似乎勞動許久後產生的疲態。

但只要坐下略事休息，立即可恢復正常。在庫斯科三天裡，證實了我們的身體，已經有足夠的潛力應對高原的反應。

於是在結束祕魯的旅程後，我們決定是前往西藏一睹真面目的時候了。在北京友人的建議下，我們先到北京休息一週，期間每天

筆者夫婦訪問拉薩下榻於位在海拔3671米高的香格里拉酒店客房。

兩次服用「紅景天」，每次六顆。這是中國自行開發的中成藥，沒有任何的不良反應或副作用。凡是去過西藏的旅客都一致認為，這是調節高原反應的最佳良藥，如在前往西藏前服用更為有效。

經過一週的預備，我們終於在2017年6月踏上了「征程」，從北京搭乘中國國際航空公司的航班先抵達成都，在成都轉機直接飛拉薩。到西藏旅遊需要申請入藏簽證。可以請安排當地旅遊的旅行社代為辦理，手續很簡便。我們是請中國青年旅行社西藏分社安排所有的行程。抵達拉薩後，他們的陪同已經在機艙門口接我們。

到西藏旅行，從空氣、文化、歷史、宗教到餐飲無不令人嘖嘖稱奇。首先講到空氣。飛機抵達後開啟機門，旅客魚貫出艙，從一腳踏出機門的那一刻，即感到似乎有千斤壓力撲向臉龐，不由自主地會倒吁一口氣。平時出機後的快速步行，此刻即使有那種願望，似乎雙腳並不聽從腦子的指令而緩慢下來。

坐上汽車，陪同給我們每人遞上一個小氧氣筒，告訴我們如有需要就放在鼻嘴間吸氧。同時建議我們安靜地坐在那裡，儘量少說話。萬一需要發聲最好輕聲細語，避免消耗大量氧氣。

抵達我們預定好的香格里拉酒店，辦好手續，陪同引領我們上了電梯，進入客房。我看到在靠衛生間的牆上有一個方塊木板，上面註明房間的海拔高度是3871米。聽從陪同的指點，我們略微梳洗後即就寢，他們在告辭前，還特地招呼，次日上午沒有任何活動，我們就在酒店休息，調整一下身體對高原的適應性。

次日上午在香格里拉酒店大廳各地瀏覽片刻，發現後面設有氧吧，那是一間佈置極為優雅的廳室，擺設有舒適的沙發。只要進入該廳室，立即感到氧氣的供應與外界完全不同，宛如坐在平地一樣。我們就在那裡一直逗留到中午，然後在酒店吃了一頓清淡的午餐。

陪同在餐後來接我們，安排好我們去攀登布達拉宮的「壯舉」。陪同我們的董雪飛，在交談中得知，她來自河北邯鄲，是中國國家旅遊局培養的傑出旅遊陪同，分發到拉薩，任務是協助藏區旅遊發展，而且他們是以「志願者」的身分出現，換言之，他們除了食宿等必須之外，基本上不受薪。

但她的服務態度令我夫婦感動，她非常精明善良，而且在攀登布達拉宮石階梯時，幾乎一直在運用對待旅遊客人的心理方法。我們順著迂迴陡峭的石坡拾級而上，她細心地不斷提示我們，一步一步小心慢慢走，不要著急，我們也就像小學生似地和她並行。

約莫攀登了數十步後，她就會要我們稍停，並告訴我們這裡取景好，主動為我們拍照留影。如此周而復始，在海拔高度3750米的山坡上攀爬，一面還不斷地瀏覽眺望遠近的山峰和自然景色。她更是細心地為我們講解許多布達拉宮的歷史文化。她要我們每到一地拍照留影的目的，就是在不知不覺中給我們提供休息的機會，以至

於一路上我們根本沒有任何高原反應的感覺。

只要一走近布達拉宮，不論訪者是否信佛或者是無神論，都會情不自禁地被它的建築結構佈局，外牆的色彩以及周遭的自然環境所震懾。布達拉宮位在海拔3700米的高度上，全部建築是石木結構，宮殿外牆厚達2-5米。

它的外觀主樓高度為117米，外邊共十三層，內則為九層。宮殿則為200米高，包含宮殿、靈塔殿、佛堂、經堂、僧舍及庭院等，相當於四十層現代建築大樓的高度。但這個117米的高度，卻讓我們花了一個半小時才完成到達頂端的「神聖任務」。

我們一路攀登的時候，就見到很多年輕旅客在那裡喘息，有的是氣喘如牛，有的是上氣不接下氣，有的更是臉色灰白，殊不知這些現象都有可能引發嚴重後果的產生。

整座布達拉宮共有四種顏色，分別是紅、白、黃和黑。白色代表和平，黑色代表嚴肅和嚴厲，紅色代表勇敢和政權統治三界，而黃色則代表繁榮。

布達拉宮上面因此分為白宮和紅宮。已經有三百年粉刷的歷史告訴後人，凡是參觀過布達拉宮的凡人，經過對外牆白色和黃色粉刷的材料瞭解後均表驚訝，原來它是用出產自西藏當維縣羊八井的白摻合牛奶、白糖、蜂蜜和藏紅花調製而成的塗

筆者夫婦在布達拉宮著名的白宮牛奶牆前留影。

料，故稱之為「牛奶牆」。

之所以採用羊八井的石灰，是因為該石灰不含任何雜質，細滑且黏性強易乾。摻合白糖的作用是增加其黏性，保持外牆的塗料不易脫落。所以布達拉宮的白宮外牆，每年都要塗刷一次，而且帶有甜味。據說每年在塗刷外牆的時候，許多藏族的孩子都會情不由己地到工地去舔嚐牆上的甜味。

白宮頂端的「日光殿」，曾經是達賴喇嘛十三世和十四世的寢宮，也是他們處理政務的辦公地點，其中還有一座布達拉宮中最大的佛殿。

至於紅宮的外牆，則是用當地出產的白瑪草作為原材料，秋天去皮曬乾後切成30公分長，用牛皮繩紮成拳頭般粗的小捆，整齊地堆在一起，然後層層夯實，再用木釘固定。其中還要摻入藏紅花，去除異味，再染上赭紅色，是為布達拉宮著名的「白瑪草牆」。

紅宮是由佛殿和歷代達賴喇嘛的靈殿塔組建而成。而前面有一塊高聳的白牆，名叫「曬佛臺」，是每逢大節日時懸掛大幅佛像掛毯的聖地。

之所以使用白瑪草作為紅宮外牆的建築材料，目的是使頂層的牆能砌得薄一些，減輕牆體的份量，對高達十三層的布達拉宮作用至關重要。

在到達上面的冬宮時，看到懸掛的黑簾子，據說是西藏三寶的另一寶。所謂的西藏三寶就是唐卡、藏紅花和羚羊角。這些黑簾子及布達拉宮的所有進門口都掛著犛牛毛編織成的門簾，遇水則會密不通風，保持宮內的溫度。

我們隨著陪同一路參觀，真的是目不暇接，到達頂端後，紅宮是給我最為震撼的中心，尤其是供奉著歷代達賴喇嘛圓寂的靈殿塔，其金碧輝煌的奢華，不由令人對達賴喇嘛在歷史上已經超越看破紅塵出家人清貧的崇高精神，而在這裡榮享至高無上凡人般的權

威，產生幾分奇想。

我和妻子順著那一座座靈殿塔向裡望去，從達賴喇嘛第一世到十三世，分別供奉在不同的殿堂裡，他們的肉身都安放在棺槨中，外面都是用純金包裹，最為奢華的應該是達賴喇嘛五世和達賴喇嘛十三世兩座。

達賴喇嘛十三世的靈殿通高12.97米，是純銀的結構，外面用18870兩優質黃金包裹，靈塔用了上萬顆珠寶鑲嵌，可謂是世間珠玉寶石的芸萃。其他各地朝貢的珍奇珠寶不計其數。在靈塔中還有一座由20萬顆珍珠串成的珍珠塔，可謂舉世無雙。

我參觀過不知幾許歐洲歷代帝王的陵寢或是宮殿，其中珍藏的金銀珠寶以及奇珍異石，如果放在布達拉宮達賴喇嘛的靈塔前，用「小巫見大巫」來比喻都顯得極度的不相稱，而只能說是「望塵莫及」！

至於達賴喇嘛五世的靈塔，與十三世的靈塔相比，後者只能有望塔興嘆的份。他的殿堂高三層，內有十六根大柱支撐。中間供奉著達賴喇嘛五世的坐像，靈塔通高12.6米。塔身用黃金3721公斤製成的金皮包裹，還鑲嵌有上萬顆不同珍奇珠寶。殿堂裡還供奉著達賴喇嘛十世和十二世的靈塔，以及八座鑲有珠寶的銀質佛塔等物。

實際上在布達拉宮裡只供奉著達賴喇嘛第五世到十三世八位靈塔，其中第六世沒有靈塔，是因為他雖然出了家，但凡心未泯，仍然為俗家的情人撰寫情詩，最後被逐出佛門。他曾經幽會並寫情詩的遺址，至今在拉薩仍然有蛛絲馬跡可循。

至於達賴喇嘛第一世到第四世的靈塔，則分別供奉在西藏日喀則的扎什倫布寺和拉薩的哲蚌寺內，不過在布達拉宮內仍然供奉著他們四位的身像。

其實在布達拉宮裡面，還有一兩個不為人留意的參訪點——一是宮裡的廁所。如果用環保的角度去審視，雖然布達拉宮有著悠久

的歷史，但是它的廁所被列為最先進的設施一點都不誇張。那是蹲式的便所，因為廁所不能用水沖，所以在宮裡設計的糞坑竟達十米的深度。絕妙的地方是喇嘛如廁後，其大便直接掉進深坑中，我曾在已經成為旅遊參觀點的老便所旁注視良久，始終想不出那些糞便最後是如何清理出去的！

當參觀者在宮裡環顧歷史宗教正處於興高采烈的心境中時，會發現在一些佛堂中坐著幾位僧人，圍繞著一個碩大的獻金箱，在旅客參觀時，旁若無人地數著善男信女捐獻的香火錢。由於布達拉宮的規模和歷史淵源，來膜拜或是參訪者，都會情不自禁地掏出獻金，對虔誠信徒是求個佛神庇佑，而對自己平時作惡多端的貪官汙吏，藉機取得贖罪自新的機會。但不管如何，對宮裡的僧人都是好事，只是在點數的時候，是否能找個參訪者看不到的僻靜地方更為合適？

1 布達拉宮世上最高不見底的廁所。

2 筆者夫婦在拉薩布達拉宮為背景處留影。

今天的布達拉宮是達賴喇嘛五世於1645年重建白宮後開始逐漸形成的規模。早在七世紀時，吐蕃第三十二代贊普松贊干布，為了隆重迎娶唐朝文成公主，興建了999間的王宮，這就是今天的布達拉宮原址。後來經歷了雷電自然災害的破壞以及戰爭的焚燬，王宮已經破敗不堪。達賴喇嘛五世的修建白宮，後來又加了紅宮及金頂等重要結構，一直到達賴喇嘛十三世的靈塔殿落成，形成今天我們看到的布達拉宮規模。

結束了布達拉宮參訪後，我們另外找了時間到山下的八廓街，先瀏覽了八廓廣場的商業區，藏人在那裡向遊客推銷西藏的產品。我們在交流後，感覺到藏民也具備商業的討價還價手腕，也許再經過一些時間，西藏的進一步開放將帶領著藏民在經濟領域中發展的潛力是可以預見的。

位在八廓廣場上的大昭寺，是拉薩地區的重要佛堂。去參訪時瞭解到，相傳這座神聖的寺院和吐蕃贊普松贊干布的兩次婚姻有關。是由尼伯爾的尺尊公主和唐文成公主聯姻後共同建造的，當時尺尊公主將從尼泊爾帶到吐蕃的不動金剛佛像（釋迦摩尼八歲等身像）供奉在該佛堂中。到了赤祖德贊繼位，迎娶來自長安的唐金城公主後，將原來的尺尊公主供養的不動金剛佛像移至小昭寺，文成公主的「覺臥佛像」（釋迦摩尼12歲等身像）迄今一直供養在大昭寺中。

「昭」字在藏語中的音譯即是「佛」的意思，故而稱為「大昭寺」，意即佛堂中供奉著大佛。我們注意到藏民信徒們不斷地在大昭寺周圍轉經膜拜，磕著等身長頭，也因此在廣場前通往大昭寺門首的過道上，可以清

筆者夫婦在拉薩大昭寺廣場前留影。

晰地看到經歷了千多年藏民信徒的頂禮膜拜而磕出的凹道，見證了藏民對宗教的虔誠。佛堂裡燃燒著經年不滅的酥油燈，和外面藏民信徒穿著的樸素形成了鮮明的對照。

在大昭寺的前面，有兩塊石碑被圍牆圍著。南邊的一塊是唐長慶三年（公元823年）用漢藏兩種文字撰刻而成，是有名的「唐蕃會盟碑」，又稱為「甥舅會盟碑」。因為吐蕃娶了唐王朝的公主，大唐皇帝也就成為吐蕃的舅舅了，故對此石碑有著甥舅親戚關係的名稱。這塊有千年歷史高3.42米，寬0.28米，厚0.35米的石碑，也見證了西藏和漢族和睦相處的歷史關係。

雖然在拉薩逗留時間不長，但是在我全球旅遊的經歷中，這是一次集政治、文化、歷史、建築和宗教融匯的受教旅程。我見識了這個地球上最高地區的政教制度，宗教的虔誠膜拜，歷史的源遠流長，文化的深邃影響，一座集宗教政治文化藝術於一體佇立在世界最高點的建築獨特風格，以及藏民經歷了三百多年世界最高點的第一個奴隸制度，度著暗無天日的悽慘生活，轉變為目前當家作主的安定日子。加上豐富的農牧業，以及便捷的火車，航空，公路等交通設施，未來發展的潛力應該是指日可待。

無怪乎近代史上英美印度等國，對西藏的覬覦甚至暗中計畫掠奪用盡心機。雖然達賴喇嘛十四世的寶座仍然安然無恙地保護著，也為此期待有朝一日他能迴心轉意！

因為我只是販夫走卒中的一員，對世上的政治宗教不敢過度誇張地表達意見。值得自豪的是，我和妻子的拉薩之行，在經歷了墨西哥城、昆明、義大利的白山，和祕魯的庫斯科等地對高原反應的鍛鍊測試後，最終圓了攀登布達拉宮的夢想。這個夢想引領我對藏民的尊重和敬仰，也對當地佛教的發揚致以無限的祝福。

（2020年元月21日完稿於溫哥華）

墨西哥旅遊促銷中的幽靈

　　每次和親朋好友只要一提及墨西哥，幾乎就會出現一張帶著懷疑眼神的怪臉問同樣一個問題：「去墨西哥旅行安全嗎？」

　　這都要感恩於美國好萊塢過去拍攝的西部打鬥影片，凡是銀幕上出現的墨西哥角色，不是騎著馬含著煙的盜匪，就是其貌不揚的毒販。

　　經過了連番的戰爭，美國大肆掠奪侵佔土地，就西南一角，內華達、新墨西哥、亞利桑那、德克薩斯等州原本都是墨西哥的領土，卻先後換上了星條旗。幅員遼闊的加利福尼亞州，如今屬於墨西哥的也就剩下那像一條撕破的內褲般的「下加利福尼亞」（Baja California），除了沙漠還是沙漠。

　　近些年來，墨西哥的販毒集團被渲染為無惡不作的一群匪徒，由於媒體的大肆宣傳，造成旅客對墨西哥產生一些莫名的恐懼。其中一個被形容為狡詐綽號為「智多星」（El Chapo）的毒梟，利用美國和墨西哥之間的地下隧道，從事毒品交易。兩次入獄，仍然成功打發獄吏而順利越獄。但最後墨西哥前任總統恩力克・貝雅・尼艾多（Enrique Pena Nieto）在美國的壓力下簽署了引渡文件，送到美國銀鐺入獄而監禁終身。

　　這個名揚四海的毒梟全名是霍阿金・阿奇瓦爾多・古斯曼・羅厄拉（Joaquin Archivaldo Guzman Loera），1957年出生在一個農村家庭，年幼時就跟隨父親從事販毒交易，父親去世後他接手繼續經營，並逐漸成為青出於藍的國際大毒梟。自1999年以來，他的「販毒才幹」就成為美國的心腹之患，勢必剷除之而後快。

　　實際上迄今為止墨西哥的毒品交易，是當地社會一個永遠無法

解脫的心結，它的起因和社會的貧窮不無關聯，也是美國無窮盡的壓榨產生的絕地反擊。

古斯曼有過三次婚姻（實際上他的婚姻次數值得推敲），生了10多個孩子，有的傳說是12個，有的則認為有13個，甚至宣稱他有15個孩子，正如他的結婚次數一樣，孩子的多寡只是社會上的傳言而已。

這都無關緊要，關鍵是，在這些孩子中，老大自父親入獄後，即開始接掌父輩的「事業」。在墨西哥的社會中，有對古斯曼正反兩面的看法，支持他的人大多數來自他掌控的國際販毒集團，認為他足智多謀，所以也就不知從什麼開始，大家以「智多星」（El Chapo）作為對他的尊稱綽號。自他被捕入獄後，他的孩子立即子承父業，販毒集團裡就用「小智多星」（Los Chapitos）來稱呼他的孩子。

在眾多孩子中，最能幹的一個，就被冠上「老鼠」（El Raton）或是「新老鼠」（Raton Nuevo）的不同稱號。意即他們的父親好似老鼠般的能在地道裡來去自如，而接手的下一代，也就順其自然地被稱為「新老鼠」了。

這不由想起在上世紀初，美國作家莊士敦‧麥庫里（Johnston McCulley）在1919年時代寫了一連串的通俗小說，其中第一篇就是根據墨西哥反抗西班牙統治的洛杉磯小鎮的故事「狐狸」（El Zorro）。這個傳奇人物在墨西哥地區的暴政下劫富濟貧的故事拍攝成電影歷久不衰，深受觀眾歡迎，但也令人聯想到墨西哥的現代社會是否仍然如此？

這個發生在墨西哥的故事，很容易使人聯繫起歐洲中古世紀的羅賓漢故事，同樣的是劫富濟貧的英雄好漢，根植在人們的心中。

所以墨西哥的現代毒梟，在當地窮人們的心目中，也就自然而然地成為他們的英雄好漢。筆者和妻子在年初，搭乘郵輪遊覽

墨西哥海岸地區時，曾停靠風景宜人的瑪薩德蘭（Mazatlan），途經有二十五萬人口的海濱小城洛斯・莫奇市（Los Mochis），陪同我們的導遊指著濱海的一座具有現代化色彩的道克斯酒店（Hotel Doux）稱，墨西哥的毒梟「智多星」就是在這裡經過和當地海軍陸戰隊的徹夜交火後被捕。

我用輕鬆的口吻問他，自他被捕後，當地人的反應怎樣？他說，一個「智多星」被抓後，又多了四個「小智多星」。言下之意是當地的窮人們對他仍有一定的懷念，而「小智多星」對他們肯定會有所表示的。

當然這一則毒梟的故事，無法和之前的「羅賓漢」或是「狐狸」相比擬，前者都是從富人那裡劫持財富來給窮人賑濟，而「智多星」的所作所為，社會上還是會看成是毒害年輕人健康及未來的源頭。

至於將來是否能在墨西哥成為另一個二十世紀的寓言故事為時尚早，至少目前我們能專注的是這樣一個在全球販賣毒品的大梟雄，成為世界各地的旅客到墨西哥旅遊時造成的種種顧慮，直接影響到這個拉丁美洲國家的形象。

其實墨西哥的民族傳統善良、純厚和熱情，他們來自不同的原住民，無論是飲食或生活方式都簡單而樸實。對待來自世界各地的訪客他們一視同仁，熱情接待，凡是到過墨西哥的旅客幾乎是一致的讚不絕口。

記得我有一次和妻子搭乘郵輪遊覽墨西哥海岸各港口時，抵達阿卡普爾科港（Acapulco），那是位在墨西哥西南端的港口，北邊是首都墨西哥城，兩地相隔約為380公里。阿卡普爾科港濱北太平洋，是墨西哥政府經營多年的旅遊勝地。

在多年搭乘郵輪周遊列國的紀錄中，除了俄羅斯和以色列幾個國家因為簽證的嚴格規定外，即便知道郵輪上的陸地遊覽安排是宰

遊客的勾當，也只能給他們宰一刀，其他地方的陸地遊覽，從不參加郵輪的項目。

從阿卡普爾科登岸後，選中在碼頭上等候生意的一位頭髮花白的出租車司機，只用了幾分鍾，即和他談妥半天的暢遊及所需車費。上車後，我坐在他旁邊座位上，頃刻間我們就好似認識多年的好友，彼此用西班牙文歡欣而無所拘束地暢談。老司機高興萬分，他說在碼頭接待客人，最怕的就是語言的隔閡。

約莫過了半小時左右，他問我是否可以讓他在家停一下，說時還特地用手向車的左手邊遠處指了一下。我沒有反對，他即將車駛向一個如農莊的小屋前停下，用抱歉的神情向我彎了一下腰。

大約等了有十來分鐘，他回來時兩隻手各提了一個塑料袋。在進入車廂前，他先將手中的塑料袋打開，從裡面拿出一顆黃裡透紅的芒果放在我手上，臉上露著憨厚的笑容：

「這些芒果都是我家院子裡自己栽種的，所以我特地回來從樹上摘了一些送給你和你太太嚐嚐。」

他的這一細節深深的感動著我，多年來和墨西哥人的交往，再度在這位簡樸的計程車司機身上感受到至高無上的真情。他交給我的兩個塑料袋裡滿滿的芒果，頓時給車廂裡洋溢著新鮮水果的清香。

結束了半天的旅程和他道別的時候，給了他超額的小費作為對他的答謝。回到郵輪上，我將芒果放在冰箱裡，這些自然成熟的墨西哥水果，讓我在餘下的航程裡享受著那位善良憨厚的老司機給予的友情。

其實在墨西哥，經常會遇到意想不到的驚喜，這讓我回憶起在傳統中國社會裡「加一雙筷子」的習俗。我年輕時在家裡生活的那段日子裡，就曾經不止一次見到父母接待不速之客的趣事。當一家人正在用餐時，突然來了訪客，父母就很自然地在餐桌上加一雙筷

子，邀請客人一起用餐。這樣的好客傳統如今可能只是在農村裡還能遇到，大城市裡即使是親人之間相互的來往幾乎都要先行約好。

每次在墨西哥遊覽時，我和妻子總喜歡在路邊的小攤上買水果，和有空調的超市出售的水果質量截然不同。小攤販的水果都是他們自己從家裡樹上採摘自然成熟的，味道鮮美。我最喜愛的是在交易時，可以從和他們毫無拘束的交談中了解到許多當地人生活現狀。尤其是當地人對美國的觀感，表面上看似乎墨西哥很喜歡美國，其實骨子裡卻有難言之隱。墨西哥許多重要行業，除了被高官家庭所壟斷外，實際上是被美國人和德國猶太人所掌控。

1970年代，我在加拿大任職於一所國際學院，校董會幾乎都是控制全球經濟命脈的達官貴人，其中就有墨西哥的德裔猶太人。我曾奉校長之命前往墨西哥首都拜訪當地的德裔商業鉅子，商談提供獎學金事宜。

尋找到地址，我按門鈴，開門的是一位身著白色制服的墨西哥僕人，了解我的背景後，他領我到客廳。就從大門進入開始，到抵達客廳，迎我入座，然後送茶等禮節，我粗略地計算了一下，接待我的僕人不下十餘位，是我一生中唯一一次所遇到的受寵若驚而終身難忘的隆重接待。

當那位商業鉅子出現在我面前時，他嘴裡噴出的雪茄菸味幾乎令我窒息，驕橫的姿態也讓我無法久坐。意識到和他的交談只能侷限在寒暄層面。不久我即辭出，走到大街上我如釋重負。至於有關獎學金的事宜後來如何發展，已經不是我所關心的了。

後半生中我一直為旅遊事業而樂此不疲，墨西哥的旅遊事業就成為我關注的重點。也因此在頻繁的往返墨西哥旅程中，深感下榻酒店的諸多不便，而產生考慮在墨西哥購置房產的構想。

第一次抵達瓦雅爾達港（Puerto Vallarta）機場入境時，我和妻子在步出機場大廳前，準備尋找出租車的櫃檯，看到右手邊有一排

穿著制服的工作人員，熱鬧非凡，他們幾乎在同一時間向旅客招手。我們以為是機場的服務台，於是過去詢問如何僱出租車去度假村。

其中一位二十歲左右的年輕人，得知我們下榻的度假村距離機場只有五分鐘的車程，他告知需要15個美元的車費（順帶一提的是，在後來的幾天發現，瓦雅爾達港的出租車費居然在墨西哥雄踞榜首），但他隨即給我們提出免費送到酒店的建議。

出於好奇我問他免費服務的內容。他立即遞給我一份好似合同的頁紙，並提出假如我們同意明天去參觀當地的一個大度假村，他會在一大早派車來接我們先去享受一頓自助早餐，說時還用筆在給我們的頁紙上的兩個當地旅遊節目畫了紅圈，並強調說這些都是免費贈送的活動。

為了深入了解，我告訴他原則上可以接受，於是他要我在紙上簽名後，即安排出租車將我們送到預先訂好的度假村，分手之前他重複地告訴我們，次日一大早會派車到我們下榻的酒店迎接，一同前往參觀。

在經營旅遊業期間，到世界各地旅遊時，順便參觀一些新建的酒店，作為日後提供給客人使用的參考已習以為常，因此對機場那位年輕人提供的一些內容，也沒有作太多的臆測。

第二天一大早，他如約準時在我們下榻的度假村前等候，給我們僱了出租車，直接開往新瓦雅爾達區，那是墨西哥當地的「別墅集團」開發的「紅鶴濱海度假村」。接待人員看過我們前一天在機場收到的頁紙後，就引領我們到餐廳用早餐，在餐桌上他將度假村的內容作了簡單的介紹。

早餐後的參觀程序開始了，除了所有的配套設施外，為了增加我們對度假村的印象，他特別領我們參觀了最高層的一居室和二居室套房，內部設備可說是一應俱全，除了家私，還包括熨斗和熨衣

板、洗衣機，廚房裡配備有刀叉杯盤、烹調器皿、電器爐灶，並配有洗碗機，可以說生活中一切所須均完整地呈現在旅客的眼前。最令人醉心的是所有房間都面向大海，風景秀麗優美，極具浪漫情懷。

參觀序曲結束後，我們隨他來到樓下一間類似房地產買賣談判的大廳裡。那裡早已有一些客戶在交易。客戶代表在我們面前攤開一大堆的資料，看得人眼花撩亂，而且開始用三寸不爛之舌將度假村渲染得天花亂墜。

這時候我恍如大夢初醒，原來這是推銷「分時渡假」（Timeshare）的項目。在觸及正題前，他給我們提了一個極具誘惑力的建議，可以安排我們從眼下的度假村搬到他門的度假村，免費提供一居室的套房給我們使用一週，並包括居留期間的所有餐飲，條件是我們必須選擇購買一項他們推銷的「分時渡假」。他還特地強調現在已不採用「分時渡假」這個在旅遊行業裡普遍使用的名稱，而改用比照高爾夫俱樂部會員制的方式，吸引加入他們的「俱樂部」。

由於我們心目中已經有在墨西哥購置地產的意圖，出於考慮到因為不可能長期在墨西哥生活，購買的房產有可能會長期空置，既浪費也不安全，所以一直舉棋不定。如今眼前有這樣的「分時渡假」，也不失為是一個好的選擇。與購買房產相比較，這個項目的費用應該是可以接受的。

於是在審慎地了解客戶代表提供的幾個項目內容後，我內心在盤算著如何能在下決心前，對他們這個項目推銷術作進一步的深入瞭解。

我們已經住了一晚的西班牙美力雅集團酒店，是我們周遊各地時經常下榻的酒店。在抵達瓦雅爾達港前，已經預付1400美元作為一週客房連同餐飲的費用。

　　推銷員緊抓機會提出，如接受了他的邀請，在他們的酒店逗留一週，即可將已經支付給前一個酒店的所有費用退還給我們。但是假如我們入住後，最終沒有購買他們的推銷產品時，就必須支付4500美元，作為一週的實際房價費用。

　　在推銷過程中，客戶代表幾乎是以洗腦的方式步步進逼，毫不放鬆。在我詢問價格和種類時，他先用一兩個較低廉的價格內容作為誘力。我仔細地注意到他經過特殊訓練的推銷技能，對客戶善於察言觀色，及時掌握對方的心理狀態。當客戶在猶疑不定的時候，他會立即在項目中添加一些優惠內容作為征服客戶的甜頭。

　　一開始他用價格不到一萬美元的最低1000點內容來吸引我們，從言談中，得知我們每年出行較為頻繁，就建議我們考慮1700點的項目，費用為24000美元，使用期三十年。我不置可否後，他立即說，這個項目子女或後代是可以繼承使用權的，只要將他們的姓名寫在合同裡，就能享受同等的待遇。

　　根據不同點數的內容，會員分成普通卡、金卡和白金卡等級別。原本給我們建議的1700點屬於金卡級別，但為了爭取到我們作為會員，他一再提高額外的內容，1700點會員費不變，而級別則從金卡提升到白金卡。

| 墨西哥民間音樂瑪依拉奇的樂團。

| 墨西哥紅鶴旅遊度假村夕陽餘暉的景色。

　　實際上這是一場商業心理戰，最終目的無非是令坐在他面前的顧客屈服。我當時確實已經有些心動了。不過為了使他感到要說服我這個「老奸巨猾」的客人還得費一番心機，就使用了欲擒故縱的口吻提出一些旅遊界裡的行話，讓他感受到要和我達成協議，就必需要開誠佈公。

　　他繼續給我們介紹，集團在墨西哥一共有六座度假村，購買項目後，我們可以每年選擇任何一座度假村使用一週。這一週的當然使用權，我們可以自用或者贈送親友單獨使用，不需要我們陪同隨行。除了這個優惠外，他另外再贈送我們1700點。換言之，意思是我們每年可以增加一個星期的使用權，不過這個額外贈送的一週，如我們願意給親友享用，那麼被邀請的親友必須由我們陪同使用。

　　俱樂部還有一項特殊照顧，就是允許會員提前使用計畫中的「分時渡假」，比如我一年裡願意到墨西哥作五週的渡假，可以申請將以後的四年「分時渡假」提前使用，也等於是讓會員做「寅吃卯量」的安排。因為每年會員還要繳納當年的物業管理費。如果使用五年，就必須繳納額外四年的年度物業管理費。

　　在近一個半小時的談判期間，我注意到有五位旅客購買了會員卡。客戶代表告知，他們在三十年的經營過程中，已經吸收了來自世界各地的78000名會員。設在美國拉斯維加斯的總部，給全球的會員提供服務。

　　經與妻子商議後，我們最終選擇了最高的白金卡，費用是三萬美元。我之所以選擇了最高級的標準，是基於經營旅遊業的過程中，認識到北美洲的慣例，高消費的支出，肯定能獲得好標準的服務。根據這個龐大集團和航空公司、郵輪公司，以及旅遊保險業務都有密切的合作關係來推論，應該可以保證旅客出行的品質和價值。

　　在以後的幾年裡，我們分別到墨西哥的坎庫（Cancun）、洛雷

多（Loredo）、聖盧卡斯海灣（Cabo San Lucas），及瓦雅爾達港的六座度假村去了解當地的服務及休閒內容，而且每次我們都選擇了兩週的渡假計畫。

我們第一次渡假的時候，在泳池畔遇到一位長年生活在美國，年近古稀的印度裔長者，彼此都很禮貌地打招呼，他好奇地問我是否為這個度假村的常客，我告知是剛購買了會員卡後初次來度假村體驗一下。

不料他的語氣中充滿了抱怨。他憤憤地說，每次來渡假，內容是一次不如一次，安排的客房也是愈來愈糟。雖然和大廳的經理議論也毫無結果，所以他這可能是最後一次光臨了。

帶著將信將疑的心情聽完他的抱怨，我只以為他可能是個人的好惡，因為我們初臨斯地，所得到的安排幾乎都是星級酒店的最佳服務。所以敷衍了他後，也只當成是泳池畔的閒聊而已。

在最初的兩年裡，度假村的一切都很正常，在入住的時候，前台除了詢問我們是否需要購買一週的用餐安排外，沒有其他的額外要求。

自從我們到洛雷多度假村後，情況似乎有了變化。在辦入住手續時，櫃檯的接待女士向我們提出一些建議，和第一次到瓦雅爾達港機場時所遇到的幾無二致。內容包括安排次日上午免費早餐，接著參觀豪華客房及相應的設施。

禮貌上我們應對了所有的安排，當然到接待室洽談就是一個必須警惕的陷阱。出來接待的是一位年約花甲的美國人，已經在這個集團裡工作了十多年。從交談中，了解到原來這個集團的巨大資金是來自美國財團。

洛雷多度假村地處沙漠中，周圍荒無人煙，離城中心約有十六公里的路程，為此該集團在這個度假村裡設計了一個十八洞的高爾夫球場，為渡假人士用打高爾夫球來排除沙漠中的單調、寂寞和

枯燥。

這位美國人開門見山就建議我們在已經購買的項目中增加一些內容，當然主題是使用度假村的高爾夫球場等設施，稍有經驗的旅客便知，加入高爾夫球會員費用的不菲。

他介紹過後，我不假思索地告訴他，我們已經是古稀耄耋之年，而且從沒有培養打高爾夫球的興趣，再則我們的渡假目的只是為了尋找安靜地方寫作。這時候我突然想起第一次在度假村泳池畔和那位印度裔旅客交談的片刻，也理解到美國式的推銷術無處不在。

從他辦公室辭出時，他的態度和我們進入前已迥然不同，臉上的笑容也消失殆盡。當然在餘下的停留期間裡，感受到度假村裡的工作人員再也沒有關注我們的存在。

但是我們對該集團的渡假條件還是有一定的認同，所以在後來的日子裡，繼續選擇在坎庫和聖盧卡斯灣的度假村渡假。遺憾的是，幾乎每次抵達後，所遭遇到的不僅是和前次一模一樣的疲勞轟炸，更令我們哭笑不得的是在分配客房時，無論從設施條件或是樓層的安排，幾乎是每況愈下。公然反映出他們在「敲詐行為」沒有得逞後，對待客人的無聲抗議！

但這樣的推銷術，提供了我對發展旅遊行業的一個警惕。我必需要照顧好自己的客人，對這樣只顧利益沒有人情的項目，渾灑自如地利用高度的技巧和心理戰術誘使沒有經驗的旅客上鉤，造成諸多不必要的經濟損失。

尤其是中國旅客到墨西哥旅行如遇到類似情況，必須提高警覺，因為這終究是配合西方國家旅遊習慣的商業行為，是否適合東方人值得審視。對方使出免費提供參加旅遊、自助早餐和豪華套房等等誘餌，不論旅客來自何方，都極易墜入其圈套，結果是因為佔了小便宜，卻在不知不覺中墮入不能自拔的陷阱。

　　其實墨西哥的機場推銷術，和美國或是加拿大本土推銷市場上的類似行業，只能看成是小巫見大巫。筆者有友人在離溫哥華約95公里的滑雪區威斯勒（Whistler），在經紀人動人的推銷術鼓動下買了一個酒店名下的「分時渡假」，付出的費用是需要如同購置房產的方式，買下一個單元。友人初以為是地產的投資。

　　因為有「分時渡假」的內容，所以購置的物業要交給經紀公司來管理，由該物業負責租賃給前往渡假的旅客居住。這也就是購置單元的業主賺取利潤的渠道。

　　為此業主需要向物業管理部門繳納管理費用，每年業主可以選擇一定的時段到滑雪區享受那白雲藍天皚皚白雪的自然景色。然而雖然是自己的物業，卻在渡假時要受到種種條款的約束，使得渡假成為休閒的噩夢。

　　比如業主要將物業留給親朋好友使用，必需親自陪同前往，無形中就成為邀約親朋好友的一道障礙。

　　最費解的是每年的管理報告出爐後，業主的確存有「有利可圖」的願望。但幾乎每年都是清一色的「虧損」。購買物業時的種種優惠條款，最後就是廢紙一張。友人對此只能感到遺憾，至於「後悔莫及」的感受只能深藏在心裡。而在墨西哥的「分時渡假」項目中，如果不再往裡面投資，充其量也就是損失購買項目時的費用。

　　即使經驗了「分時渡假」光怪陸離的商業暗渠，我始終認為墨西哥仍然是世界上少有的旅遊勝地之一，最大的享受就是當地人民在對待來自不同國家的旅客所展現的善良和純樸。

　　所以到墨西哥旅遊，沒有必要購買「分時渡假」的項目，何況海外的旅客根本不可能每年都會到墨西哥觀光旅遊。只要預定好合適的酒店，就能愉快地在那裡渡假，享受著蔚藍的大海和溫暖的陽光。

　　「分時渡假」是美國商界的「創作」，他們用低廉的薪資，僱用墨西哥當地人的憨厚誠實性格，為美國人在龐大的墨西哥旅遊領域裡開拓市場，從來自世界各地旅客身上獲取豐厚利潤。

　　一旦購買了「分時渡假」的客人發現問題時，抱怨甚至謾罵的對象，就是那些賺取基本謀生工資來糊口的墨西哥人，財大氣粗的美國商人卻似幽靈般地浮游在墨西哥的空氣中，優遊自在地吸吮著來自世界各地旅客的錢財。

　　墨西哥一直是我旅遊生涯中的最愛，風土人情丰富，氣候舒適，海灘優美，尤其是一年四季不斷的熱帶水果，和當地人熱情友善，讓旅客有賓至如歸的感受。我最難忘的就是那位憨厚卻充滿熱情給我新鮮芒果的出租車司機，還有那蹲在街角上兜售自己從樹上摘下的牛油果小販的那份真情流露，他們雖然貧窮，卻擁有最崇高的人性尊嚴和善良。

　　既然美國人可以幽靈般地在墨西哥遊走於商業場合中，用吸血般的手段，從天真的旅客身上獲取厚利。那麼正在美國獄中服刑的「智多星」，多年來遊走在美墨之間，販賣毒品贏得豐厚的利益。難道這不正合乎人類命運中「冤冤相報」的定律？

（2020年3月12日完稿於溫哥華）

繫在美國褲腰帶上的亞洲民族

　　2018年夏天，我和妻子一同在歐洲旅遊，其中安排了較長的時間在德國欣賞當地的文化藝術。但在柏林，即便已經統一多年，給人的感覺有意無意間總帶著幾分戰爭留下的隱晦陰影。旅客們都會情不自禁地將東西柏林圍牆遺址作為參觀重點，當然我也不能例外。在前往參觀前，我腦海中一直盤旋著德國青年人為了爭取自由而犧牲的景象。

　　但在抵達東西柏林交界處時，已嗅不出任何戰爭氣息，更沒有在美國和蘇聯控制下的淒涼悲慘氛圍。映入眼簾的只是美國的快餐店，推銷旅遊產品的商鋪，還有那東西柏林前哨站遺址，在蘇聯一邊，只懸掛著一幅軍人的肖像，我也沒興趣去探詢他的姓名。

　　吸引我注意力的是美國那一邊。設立在馬路中間的哨所，是按照二次大戰後建造的原樣所保留下來的，上面還有「US Army Checkpoint」的標誌，哨所前面設有防彈沙包，給人的印象是防止敵人越界的象徵。

　　一個美國人打扮成美國大兵模樣，一只手支著美國的星條旗，他的任務已經從站崗守衛，轉換成向遊人收取攝影費的收費員了。如果遊客想在哨站前留影，就必需要支付三個美元或者兩個歐元。至於這個美國大兵究竟是來自五角大樓，還是商業行為的裝飾，相信遊客們也沒有興趣去猜測了。

　　在哨所的馬路一邊，就是美國垃圾食品麥當娜漢堡包的大招牌，所以走在那裡，看不出一點德國的氛圍，卻仍然是美國人掌控的佔領地。而那個收錢的「美國大兵」，從他的口音可以斷定，就是個典型的「牛仔」。

離開哨所不遠處，有一個玻璃建築，正面懸掛著大幅英語廣告：「The Berlin Wall Set It Here」（柏林圍牆建在這裡），顧名思義，這是一個旅遊業賺錢的設置。

為了一探其中的奧妙，我和妻子買了入場券，走到裡面，粗製濫造的佈景，展現的是東柏林的往日情景，當然宣傳內容是側重在東德青年人，不惜冒著生命危險，爬牆到美國控制的西柏林，尋求朝思暮想的「民主自由」。

既然德國已經統一多年，而德國政府在柏林一些曾經被劃為東西柏林邊界處，也設置了紀念的標示，按理應該足以令來自世界各地的遊客了解德國曾經的悲劇。如東西柏林哨所的繼續保存，「柏林圍牆建在這裡」的展覽，其實就是發展旅遊的「低級趣味」，而操縱這些行業，居然還是一些難以忘懷過去的美國人。

我徘徊在那經歷過殘酷戰爭的市面，腦海中一直盤旋著冷戰時代蘇聯和美國的爭奪景象。人類自有歷史以來，向來是弱肉強食，中古世紀的海洋霸權，產生了一代又一代的殖民主義，一直到第二次世界大戰，蘇聯和美國的鬥爭，無非是另一個「殖民時代」的開始。

諷刺的是，世界上以出售軍火或是開啟戰爭的目的，其實就是一個金錢的交易，但是以利為先的美國人，推銷軍火的意猶未盡，還在曾經控制的德國首都，利用東西柏林圍牆和哨站的歷史遺跡，去賺取那些蠅頭小利。

為此我不禁想起了去過多次的越南，經歷了數年的殘酷戰爭，犧牲了千萬無辜美國青年的生命，結果是美國最終灰頭土臉地撤退，南北越統一。

我先後在越南分裂時和統一後出訪過多次。需要強調的只有一點，那就是在分裂時，南越的氛圍就是一個被外族統治的「殖民地」，而統一後，不分南北，一片欣欣向榮的氣氛，套上「當家作

主」四個字來形容的確恰如其分。

　　既然歐洲的德國和亞洲的越南先後統一了，那麼當今世界上，因為美國作梗而分裂的國家就剩下中國和朝鮮了。稍有頭腦的人士只要冷靜思考就能體會出，中國的分裂和南北朝鮮以三八線分割，就是美國的得意傑作！

　　1953年時代，我還在臺灣中學求學，曾經看到新聞上如火如荼地宣傳「123自由日」，那時候對朝鮮的認知只是個地理上的名詞。但板門店這個地名，卻很奇怪地嵌入我的腦海深處，因而產生一個奇怪的夢想：親自到板門店去走一遭。

　　之所以會產生出來這樣的「怪想」，就是因為在臺灣的生活中，處處受到美國人的箝制和干預，幼年時生活在上海法租界裡，二等公民的夢魘始終揮之不去。雖然到臺灣是經歷了九死一生的過程，期待的應該是還我自由身的中國公民的地位。

　　然而在臺灣，吃的是美國援助的白麵粉，守衛臺灣金馬的戰士手持的是美國提供的武器，空中飛翔的是美國的戰機。甚至新聞廣播事業，也要聽從美國中情局的指揮。於是我對自己是否為完全自由的中國人身分產生了懷疑。

　　在看到「123自由日」的宣傳後，我不斷地自問，為什麼美國人要在朝鮮半島上發動戰爭？為什麼這麼多的中國士兵從朝鮮戰場上奔向臺灣？我要親自到那個曾經發生過史上罕見殘酷戰爭的地方去看個仔細！然而這個夢想居然漫長地等待了三十五年後才得以實現！

　　1987年9月初，我協助中國民航局，開啟了北京和溫哥華之間的航線。之前，我曾在北京和中國天鵝國際旅遊公司總經理席振寰談論旅遊合作事項時，有過去北朝鮮訪問的萌想，問他有無渠道幫我實現。他聽到後帶著懷疑的語調說，為什麼要去訪問一個被世界罵得體無完膚的國家？

　　我坦率地告訴他，自從開啟了中加航線後，我的旅遊公司必需要開拓與眾不同的旅遊路線，來吸引加拿大的遊客。因為市場上的旅遊項目幾乎是千篇一律毫無新意。加拿大人到朝鮮半島旅行，也是百分之一百到南韓，而北朝鮮卻無人問津。

　　席先生繼續用否定的口吻，企圖打斷我的念頭。但我堅持己見，居然大家都往南行，那麼我就要找個反方向的旅遊路線來滿足我的叛逆個性。

　　我們的交談沒有得出任何的結論。等到十月份再次抵達北京時，和席先生等一同晚餐，他給了我一個令我振奮不已的好消息，原來他已聯繫好北朝鮮駐北京大使館的官員與我會面，並在10月6日親自陪同我分上下午兩次拜訪朝鮮民主主義人民共和國大使館，接待我們的除了三位大使館外交官之外，我最感興趣的是朝鮮國際旅行社的官員李根春先生，因為我的目的只是計畫開拓朝鮮的旅遊項目。

　　在友好熱情的氣氛下，我們的討論交流很順利，朝鮮大使館同意我造訪平壤。帶著興奮的心情回到溫哥華，並立即籌畫如何在抵達平壤後，就開拓平壤和加拿大及美國旅遊市場作為商討的主題。

　　三週後，10月25日，我再度踏上征程直飛北京，28日我即前往朝鮮大使館，取得訪問平壤的簽證，由於加拿大和朝鮮之間沒有邦交，所以大使館發給我的是一張一次性的簽證紙。儘管簽證紙很簡單，但是在我手中卻感到沉甸甸的，因為那是非常不易獲得的簽證。

　　在席先生的協助下，辦妥了飛往平壤的機票。11月2日下午三點，我登上了朝鮮民航152號班機，飛機不大，而且旅客也不多，但我整個心緒都集中在三個小時後將要開始我一生中的另一個「探險」！

　　傍晚六點，飛機降落在平壤國際機場。朝鮮國際旅行社的金先

生及朴先生在機場接我，首先令我感到驚奇的是，他們給我安排的汽車，就停在飛機的旁邊。我快速地極目四眺，只見機場停靠的飛機很少，來到入境大廳後，也是空蕩蕩的，很快就辦妥了入境手續。

我們直接抵達預定好的「高麗大飯店」，那是平壤最好的星級飯店。整個結構是雙塔座。飯店裡很熱鬧，有許多外賓，從他們的交談中，分辨出這些外賓應該是來自蘇聯和東歐國家。兩位陪同在送我到二座樓的客房前，見到了已經在大廳裡等候的李先生。

經過介紹，我向李先生提出了一個極其重要的問題，問他在機場接我的陪同是否擔任我的英語翻譯？並向李先生表達了我的擔心，因為這位陪同的英語水平在談判業務時有可能誤事。接下來我問李先生是那個語種的背景。令我興奮的是，原來他曾經在古巴留學，專習西班牙語。

於是我坦率地告訴他，我們可以用西班牙語交流，不需要再麻煩英語翻譯了。於是李先生陪同我上到預先安排好的客房。他告訴我晚餐是在二樓餐廳，八點鐘結束服務。餐後我可以休息，明天上午再開始活動。道別前他特地給我留了個聯繫電話。

放好行李，我看到書桌上放著一份合同，先隨意翻了一下，感覺到朝鮮旅行社工作效率的神速。為了不浪費時間，我帶著合同到樓下餐廳，一邊用餐一邊翻閱著合同內容。

結束晚餐後，回到房裡，立即給李先生撥了電話，建議他最好現在先會晤一下，理由是合同裡有些條款需要修改，如今晚辦妥，對明天的談判就方便多了。他接受了我的建議，並告許我在大堂的酒吧見面。

因為是晚間，而且是我首次訪問朝鮮，還不清楚當地人是否有早睡的習慣，為不影響他的休息，所以我開門見山即打開合同，告訴李先生，在談判雙方的合作，最主要的是彼此之間的誠實對待。

　　聽到我這樣說，他頗感興趣地望著我。我接著說，這次到平壤，我是帶著中國人到親戚家串門子的傳統心情。因為中朝兩國有著歷史的淵源。多少年來我一直生活在西方社會，對當地人一向是以禮以誠相待。現在到了平壤，我更要用誠懇而無私的態度和我的親戚交流。

　　接下來我話歸正題，告訴他，我已經將合同的內容看完，為了朝鮮旅行社的權益，其中有一條必需要修改。

　　合同裡必須說明，外商向朝鮮預定酒店，如在不同的限期內沒有履行付款要求，應列入細節，按照規定從其預付的訂金中扣除。然而他們的合同中有一條需要調整：原文是在外商安排的旅客如在24小時內取消，只作百分之五十的扣除。於是我給李先生解釋說，在24小時內取消訂房後，朝鮮方面根本不可能有足夠時間再將該客房推銷給其他旅客。所以應該將外商的訂金全部扣除。

　　聽完我對合同中的其他不規範的條款逐一解釋後，他極為欣賞我真誠的分析。於是他將我修改的合同拿走，準備連夜重新打印新版，作為次日商討的範本。

　　也許是我沒有絲毫保留的誠意發生作用，次日一早我們抵達朝鮮國際旅行社後，出面接待我的居然是該機構的一把手。而且在整個的交談過程中，如同相識已久的親密朋友。更令我感到意外的是，下午繼續討論時，國際旅行社安排了朝鮮民航局的負責人和我交談，有意邀請我作為他們在加拿大的獨家代理。

　　我對首次訪問朝鮮僅僅一天時間內，就獲得難以相信的「輝煌成果」感到欣慰。根據我多年和北京交往的經驗，分析在到訪平壤之前，朝鮮民主主義人民共和國駐中國大使館，應該已經將和我的會晤，向他們的政府作了簡報，加上我抵達後對合同內容的坦承建議，也起到了積極的作用。

　　在後來的兩天時間，朝鮮國際旅行社給我安排了一些節目。分

別是參觀朝鮮開國元勳金日成將軍在萬景台的故居，觀賞了朝鮮精彩絕倫水準絕不比中國演出團遜色的雜技團表演。

安排我前往訪問嚮往達35年之久的板門店是全部日程中的高潮。也許是出於朝鮮對首都的保護，分布在首都周圍的城市或景點，都只有兩點一線的交通往來，周邊的城市或景點之間沒有交通連結。無疑對休閒旅客會浪費不少極其有限的時間。

去板門店需途經開城。從平壤到開城的距離是168公里，朝鮮的公路路況條件較差，中途在一個休息站略為停留片刻，品嚐當地的人參茶，然後要經過兩道軍人防守的關卡，前後居然用了四個小時才抵達。

陪同我的李先生安排好酒店客房，並且在酒店用過午餐，同行的朴先生則到前線部門為我安排去板門店的通行證。略為休息後，我們即出發。從開城到板門店只有十二公里的路程，但是一路上給人的感覺是茂密幽靜的森林中，間歇地仍可嗅出戰爭的緊張氣息。

四點左右，我們一行抵達板門店，一位上校軍官已在那裡等候，他先給我大略地介紹了前線的安排，南北朝鮮兩邊各自有一條兩公里縱深的非軍事區，三十八度線則有二百五十公里寬。在朝鮮一方的非軍事區內，土地被充分利用栽種稻穀和培植人參。三八線中央有七座塗了藍色的營房。其中一座就是專門給旅遊客人參觀的。

我們抵達時，正好有一個旅行團從南邊進入營房裡參觀，所以需要等待他們參觀完畢後，由南韓的守衛軍人將朝他們那一邊的入口大門鎖上，朝鮮這邊的守衛軍人，才能打開門讓我們進入。

其實營房內的陳設很簡單，一旁懸掛著朝鮮戰爭時聯軍所代表的各國國旗，正中央放置著一張長型會議桌，桌子上有麥克風裝置，有趣的是，麥克風上的電線很規則地固定在會議桌中央。接待我們的上校軍官還特別作了解釋，原來這條不起眼的電線，實質上

是南北朝鮮的分界線。

　　他繼續給我們講解曾經發生在這裡的點點滴滴，其中令人感嘆的是，為了停止戰爭，雙方一直不斷地談判，從1953年到我在那裡參觀為止，前後一共談了四百四十多次，卻還沒有談出任何的結果。

　　參觀完後，我走出營房，沿著三八線分界線一邊漫步，看到南邊站在最前端的是美國大兵，後面才是韓國的軍人。至於北方的三八線，就是朝鮮軍人防守，沒有任何外籍軍人參與。

　　結束了板門店的訪問，基本上稍微理解了為什麼一個主權國，卻要忍受長期的分裂痛苦。佇立在那裡，腦海中出現的竟然是我親身經歷過因內戰而連續不斷的骨肉分離！

　　帶著驚喜與困惑的矛盾心情回到溫哥華，我決定籌組朝鮮戰爭後的第一個西方國家旅遊團，到這個被人認為是神祕，殘酷卻又帶著幾分好奇的國家「旅遊」。經過近三個月的籌備，終於組成了一個二十人的旅遊團。

　　參加的加拿大人，幾乎都抱著探險的心情隨我先飛到北京，稍作修整，在1988年4月1日從北京市飛到瀋陽，雖然在當地有一些旅遊活動，但參加旅遊的加拿大人已經是迫不及待地希望早一分鐘出發，一睹他們夢想了多時的平壤。

　　從瀋陽開往平壤的火車是在半夜三點四十五分鐘啟發，我們在瀋陽的酒店裡熬到將近午夜兩點才出發到火車站。瀋陽國際旅行社為我們預定的是軟臥，四人一間，上下舖各為兩個鋪位。

　　似乎剛閉上眼還沒有任何的美夢，我們就被邊防官員叫醒，原來是上午八時抵達中國和朝鮮邊界城市丹東。經過了一個半小時，結束了整列火車乘客的出境手續，火車才重新啟動，不久就開始跨過因朝鮮戰爭而名震全球的鴨綠江。

　　據歷史的記載，在朝鮮戰爭開始之際，美國的麥克阿瑟將軍就

有預謀，計畫在中朝邊界地區投擲原子彈，結果這一計畫被當時的美國總統杜魯門否決了。

從我們搭乘的火車窗口望出去，不遠處有一座已經廢棄的鴨綠江大橋，那是在朝鮮戰爭中被美軍轟炸的遺跡。如今這一殘缺鏽蝕的大橋仍然寂寞地橫跨在鴨綠江上，向每一個跨越鴨綠江的旅客，敘述著一幕幕因朝鮮戰爭而揮之不去的妻離子散家破人亡的悲劇！

過了鴨綠江，火車慢了下來，徐徐地駛進新義州火車站，這是朝鮮入境的口岸，朝鮮邊防檢查官員對車上的旅客逐個檢查後，火車繼續前行，此時二十個加拿大遊客興致高漲，相互高談闊論，並愉快地享用了火車上的午餐。

下午四點整，火車徐徐地駛進平壤火車站。等待我們的除了朝鮮國際旅行社工作人員外，朝鮮國家電視台的攝製組在月台上拍攝我們抵達的過程。看到加拿大旅遊團的每個團員興奮中仍然帶有幾分拘謹的表情，我知道這是他們對到達一個陌生又是被美國始終不停地詆毀的國家所引起的莫名緊張，卻又無法掩蓋「初臨斯地」喜悅的矛盾心態。

經過了一一介紹後，我們上了旅遊大巴士，全團人員的面部表情開始放鬆。當晚參加了朝鮮旅遊局桂局長的宴請後，大家對朝鮮的燒酒從好奇開始到後來的「意猶未盡」，對高麗傳統年糕和炒雜菜從小心下筷子到大快朵頤。宴會結束後，大家對這個「獨裁」國家的感受和白天相比也有所不同了。

經過了兩天的參觀訪問，4月6日大家整裝待發前往開城，然後到期待已久的板門店。那是我第二次造訪這個和東西柏林圍牆截然不同而是戰爭造成的另一個人間怪圈。

有趣的是當團員們走出朝鮮把守的建築物時，原本興致濃濃地拿著相機，準備獵取鏡頭時，突然看到南方那邊站著高頭大馬的美國兵，不由得紛紛將頭調轉朝向北邊。我仔細一看，原來是一個穿

著軍裝的美國兵，手裡拿著長焦距的照相機，正朝著旅行團的每一個人喀嚓喀嚓地拍照。

這時侯一位女團員朝我走來，在我耳邊輕輕地說道，那個美國大兵拍了他們的照片，如果送去中央情報局，再轉到渥太華的騎警隊，他們就麻煩了。我拍拍她肩膀並笑了笑地安慰她道：

「這些都是嚇唬普通老百姓拙劣的虛張聲勢而已，我們又不是什麼重要人物，不過是到這裡遊山玩水，難道他們真會煞有其事地核對每一張照片？」

其實令我旅遊團團員們緊張的是，當他們看到北方停戰區裡，士兵們在忙於種植農作物時，南邊卻有韓美二十萬大軍在進行所謂的「協作88」軍事演習，砲聲隆隆，情勢緊張。旅遊團的團員們從未有過戰場上的經驗，無形中給他們造成不小的心理壓力。

不久我們的陪同招呼大家進入我前次參觀過的營房。由於這是我第二次參觀，所以就單獨在營房裡四周仔細觀看上一次參觀時遺漏的地方。在朝鮮營房裡的講解員結束後，大多數的團員看到當年參戰的國旗裡有加拿大國旗，不約而同地說，真遺憾加拿大還居然參加了這個毫無道理的侵略戰爭。我只是默默地聽他們發議論，即使西方民眾了解實情也無濟於事，因為造成南北朝鮮分裂的悲劇已經多年，而且雙方的統一仍然是遙遙無期！

在回北京的歸途中，大家對這次的朝鮮旅程一致感到不虛此行，這是自1953年

接待筆者的朝鮮上校軍官一同在三八線合影。

朝鮮戰爭停戰後，來自於曾經參戰的加拿大第一個旅遊團，不僅打破了三十多年對西方的隔閡，更令每一位團員將自己看成是個「開拓者」而引以為傲。

雖然在板門店安慰加拿大旅遊團員不用擔心回家後受到騎警隊的詢問，我自己卻先後接到過幾通不尋常的電話。首先是南韓駐溫哥華總領事館的一位姓Choe的外交官給我來了電話，他知道我正在開發到平壤的旅遊，所以希望能和我見面，談談如何擴大加拿大人到南北兩邊旅遊的事宜。

第六感告訴我，這通電話來者不善。就在近期，我開設的旅行社突然出現素昧平生的韓國人光臨，而且也沒有詢問任何的旅遊信息，只在進口處的宣傳品架子上，選取資料作翻閱狀，然後就離開。一開始我對這異常現象還沒有多加留意，後來他們的「造訪」頻率加大，我才開始加以關注，直到南韓總領事館Choe先生打來電話，我開始有了「預防」的心理準備。

當Choe先生出現在我辦公室後，第一印象就能感覺到他的背景並不一般。我們在一家日本餐館坐定後，開始了我們的交談。

在「友善」的氣氛中，我們享受著鮮美的日本餐，他提出建議稱，可以幫助我安排加拿大人的旅遊團從漢城（現為「首爾」）經過板門店三八線直接經開城到平壤。

我很誠懇地告訴他。作為加拿大公民，我是在加拿大法律允許的情況下經營旅遊行業。他的建議雖然很好，只是我覺得不是那麼容易可以進行的。我經營的對象只限加拿大公民，至於旅居加拿大的韓裔公民，他們如果要去北朝鮮，可以通過南北朝鮮的統一機構安排。

我坦率地告訴他，我已經去過兩次三八線，那裡不僅僅有南北朝鮮的軍人把守，最難通過的是駐守在南邊的美軍。請問他們能允許旅行團隨意通過嗎？我甚至理直氣壯地說，南北朝鮮的矛盾就如

同中國大陸和臺灣之間的一樣，是兩個家庭之間的內部糾紛，作為加拿大的旅遊業者，就如同中國人常說的：「清官難斷家務事」。何況這是你們政府部門的事，作為一個普通百姓，我並不具備任何資格參與這樣高層的外交事宜。

這頓午餐就在「友好氣氛」中結束。更具戲劇性的是，不久我又接到南韓駐溫哥華總領事館的電話，這次是總領事的邀請，在聚會中，除了好酒佳餚，沒有涉及任何的政治議題。似乎我們之間有如相識已久的朋友。

不久我收到一份請柬，是邀約我出席歡迎韓國總統金大中的晚宴。這份沉甸甸的請柬的確讓我大吃一驚，而折騰了我好幾天。最後我還是禮貌地接受了這份邀請，也想藉此機會了解一下究竟邀請我出席歡迎金大總統晚宴的目的何在。

其實那只是一個在韓國餐館舉行的簡單晚餐，與會的幾乎全是韓裔，我的出現引起了他們的竊竊私議，因為我是唯一的華裔，而且總領事還安排我坐在金大中總統的左手。令我尷尬的是，我不識韓語，又未給我配有翻譯人員，所以那一頓晚餐的整個過程，我只是扮演了「啞巴角色」！

2000年，金大中總統和朝鮮領袖金正日進行了首次會晤，並發表了「南北共同宣言」，這是分裂了近半個世紀的南北朝鮮一個歷史性的突破。於是我回想起1988年韓國駐溫哥華總領事邀請我出席金大中的晚宴，可能那時候，他很有意想藉助我組織加拿大人到北朝鮮旅遊的機會，打通雙方的往來。

不過對任何的政治動機我都沒有絲毫興趣，能夠給加拿大人提供一個極難成為事實的旅遊，才是我的唯一願望。

實際上，不論我如何極力防備，仍然無法脫離和「政治」的關係。九月份我突然接到加拿大皇家騎警的電話，約我談話。原來是他們獲得信息，但含蓄地告訴我，有外國駐加拿大外交官對本國公

民進行干擾。

我立即明白言下之意，就將韓國駐溫哥華總領事館和我的交往經過和內容，如實地告訴了兩位警官。他們臨走前還特地提醒我，假如往後如還有類似情事發生，可以直接聯繫他們。

當然後來就沒有了任何的「干擾」，我也就安心地繼續我的旅遊行業。過後有一位女警到我辦公室，只簡單地告訴我他們對我提供的信息作了核實，還特地將一瓶威斯忌酒放在我辦公桌上作為謝意。

這一個短短幾分鐘的交流，使我受寵若驚，居然還有情治機構給我送禮。其實我打通朝鮮旅遊的念頭非常簡單，就是設法開拓其他人從未想過的旅遊路線。

從那以後我先後收到幾個從未料到的政治邀請。1988年9月，我收到朝鮮政府的請柬，出席朝鮮民主主義人民共和國建國四十週年大慶。接著在1992年4月25日應邀出席朝鮮民主主義人民共和國領袖金日成元帥八十大壽慶祝活動。我都是以加拿大唯一受到邀請的「貴賓」出席了這兩個極其重要的慶典。

最為特殊的是1991年9月29日，國際議會聯盟第八十五屆國際會議在平壤舉行，加拿大國會收到邀請，這原本跟我毫無關聯。一天上午，辦公室電話鈴響起，是一位自稱為彼德・亨特（Peter Hunt）從渥太華國會辦公室打來的。他說國會收到國際議會聯盟的邀請函後，對如何安排前往平壤出席煞費苦心卻得不出結論。

最後他突然回憶起，多倫多環球郵報旅遊版曾經有過五個星期連載他們的記者發自平壤的報導，每篇報導的結尾，都有我旅遊公司的電話和我的名字。這五篇報導都保存在國會檔案中，所以他試著打這個電話，看我是否還繼續在經營旅遊行業。

這位旅遊專業記者訪問平壤是我安排的，還陪同他一起去朝鮮訪問後，先後發表了五篇報導，沒有想到加拿大國會居然將他的報

導如此認真地保存在檔案中。聽他介紹後，我很婉轉地拒絕了他的請求，原因很簡單，政府部門的出差都是由投標簽協議的旅行社負責。除非這家旅行社授權給我，否則我是無法參與的。

就在午餐後，一位女士來電話自稱是加拿大國會指定的專業旅行社，因為對朝鮮方面從無任何業務往來，也根本不知道如何著手進行，決定授權給我。我無法再拒絕，而安排加拿大國會訪問團前往平壤的責任也就落在我的肩上了。

之後彼德幾乎每天要和我至少通一次電話，了解並督促安排程序的進展情況。加拿大國會代表團共有十位團員前往平壤，在安排他們的旅程就緒後，彼德突然在電話中告知要加幾位外交官，包括加拿大外交部官員和駐漢城及北京大使館各一位外交官，作為代表團成員一同前往平壤。我了解到加拿大國會代表團中加進三位政府官員，其目的不言而喻。作為旅行社業務人員，我就不便表達任何的意見了。

這時候彼德對加拿大國會議員代表團前往平壤仍不放心，於是建議我是否能全程陪同？當然我不便予以拒絕，也就承擔起照顧這些議員的義務了。

我們是4月23日抵達北京的，在酒店略為修整，26日飛往平壤。由於來自世界各國的代表團，幾乎都要從北京轉機。而北京與

朝鮮政府為慶祝金日成八十大壽，邀請各國貴賓出席晚宴的請柬。

平壤之間的航班有限，需要和中國民航協調增加班次，這一來北京國際機場擠滿了來自世界各地的代表團顯得熱鬧非凡。

這時候我的優勢發揮出來了。因為和朝鮮民航之間有合作協議，所以當負責北京機場的經理見到我並了解詳情後，很快就給我陪同的代表團順利登機，羨煞許多在那裡癡等的其他國家代表團。

抵達平壤後，代表團團長突然向我提出個要求，是否可以安排去金剛山遊覽？對這個突如其來的提議，首先我必需要徵求朝鮮國際旅行社的意見，再有就是既然國會議員到朝鮮是出席國際會議，那麼這休閒旅遊究竟是個人消費，還是由公家支付？

次晨一大早，我和朝鮮國際旅行社桂局長提出這個要求，果不其然他臉上頗有難色。我也理解這是超出了出席會議安排的範圍，何況加拿大是自朝鮮戰爭結束後，一直沒有邦交的國家代表。不過我還是從旅遊業角度並且用俏皮的態度建議他，既然有生意何不接下來，反正他們也只計畫去金剛山。

最終桂局長給了我一個滿意的答覆，我就用在商言商的方式，向全團先收取了所有的費用，並交給桂局長。下午直接從平壤出發，去金剛山的公路，要走朝東往元山港的方向，距離有337.4公里。車行到距平壤一百多公里的休息站，休息片刻，繼續開行了約四個小時，到晚上八點十五分才抵達酒店。在那裡享受了朝鮮最好的石頭烤肉。服務員介紹說當地的石頭質量耐高溫而不會裂開，但我們關注的卻是那美味的烤肉。

第二天我們到了金剛山，海拔並不高，大約在一千六百米，座落在南北朝鮮的交界處，幾乎都在北朝鮮境內。整個山區有有一萬兩千個山峰，奇峰突起，景色迷人。我們下車後，還要向內走大約五公里，因為沒有對外開放，所以山裡的景色仍然保持著原始的風光。陪同告訴我們，山間有幾座非常美麗的仙池，但要先爬上木梯才能一探真面目。

　　我們朝他手指的地方，看到三架木梯斜搭在一個約十多米高的山坡邊，看到那情景，我們不約而同地謝絕了這個建議。因為當天晚上必需要趕返平壤。我們瀏覽片刻後即離開。陪同安排我們在風景區「三日浦」的丹楓餐館午餐。這是朝鮮歷史上帝王巡遊的風景區，所以一直受到朝鮮民眾的喜愛。

　　午餐的菜餚奇特而令加拿大國會議員們望而生畏。在端上新鮮的青口肉燉粥主菜之前，先給我們每人上了一條生海參和一片生鱘魚，還配上辣椒粉等佐料。加拿大人原本對這兩種海鮮就是避之不及，現在卻放在自己的盤子裡，就有點手足無措。

　　一開始我也有點猶疑，但繼而一想，既然來到異地也就只有入鄉隨俗。團長坐在我旁邊，看到我若無其事地在「大快朵頤」，帶著幾分驚慌神色望著我。我就輕輕地告訴他，將這兩個海鮮切成小丁，然後用紅酒吞下去。

　　起初他還勉強試了幾口，漸漸地他感覺到力不從心，我也就不勉強他吞食那高貴的海鮮午餐了。結果是除了我的盤子見了底，其他的客人幾乎都原封未動。只喝完了那碗青口燉粥，就結束了三日

| 1 | 1 | 筆者與朝鮮國際旅行社桂局長會晤後合影。 |
| 2 | 2 | 筆者在朝鮮旅遊勝地金剛山留影。 |

浦的美麗遊覽。

　　在這三個許多人沒有機會接觸而會認為是頗不尋常的活動中，我接連見到朝鮮民主主義人民共和國的最高領袖，而且受邀參加他主持的盛宴，在旁人眼光中都會將其視為受人羨慕的榮幸。但是我只能將其看成這不過是我開展旅遊業務中的意外收穫，並沒有什麼值得自我吹噓的地方。

　　在這之後，由於客觀原因，我結束了旅遊業務。卻在2013年，為慶祝四姊和姐夫的鑽石婚紀念，原本我安排了四人結伴從天津搭乘郵輪去日本觀光，遺憾的是中日之間發生了釣魚島的爭議，中方取消了前往日本觀光的所有路線。

　　我只得臨時改到韓國首爾遊覽。在結束韓國五日遊的前一天，即9月25日，特地安排了前往板門店三八線遊覽。結果這居然是全部旅遊中最糟糕的一段行程。

　　我們是和當地一家旅行社聯繫好前往觀光。全團連同我們四人一共只有十來個遊客。上車後，看上去大約二十多歲的陪同，先作了自我介紹，然後用英語簡略地給我們講解板門店的歷史經過，一開始還講得頭頭是道，幾分鐘之後，我漸漸聽出來，她的講解已經成了政治宣傳。

　　反共的宣傳向來是不僅將對方抹黑，更激進的是自由世界絕對無法和他們共存，必需要將其置於死地而後快。當她說得津津有味的時候，我腦子裡卻回味著在地球的不遠處，也彰顯著類似的「同仇敵愾」的氣氛。

　　車停下後，我以為如同北邊一樣，可以直接進入三八線地區參觀。但是陪同告訴我們，下車的地方是都羅（Dor），距離板門店還有兩公里的路程。但我們不能再前行，只能在觀察台從望遠鏡中尋找對方的蛛絲馬跡！如果要拍照，必需要聽從守衛觀察台的士兵指揮。假如有遊客稍微有些越界，士兵立即會嚴詞命令後退。

　　經我刨根挖底地追問，才得知要前往三八線，必需要得到美國的駐守單位批准，而且還要交不菲的申請費。於是我立即想起在東西柏林哨所的美國人，向遊客收取拍照費用的情景。原來全世界反共陣營在政治宣傳時，都不會忘記使出資本主義利益當頭的本能！

　　在回首爾的途中，我特地請陪同和我坐在一起，開始了我的「反宣傳」。我告訴她，曾經多次去過北邊旅遊參觀，在那裡參觀的特點是陪同從不對外來的旅客作任何的政治宣傳，至於去板門店三八線的安排，可以直接進入邊界上的營房參觀，而且是免費的。最大的不同是，我們沒有看到一個外籍士兵駐守在那裡。

　　我們此刻是在民主自由的韓國參觀遊覽，卻要經過美國部隊批准後才能到三八線參觀，還要向美國人支付手續費。而我們花了這麼多的遊覽費用，就只能在望遠鏡裡像萬花筒似地得不出一個所以然！

　　接著我用揶揄的口吻說，首爾是韓國的首都，卻在市中心地區駐守著兩萬多美國部隊。我多次到過平壤和其他城市遊覽，從未見到一個外國軍人穿著軍服佇立在北朝鮮的首都。建議她今後在帶領外國旅遊團時，稍微客觀地介紹南北朝鮮的情勢，因為遊客的掌聲是在得到實情的介紹後對陪同的尊重。

　　她沒有反駁，臉上的表情帶著幾分羞澀，當我們握手說再見時，我將小費放在她的手心中。

　　在回酒店路途中，我們經過一個展示朝鮮古村落的旅遊景點，從那裡傳來陣陣的鼓聲和音樂。那是典型而熟悉的朝鮮腰鼓舞蹈。遠遠望去，見到好幾個仕女穿著朝鮮的傳統服裝，熱情奔放地擊打著腰際的長鼓。

　　從那奔放熱情的音樂鼓聲中，我不由地感嘆，亞洲民族不就像這些仕女們的腰鼓，被美國緊緊地繫在褲腰帶上，隨興所欲地敲打著他們的命運。這裡面有大和民族，有分裂的朝鮮民族，還有被海

峽隔離的中華民族。其實這一切不僅僅是金錢遊戲和權利的剝奪，更是亞洲民族的悲哀！

　　至於善良的人民何時能掙脫這褲腰帶的束縛，如同耶穌經歷受難後的復活，就看這些民族的造化了！

歪打正著的移民生涯！

　　童年生活的經歷，對每一個人日後心智的發展都具有潛移默化的影響力。我也不能例外。童年中有意無意間所遇到的西方接觸，成長後逐漸轉化為人生中對西方的態度：不拒絕，但很反感。

　　這還得從上海幼年的生活講起。我是在上海法國租界的「廣慈醫院」出世的。母親告訴我，是一位法國婦產科大夫接生。開始帶著似懂非懂意識的童年生活中，每天傍晚看到家院子圍牆後面有一堆堆的軍人持著槍在操練，這些軍人都是藍眼睛高鼻子。母親告訴我這些都是法國兵。

　　「法國兵」？為什麼在中國有法國兵在操練。我不懂。然而更不懂的事隨著我的年齡接踵而來。奶媽帶著我在「霞飛路」（現今為淮海路）散步，走到一座公園大門前，鐵門緊鎖，從鐵圍欄的間隔向裡望去，一大群孩子在裡面戲耍，也都是藍眼睛，而且皮膚比我白多了。

　　奶媽輕輕地告訴我，這裡叫「法國公園」，我們是不能進去的。待再長大一些，在外灘的英國租界裡，看到公園外有一塊銅牌，上面寫著：「華人與狗不許進入」！於是懵懵懂懂地去猜想，去分析，這個句子究竟是什麼意思？

　　離開上海後，我已經懂事了。回想起這些幼年時代嵌入腦海的記憶，沒有太過激的反應，只是感到些微的不舒服。

　　後來到了臺灣，在大學裡遇到幾個臺灣本地的同學，他們聚在一起用閩南語交談。當我走上前去時，他們立即轉換成日語。一開始我還沒有太多的想法。日子一久，疑心逐漸在我心裡浮起。因為他們不止是語言的轉換，更令我有上前揮拳的衝動，是他們態度上

的冷漠和不屑一顧。

　　漸漸地我開始對臺灣的生活環境產生了問號，成為最終出走的理由之一。但是離開臺灣，並沒有讓我從西方對中國人的輕視態度裡超脫。

　　我從臺灣飛到香港，從那裡登上法國客貨輪「寮國號」前往歐洲求學，在口袋羞澀的條件下，必須忍受船上服務人員給予的「狗眼看人低」的臉色。因為旅行證件上的「中華民國」，導致在新加坡、印度、埃及等地無法登岸的窘境。

　　輪船抵達馬賽，在轉火車前往西班牙之前，我到火車站對面一家照相館購買照相膠卷。店門口有一塊小招牌，上面寫著該店鋪可以用五種語言交談。於是我進入後，用西班牙語向店員購買膠卷。她卻沒把我當一回事，也無視我的存在，只是一味地招呼接二連三進入店鋪的當地居民。

　　約莫半小時後，因為要趕火車，我只得悻悻然地離開了那家店鋪。一直到第二天到了西班牙巴塞羅那港，才如願以償買到了膠卷。

　　在馬德里求學告一段落後，為了前往羅馬工作，需要到法國大使館去申請過境簽證。為了那一個過境簽證，我枯等了三個月才接到通知前往辦理。但他們在簽發前，對我提出比對待罪犯更形嚴酷的要求使我終身難忘，那就是要我在他們的檔案上按下十個手指的手印！

　　苦難的遭遇還不是就此打住，火車抵達西班牙的法國邊境時，海關人員看到我的臺灣護照，如臨大敵般緊張地撥了電話到法國和義大利邊境，將我護照上的資料逐項唸給對方。我只能耐心地等待，看到身邊還有兩位阿拉伯籍學生模樣的旅客，也遭到和我相似的對待，相互間只能聳聳肩擺了個無奈的手勢。

　　當時已是半夜，火車站裡外一片漆黑，我著急地望著那位官

員，希望他能快速辦完，不然我就會有誤了那班火車的可能。最後他將我和另外兩位阿拉伯學生的過境手續辦完。我急匆匆地奔向月台，卻找不到我原來搭乘的那班火車。在緊張和恐懼交替的心理壓力下，終於聽見汽笛響起，順著那聲音跳上了車，在火車上，我的心仍然久久無法平靜下來。

從幼年在法國租界，到香港搭乘法國客輪上的遭遇、馬賽照相館的奚落、羅馬法國大使館犯人般的待遇，直至火車站法國邊境的刁難等等，這一連串奇形怪狀的經歷，似乎都不是偶然的發生，難道法國人眼中的中國人真的是如此的不起眼？

我滿以為這些經歷，只不過是年輕時代對外族的過度敏感，或是出於個人的偏見。直到1980年代，我已在加拿大定居十多年。在這些歲月裡，由於青年時代對法國民族產生了「偏見」，我一直避免到魁北克參觀遊覽。

1962年，筆者搭乘法國客貨輪「寮國號」前往歐洲深造。這艘輪船早已被淘汰，只剩下一個歷史的記憶。

那時候我已開始進行加拿大、美國和中國之間的文化交流工作，由於我是第一個打開和中國民間交流活動的加拿大民間人士，很快我的文化工作就傳遍了全國文藝界。

一天，我接到魁北克蒙特利爾法裔芭蕾舞團總監馬肯塔旭（Mackintoshi）打來的電話，他先提到對我主持的交流活動感到敬佩，接下來他就表示想到中國去進行舞蹈交流活動的意願，其中最重要的是希望能在北京等主要城市演出，而這也是在談判中最為困難的一個項目。從他的表達中聽得出來，他是希望我能助一臂之力，言下表示邀請我到魁北克和他商議。

我沒有拒絕他的請求，訂好時間即搭機飛往蒙特利爾。從名字上認出他是英國人的後裔。事前我即已告訴他，沒有計畫在蒙特利爾留宿，所以中午抵達後，即直接從機場前往他已預定的餐館裡見面。和他一同出席的還有另外四位舞蹈團的工作人員。

大夥在喝飯前酒的時候，那幾位舞蹈團的工作人員，開始還講了幾句英語，不久即轉成法語，我忍耐了幾分鐘，見他們那種旁若無人的傲氣時，我毫不猶疑但還是禮貌地向他們提出我不諳法語，請他們用英語交談。

在西方社會中，如在聚會場合中，有人使用他們自己的方言，導致他人聽不懂，是非常不禮貌的態度。所以這幾位法國人，對自己的失禮毫不在意。經過我溫和的「抗議」後，他們立即使用英語。但過不了幾分鐘，故態復萌。我再次提出「抗議」，如此週而復始了三幾次，我終於失去了耐心，壓制自己的憤怒，立即站了起來，對他們說：

「非常遺憾，我來蒙特利爾是應你們的邀請，商討你們的中國之行。既然你們知道我不懂法語，卻偏要用法語交談，我只有告辭了。**謝謝。再見。**」

他們對我這迅雷不及掩耳的動作還沒有反應過來，我已經踏出

了餐館，叫了出租車逕向機場駛去。一路上我只是在想，既然法國人有他們的傳統高傲，那麼中國人也有受到尊重的權利。

由於自幼即深植腦海中對法國人的「過敏症」，卻成為我在大學時選擇法語作為第二外國語學習的嚴重障礙。諷刺的是，最終卻選擇了英法雙語國家定居。這還得追溯到在羅馬大學完成學業後的一段趣事。

因為我是以義大利政府公費生資格在羅馬學習，結束後，接到義大利外交部電話，要我去商討「回國」的安排。到了負責留學生官員辦公室，他很和氣地問我，什麼時候啟程回國？他提出的這個問題，令我良久無法作答。驟然間我突然有「無家可歸」的憂傷。

自1950年逃離大陸後，那裡就已經沒有我家的存在。臺灣「親美媚日」的姿態，還有臺灣同學的「歧視」，將我和臺灣的關係逐漸疏遠。所以一時間我只能用沒有光芒的眼神望著那位等著我回答的義大利官員。最後我也不知從哪兒來的靈感，居然回答他說，那就請你安排機票飛紐約。

過了幾天，我前往義大利外交部取機票時，發現給我訂好的居然是往返航程，換言之，我去了紐約後還可以再回羅馬。手裡拿著這張機票，心裡卻一直在打鼓，是否要向他問清楚這張機票有無搞錯？但繼而一想，想必外交部是有他們的安排。於是我稱謝之後急速下了電梯。走在路上，突然感到我的雙腳似乎是騰空的，正如同我的命運一樣，何處才是我最後的歸宿？

拿著這張免費機票，我懷著好奇又忐忑的心情登上飛紐約的航班。曼哈頓的奢侈商品引不起我任何的興趣，甚至連「羨慕」都不會在腦海中出現。牛仔們的花花世界對我也起不到虛榮心主導的誘惑力，高昂的物價在我這個窮學生眼裡只能吐吐舌頭而已。不夜城的閃爍燈光刺花了我的眼神，仰望大樓間狹窄的天空，我寧可探視那些在天際中閃耀的群星。

　　習慣了歐洲的古老文明，那些鱗次櫛比高聳入雲的「現代化」大樓看得我眼花撩亂，只有到那座標榜著十二世紀到十四世紀的古蹟參觀，稍微給了我一些吸引之力。然而我心情中還是帶著幾分懷疑，因為美國建國的時間，比這座古蹟要晚好幾百年。

　　果不其然，到達這座命名為「修道院」（The Cloisters）古蹟後，我恍然大悟，原來這是幾位美國大闊佬花大錢從法國偏僻的山區，將他們廢棄的古老寺院搬到美國重新整修一番，就成了這座大都市的「歷史文物」了。

　　結束了「世界大都市」的遊覽，我選擇了途經加拿大路線回羅馬。在那袖珍型的魁北克城，還真領略了比美國更具有歷史味道的建築和城市的造型，使我從紐約的失望後找到一絲補償。

　　其實我對加拿大，除了大伯父曾在該國擔任過國民政府時代的首任大使印象之外，的確是一無所知。匆匆的旅程中唯一獲得的體會是當時羅馬正處於烈日炎夏之際，魁北克的清晨已經令人感到寒氣凜然，但遍佈的茵茵綠草給人的感受是盎然生氣！更深刻的印象是，那裡好像幽靜的鄉村，即使在大城市裡，也很難找到擁擠的人群。

　　也因此引起我去那裡居住一年半載的遐想，在遍尋無著卻是近在眼前的寧靜環境中，搜羅寫作的靈感。主意打定，我前往加拿大駐義大利大使館，填妥申請簽證表格，增加了生活中另一種的等待。

　　事隔數日，接到大使館一位好友馬丁‧史東（Martin Stone）的電話，他帶著興奮的口吻問我，是否有到加拿大定居的計畫。

　　史東是我在一個外交活動中認識後，成為經常交往的朋友，因為兩人年齡相仿，而且從交談中得知彼此有共同的興趣愛好。幾乎每隔一週，他帶著女友，我則約了當時還在熱戀的妻子，一同尋找有特色的餐館飽享一頓義大利菜餚，有時則同往酒吧飲咖啡閒聊。

　　當他給我打電話時，不禁吃一驚，他怎麼會知道我有去加拿大的計畫呢？我還沒回答，他接著說，我的申請表剛送到他辦公桌上。看了之後，所以就給我打了電話。

　　我好奇地問他怎麼我的申請表會送到他的辦公桌上，起初還天真地以為大使館知道我們的友情，所以就交給他辦。他的答覆使我恍然大悟。原來他是代表加拿大移民部門，出任駐義大利大使館的外交職務。主要是審核義大利人移民到加拿大的業務。

　　這還是我第一次得知他在大使館的確切職務，因為在往昔日子裡，雖然過從甚密，禮貌上我從未問過他在使館的職務內容，僅僅知道他當時是三等秘書，就此而已。

　　由於我的加拿大之行只是一時的興之所至，即使取得簽證，要搬遷到加拿大去茲事體大，不可能就匆忙中作決定。而且我仍然擔心，他來處理我的申請，是否會感到其中有走友情之路的嫌疑？所以我坦誠地告訴他，必須按照我的條件秉公進行，假如條件不夠，千萬不要因為我們的友情，而令他為難。

　　他爽朗地說，單我的學經歷，就足以成為前往加拿大的優越條件，所以如我願意儘早辦好，可以隨時和他的秘書聯絡，安排時間到大使館接受面試，並作體檢，同時將他秘書的姓名也給了我。

　　在和他的交談中，我的觀念只是局限在申請暫住簽證的範疇，所以根本沒有注意到他一直在用的「移民」兩個字，那個時候我對「移民」兩字的真實意思只是十足的「懵然不知」。

　　所以在經過不到三分鐘的面試，以及大使館醫官的檢查之後，我和妻子順利地取得前往加拿大的簽證，和妻子商量後我們終於踏上「移民征途」。

　　從羅馬飛往加拿大的直航航班是到蒙特利爾，從小深植在心中的法國租界生活，卻在這時候悄然出現。於是我在機票上，加了一個轉機到多倫多的航班。在入境的時候，我也是稀裡糊塗地從邊防

人員手中取得一大包的資料。

我們先在多倫多市中心找了一家旅社暫時落腳，我則趁機將那包資料仔細的閱讀後，才恍然大悟，原來我們已經成為正式登陸加拿大的居民，也就是在懵然不知的情況下歪打正著地成為「移民」！

既然要在多倫多定居，首當其衝的就是先找工作才能安頓下來。令我啼笑皆非的是，在前往各處求職的時候，幾乎都會遇到對方的同一個問題：「你有加拿大工作經驗嗎？

一開始我還沒有注意到這個問題的可笑處，經過幾天的奔波，突然感悟到這個問題的荒謬。我初臨斯地，如得不到工作機會，又怎樣能獲得「加拿大經驗」？經歷了碰壁的尷尬，我決定回到大學去「重操舊業」，輾轉於三十多所大學的聯繫商酌，居然幸運地進入素以加拿大「哈佛大學」著稱的多倫多大學，而且還得到了研究費。

在此期間，我一直關注著尋找未來飯碗的機會。不久渥太華聯邦政府有一個中文翻譯的職位出缺，我前往申請，經過一連串的競逐。最後只剩下兩個「候選人」，一個是我，一個是比我稍微小一點的英國人。當結果揭曉時，我落選了，理由很簡單，那個小伙子是英國後裔，我卻是在西方人眼中的十足黃種人。這也就成為我移民後的第一個「挫折」！

在日後的生活中，出現了我經常自問或是自責的複雜情緒，弄不清究竟我選擇「移民」到加拿大是對還是錯？這些疑問的出現，不是生活經濟條件的反射，而是接連不斷出現在社區裡的「歧視」對待。

在兩個孩子求學的校門口，好幾次正在等接孩子回家時，就被過路人莫名其妙地當面吆喝：「中國豬」。我也只能將這種路人的歧視，當成是無知之徒的狂言而已。

　　有一次晚上，我開車和妻子帶著兩個孩子去觀賞一齣演出。觀眾都順序開著車等候進入停車場。這時候一輛車突然從旁駛過來，要從我的前面插隊。我將車慢慢前移，只是提醒他的插隊行為。

　　突然，妻子將車窗搖下，衝著那輛車大叫：「你是白豬！」我大吃一驚，責怪妻子怎麼能如此無禮。妻子立即說是他先罵我們為「中國豬」。這一下我就不客氣了！

　　當車進入停車場後，我將那個白人的車堵住，下車前往他的駕座旁邊，也許是他自覺理虧，將車窗關得嚴嚴的。我在玻璃上敲了幾下，他才不情願地將車窗搖下。我問他：

　　「能否請你將剛才對我們說的話再重複一遍？」

　　這時候坐在他旁邊的妻子用肘推了他一下，輕聲地說：「你最好閉嘴，不要惹麻煩。」

　　我見機接著說：「你兩個孩子坐在後面，難道這是你教育孩子的方法，在他們面前用這樣粗俗的語言侮辱別人？」說完沒等他回答，我就回到自己車上去了。

　　諸如此類的情節在加拿大生活中經常會在有意無意間出現。記得我在1978年第一次組織到北京的加拿大旅遊團。其中有一對夫婦來自溫哥華島，是經營採石行業，經濟條件不俗。在結束中國旅行搭機返國時，大夥在機場候機。他夫婦倆正坐在那裡休息，看到我走向前時，指著座椅旁一大堆的拍攝器材，突然向我說：

　　「等會登機後，千萬不要將這些『廢物』放在我的座椅下。」

　　在我們的旅遊團中，有一位經常在世界各地演出的美國排笛演出家，他參加我團，是因為要求在北京的「天壇」裡錄製他吹奏的樂曲。所以他安排了一個攝製組同行。不知是何緣故，這位採石商人對他們的拍攝活動始終有不滿的情緒。

　　在機場表達情緒化的抱怨，使我感悟到此人話中有因了。為了全團的和諧，我有必要糾正他語言中的挑釁氣焰，但還是禮貌地告

訴他，這些是拍攝電影的攝影器材。經濟艙座位很狹窄，假如他不喜歡，建議他是否可以加付一些費用，將座位提升到商務艙。

不料這一建議居然令他遷怒於我，在全團團員面前，怒氣沖沖地要我「滾回老家去！」原本是他對拍攝器材的牢騷，一轉眼卻變成對我帶有極度歧視的侮辱責罵。鑑於多年的經驗積累，我已經學會如何保護自己，於是我立即一本正經但沒有絲毫怒氣的口吻告訴他：

「在我滾回老家前，你應該先滾回你的老家英國。你現在生活中擁有的三十五英畝土地，原來是屬於原住民的，卻被你搶走了。」

我剛說完，全團團員就一致地為我鼓掌，而他的神色不僅尷尬，幾乎是臉面盡失。從那一刻起到飛機抵達溫哥華，沒有人和這位白人主義的採石商人有過絲毫的互動。

當我在國際學校執教的那段時光，我是五位教課兼任舍監的五個老師之一，每人管理一棟宿舍，老師就分配住在樓下的宿舍中，樓上還有一個比較小的單元，提供給沒有孩子或是單身老師住宿。幾年下來，老師的孩子們都長大了，需要更多的生活空間。一位來自英國的老師向校長提出將樓上下打通，加設一個螺旋轉梯，這樣，孩子就可以在樓上擁有他們自己的生活空間。

當我得悉校長批准這個要求後，滿以為可以如法炮製，豈料當我提出時，校長的答覆很簡單，認為中國人對擁擠的生活空間習以為常，所以我的要求也就成為泡影。後來我搬出了那擁擠的宿舍，也找了個理由離開了教學的領域。

最令我啼笑皆非的是，當我在北京擔任加拿大旅遊委員會的駐華首席代表時，經常要回渥太華出席各種會議。一次，我們正在會議室，商討如何和中方提出旅遊目的地的重要議題時，突然一位法裔同事給了我這麼一個問題：

「去問問你的政府，下一步應如何進行？」

我只簡單地反問道：「你要我問的政府是北京呢，還是渥太華？」

會議室裡所有與會的同事眼光全部投向這位法裔同事，他如夢初醒般臉孔通紅連忙帶著歉意地說：「抱歉，抱歉，因為我看到你的面貌，就將你和北京聯繫在一起了。」

我帶著微笑說：「坦白地說，我的加拿大國籍只是一本護照而已，我的內心裡是十足的中國人！你沒有必要道歉。」

數十年的加拿大生活中，如果是普羅大眾裡傳來侮辱性的「中國豬」，我只將它看成是社會中的「無知」和「低能」。但是出現在聯邦政府的層面上，就不是三言兩語能解決的「歧視性」挑釁和輕視。因為不止一次的背後小動作，已經非「動怒」或是「對抗」所能釋懷的忍受。

多少年來，不時聽到社會上有這麼個聲音，就是加拿大要的移民就是勞動階級，為白人服務甚至賣命，「享受」傳統上就是白人的特權。加拿大新的移民政策，實際上就是金錢的遊戲。在近代的歲月裡就出現過幾次大撈好處的機會。如1997年香港回歸前，香港有錢人深怕回歸後，共產黨會將他們的財產分掉，於是大批人向加拿大移民。

僅溫哥華一地，幾乎每個月就有一億加元入帳的紀錄。等到香港回歸後生活如常，移民的香港人又打道回府，但是加拿大政府已經是滿盆滿缽了。

近來中國大陸清理雙重國籍的風聲甚囂塵上，目標主要針對演藝界的人士。實際上，中國政府似乎從未注意到基層裡雙重國籍的存在，而且危害國家利益不淺。

我曾認識一位從東北移民到加拿大的年輕人，進入銀行界服務，後來被調到北京的加拿大銀行工作，負責吸收中國客戶的投資。

　　他在地方政府中的長袖善舞，獲得北京東城區共青團「委員」的頭銜，就是這個光環，成功地吸收了三千多戶投資人在加拿大銀行進行存款、辦理移民等業務，從而使中國大量的財務流向國外。這些客戶包括有北京地方政府的官員家屬、財團及「成功商人」。但是他的「雙重國籍」始終未被發現，要麼是當地政府官員的顢頇，抑或是裝聾作啞的態度，形成了相互利用的交易環境。

　　我對官商勾結，或是以權謀私的陋習從沒有任何的興趣。只是這個移民的雙重身分，令我感到困惑。從抵達加拿大第一天開始，始終作為一個奉公守法的移民，卻經常受到莫名其妙的騷擾及不公平的對待。而這個遊走於中加兩國間的銀行業務人員，卻能安然無恙地藉著中國公民身分進行著銀行情報工作，與此同時，他又以加拿大公民地位，若無其事地操持著這個對加拿大銀行一本萬利的業務。

　　我的移民加拿大，從一開始就是歪打正著的安排，沒有經濟基礎，更沒有任何財大氣粗人士的支撐。也因為一直受困於「何處是我家」的處境，定居在加拿大除了為著找到一個棲身之地之外，別無他想。

　　自幼年開始的殖民地生活印象，到歐洲後面對西方文化優越感而產生的「牴觸」情緒，繼而在加拿大接二連三面對幽靈似的「種族歧視」困擾，在了解到當地「移民」政策中透視的齷齪勾當，幾次曾經出現過想要放棄我的身分。

　　所幸感到自我安慰的是，我還保持著一份未受到污染的心靈思維和獨立的人格。為此，曾經有一位在大學任教的好友教授，建議我從政參選進入國會。我只是回以輕鬆的微笑，並且告訴她，我沒有什麼能耐，只是想維持自己一份尊嚴。

　　為此我還特地向另一位好友徵詢意見，他輕鬆地說：「你如果真要參選，我估計你最多能獲得三票。一票是我投的，一票是你那位大學教授好友，最後一票就是你自己投自己一票。」

他說完，引起我們相互大笑不已。最後他補充了一句：

「以你的真誠和直爽坦率，在政治場合中是無法生存的！」

我很感謝他直率的分析，其實之前我就曾試探過一位代表我住的區域的國會議員。在選舉前，他會帶著燦爛的微笑，不辭辛勞地到每家每戶拉票。當選後，我就找了個題目，打電話去他的辦公室，請他設法協助。得到的答覆是我要先將題目寫得很具體，他審議後再答覆。經過了解，選民的提議往往是聽過後就沒有了下文。

為此，我的一生似乎和投票沒有產生任何的緣分。少年時在臺灣，當時的「投票」只是個老百姓心目中的奢想。後來到了歐洲，因為不是當地公民，也就沒有投票的權利。至於在加拿大，從獲得公民資格後，迄今為止我從未使用過公民投票權利。

來到加拿大後，經受了被辱罵和歧視的經驗，我不禁要問，難道議會裡就從未認真討論過「種族歧視」的議題？那麼在國會議事廳裡穩坐泰山的議員諸公，真的是為民喉舌嗎？

近來因為新冠肺炎蔓延，歧視中國人的現象又故態復萌。溫哥華一月之內就發生數起辱罵華人的案件。不僅如此，日前還發生過一個白人，將一位九旬華人長者，從街邊的便利店裡推出去，導致長者跌倒在地，頭部受傷。

更有甚者，一位正在醞釀準備問鼎國會保守黨黨魁的議員狄力克‧斯洛（Derek Sloan）近日公然發文，攻擊加拿大聯邦政府首席傳染病醫療官譚詠詩（Dr. Teresa Tam），內容為：「我懷疑她對加拿大的忠誠，她到底是為加拿大還是為中國工作？她應該立刻下台。加拿大在決策上要維持主權獨立，聯合國、世衛組織和中國共產黨的宣傳，絕不能對加拿大的公共衛生系統說三道四。」

這位華人高級醫療官在香港出生，幼年時即來到加拿大，在這裡求學，靠自己的奮鬥，才榮獲首席醫療官的職位。

加拿大是個擁有對英美民族唯命是從，對少數民族則趾高氣揚

雙重性格的國家，如果沒有任何矛盾發生，大家還能夠相安無事。一旦如新冠肺炎的大流行發生，立即就會將華人作為出氣筒來對待。

在加拿大的日本移民，曾在二次世界大戰時，遭遇過被逼遷入內陸集中營的悲慘命運。一直到大戰結束五十多年後，才獲得政府的一個口頭道歉！

綜觀西方國家吸收「移民」的主要理由，除了獲得窮國的廉價勞動力之外，無非就是金錢的遊戲。歸根究底，當地白人享樂的觀念永遠不會改變，有色人種在他們的心目中，也不可能成為平起平坐的「同胞」。一百多年前，中國勞動力為加拿大建造了太平洋鐵路線，完成之後，立即被排華法案所限，受盡屈辱，就是一個鮮明的歷史見證。

令人匪夷所思的是，今天的移民，其經濟條件遠遠超過謀生的要求，且較移民國當地人民生活條件優越無數。為甚麼這些中國人擁有財富條件，卻還要前往美國和加拿大移民？而這些國家公民向外移民的卻是微乎其微。

既然中國已經是世界第二大經濟體，為什麼不獎勵公民繼續在本土參加建設，共建國家領導人始終不渝地呼籲的「命運共同體」？既然在扶貧政策成績斐然，而且已經預定了全民脫貧的終極目標，那麼公民向外移民的願望又是為何？至於擁有豐碩財富的家庭想方設法移民到外國，其最終目的究竟是為什麼？他們甚至為了實現遠大計畫，早早地將年僅五歲的孩子送到西方國家「深造」，這是否意味著他們將中國的「愛國主義教育」轉移到外國發揚光大，還是有意讓西方人士對這些頗富「遠見」的家長刮目相看？

當這一連串的問號壅塞在腦海中時，去行使那極端表面化的公民權利，投下所謂的「神聖一票」，又是否能真正代表我擁有實質性的人權價值？

（2020年4月27日完稿於溫哥華）

吳作人先生的藝術意境

上世紀八十年代，我在訪問南京時，和一位服務於江蘇省政府的好友暢談中國藝術時，他突然提出要給我安排認識一位正在南京公幹的現代藝術家，並熱情地在金陵飯店設宴款待我和那位藝術家。

雖然對那位藝術家素昧平生，出於好奇心使然，我欣然接受了他的安排。次日晚上，我如約到餐廳包間，好友早在那裡等待。我們約莫交談了十多分鐘，只見一位身著中式長袍的中年男子抵達。經過介紹，原來是稍有小名氣的范曾。

當晚宴會就是我們賓主三人，范先生也沒有向我謙讓，就直接在主客位上坐下。而且兩隻手以人字形撐在餐桌上。頭不停地左右盼顧，看上去根本沒有將我們賓主二人放在心裏。從斟酒上菜後，交談也就是侷限在我和好友之間。范先生只是在我們提問時，應付式地扼要答覆。

約莫二十分鐘後，宴席還剛過一半，他即向主人說還有要事，就逕自起立告辭了，走時也沒有向我表示一下歉意。其姿態之驕橫，是我從歐美到大陸和藝術界接觸中所見到的唯一「另類」。

為了進一步了解這位「氣勢不凡」的「藝術家」，我還真花了些時間，從不同角度認識到他之所以會傲氣十足緣自於他「長袖善舞」的處世之道。

但也從此我和中國藝術界的交往採取了更為謹慎的態度。因為在後來的接觸中，我得到的感受是中國藝術界裡「利」和「名」的凸顯。和我長期因在歐洲從學習藝術史到和藝術界交往過程裡所獲得的經歷格格不入。

　　不僅如此，我還了解到這位中國「名畫家」居然在文化大革命時，對他老師沈從文（1902-1988）施以種種的折磨。沈從文先生一生著作等身，我曾利用半年的時間拜讀了他的文集全部，內容充分展現湖南苗族的樸實無華個性。1988年曾被提名為諾貝爾文學獎候選人，而且獲選機會極大。可惜在揭曉前四個月他因病離世，與這個世界級的文學獎擦身而過。就這樣一位傑出的文學前輩，居然被學生作為鬥爭對象。筆者無意對這位「名畫家」作任何的批評，只是由此來印證他在出席晚宴時的傲氣似乎有著一脈相承的基因素質。

　　我人生中的一位摯友，也是我極其尊重而敬仰的義大利藝術家柯拉多・卡義（Corrado Caghi 1910-1976），一生作品無數，而且長期為羅馬歌劇院設計舞台佈景。我和妻子在歐洲結婚時，他特地將其一組三幅作品中的一幅，親自簽名贈送給我們作為新婚禮物，至今好友已去世多年，但那幅無價的禮物仍然珍藏在我們家中。最重要的是這位蜚聲國際的藝術家，衣著樸素，談吐文雅，珍惜友情，充分展現出藝術家獨有的「儒雅」儀態。

　　在我學習的歐洲藝術史中，最令我陶醉的是西班牙現代主義派的建築雕塑家安東尼・卡烏迪（Antoni Gaudi 1852-1926），遍佈在巴塞羅那城他設計的十多座建築，都是我每次光臨斯城時必然參觀的藝術珍品。而他在1883年設計建造的「聖家堂」（Basilica de Sagrada Familia），是一座舉世聞名的藝術建築。他用傳統的歌德式，融會到現代的建築結構中，創造出震驚西方建築藝術界的不朽作品。

　　然而這樣一位聞名全球的西班牙藝術家，卻不幸在1926年被電車撞成重傷而送醫不治身亡。令人扼腕嘆息的是，當他被人送往醫院時，居然沒有人認出他是一位蜚聲國際的藝術家。說明一位偉大的藝術家，不僅生活儉樸，而且為人低調。從他的簡單穿著上沒有人即時認出他的確實身分。

最令人感佩的是，他設計的「聖家堂」，沒有要求過外界的財務支持，僅僅依靠廣大信徒在教堂裡望彌撒的時候一些微薄的奉獻。直到近期當地政府下令，決定給以財政上的支援，並定在2026年全部完工。其中一個主要原因是2026年將是這位不朽建築藝術家逝世百週年。用這座教堂的完工落成來懷念他，是對一位藝術家最崇高的敬意。

我無意在這裡對中國和歐洲的藝術家作任何的「褒貶」區別，只是從藝術境界的角度表達對真實藝術的尊重和「藝匠」的無奈。

實際上中國在近代出現過意境崇高的藝術家，如徐悲鴻、劉海粟、關良、李苦禪、林風眠等用他們不同的畫風雄踞藝壇。其中我就有幸結識了溫文儒雅的吳作人。

第一次見到吳作人的名字是在北京琉璃廠的榮寶齋書鋪。那是在文化大革命結束後不久，我訪問北京時仰慕這座書鋪歷史盛名而前往一睹其真實風貌。在瀏覽中，我看到一幅駱駝的國畫，上面簽的落款是「作人」。從年份上分析應該是藝術家的新作。通過榮寶齋銷售員的介紹，了解到這是書鋪向藝術家們蒐購的作品之一，是給藝術家們增添收入的一個渠道。

因為價格合理，我買下了這幅只有一呎半見方大的作品，也是我所有收藏中唯一的一幅吳作人作品，它無法和吳先生在1960年前的創作媲美，也只能作為滿足我「聊勝於無」的擁有慾而已。

是1985年的一個偶然機會，我認識了中央美術學院外事辦公室主任朱竹女士，交談後我們成了好友，她個性坦誠直爽。從交往中了解到她是中國文化部長朱穆之的女兒。雖然家世顯赫，卻在她身上和言談中絲毫找不出「紅二代」的驕橫狂妄自大之氣。我們的交談始終專注在藝術的氛圍內。

不久她和我談起1986年將是中國現代藝術家吳作人先生（1908-1997）的藝術生活六十週年。朱竹將吳作人的背景作了簡

略的介紹，除了創作之外。他還擔任過中央美術學院院長、中國美術家協會主席等重要職位，但生活極為簡樸。中國文化部和中國美術家協會等機構計畫給他出版一本質量較高的畫冊。由於當時大陸彩色印刷術相比落後，因此考慮在香港出版，問題是當時大陸外匯緊缺，而在香港出版需要外匯支付，所以朱竹找到我，希望我能給以支持。

由於我從未見過吳作人先生，假如要支持這個出版事宜，就必須要有一個通盤的計畫，並聽取藝術家本人的意見。於是朱竹欣然安排了在1985年9月28日，去他的住處作禮貌性的拜訪。吳先生伉儷的家在北京西邊的華僑新村中一個公寓單元裡。

我一踏進大門，就被那侷促的環境所震懾！一個享有崇高地位的當代藝術家，其創作的空間竟然是如此的狹窄。我們一踏進玄關就是那一半接待客人一半作為創作畫室的客廳。初次見到吳先生，他那溫文儒雅以及甘之如飴的優雅神態，使我不由自主地產生對他的肅然起敬。他的夫人蕭淑芳也在場，形態娟秀文靜。

寒暄片刻後，我們的談話進入正題，朱竹先開門見山地將我們來意說明，而且她告訴吳先生，有關出版畫冊的外匯一節，我可以全力支持來完成這個重要的慶祝項目。吳先生聽後微微地笑了笑，表達時的神態反映出他並不是很熱衷議論財務上的問題，只輕描淡寫地說，這事由朱竹和我來處理就行了。

這麼重要的事，在吳先生的心目中似乎是無關緊要，我們只用了幾分鐘的時間就結束，話題就轉到其他的交流事宜上，卻使我得到意外的收穫。原來他夫人蕭淑芳來自大家閨秀，父親蕭伯林的兄弟蕭友梅（1884-1940）是中國近代音樂界教育家。蕭友梅有個兒子蕭勤（1935-）是臺灣在1950年時代創始的「五月畫會」奠基人之一。後來遊學西班牙及義大利。我在歐洲時曾經有過接觸。

蕭勤因父母早逝，遂跟隨姑父王世杰到臺灣，王世杰是國民黨

的高官，其夫人蕭德華是蕭友梅的妹妹。所以吳作人夫人蕭淑芳的家庭背景具有濃郁的書香氣息。無形中我對吳作人先生出版畫冊一事的信心倍增。

在途中，朱竹問我對吳先生的觀感，我直率地告知，初步的印象，他是一位德高望重的前輩，也是一位修養高深的藝術家。我願意為他完成這件印刷事宜。朱竹聽後極為高興。在北京停留幾天後我即飛返加拿大。

兩個月後我再度前往北京，這次是專程拜訪吳先生商討出版事宜細節。在朱竹的陪同下，我們於11月30日上午和吳先生伉儷，詳細地聚焦在畫冊內容的甄選。我大膽地問吳先生，他是否有速寫或素描的稿件？他問我為什麼會對速寫或素描感興趣。

我坦率地告訴他，在歐洲學習藝術史的時候，教授曾告知要深度欣賞一位藝術家的作品，必先要對其創作前的速寫或是素描有所了解。所以我建議如果他同意，在這本畫冊中應該加入相當份量的速寫或素描。我對中國一直以來出版的藝術家畫冊，幾乎都是專注於其作品，而沒有任何速寫或素描的參與，表示了我的看法。

聽到我的陳述後，吳先生臉上露出慈祥的微笑，並點了點頭表達了他對我見解的贊同，而且答應他會選擇一些速寫或素描加入到畫冊中。因為整冊的作品甄選和編排都是吳先生親力親為。所以加入他的速寫和素描也就駕輕就熟了。

經過細緻的討論，同時定下交稿的時間，交由香港印刷廠儘早排版，以便在次年四月舉行吳先生六十年藝術生活畫展時問世。

結束了北京之行，我直接飛往香港，和當地的大地印刷廠商議出版事宜，經過協商，整個費用是三萬六千美元。以當時的生活水平來衡量，的確是一筆不小的開支。既然事前已經對吳先生許下諾言，也是我有生以來第一次在藝術領域裡開展了交流的活動，也就欣然同意了。

　　之後我又兩次到香港和大地印刷廠審閱排版稿件和進程，一切都在可控範圍內進行。1986年三月，所有印刷事宜都已經順利進行。於是在朱竹陪同下，我們前往吳先生住處將各方細節向他作了詳盡的陳述，老人家非常開心。

　　北京的一些友人，在得知我為吳先生出版這本畫冊後，認為既然我為此要付出鉅資，理應向吳作人先生索取幾幅畫，可以用作為經辦畫展的紀念作為藉詞，實際上他們認為我應該向吳先生提取報酬，而索取幾幅畫就是「報酬」的代名詞。

　　對這一建議我沒有直接答覆，因為我經朱竹的穿針引線認識了吳作人前輩，而且是他精湛的藝術造詣感動了我，支持他的畫冊出版完全是出於對他表達敬意。假如我開口要畫，這個神聖的藝術交流最後就淪為庸俗的「商業交易」。

　　但我還是希望吳先生能為我提個字作為紀念。所以在拜會他的時候，我用帶著羞澀的口吻向他提出是否可以為我提一個字。他沒有立即允諾，只說讓他想一想。當然得到這樣的答覆後，我就無法再做任何進一步的要求。

　　出乎我的意料，3月9日那天上午。還是由朱竹陪同前往吳先生住處，向他傳遞了畫冊最後出版的時間等信息。這時候吳先生走到他的畫桌前，拿起一張紙朝我走來，臉上布滿了慈祥的微笑說：「上次你要我寫一個字，我給你寫了四個字。」

　　說完就將手上那張四方的宣紙交給我，我恭敬地接過來，上面是用藝術篆字體寫的「天道酬勤」四個大字，而且還給我落了款。我真是欣喜萬分而且感動不已。後來朱竹告訴我，吳作人先生不是那麼輕易給人題字的。至今這幅具有崇高藝術價值的吳老遺墨始終掛在我的書房。每當看見這幅字時，當年和吳老接觸時的點點滴滴躍然眼前。

　　就在我忙於吳老的展覽事宜時，突然有一位自稱是中國現代

1 | 吳作人先生贈送給筆者墨寶後合影。
2 | 筆者與吳作人先生在畫展現場合影。
3 | 筆者為吳作人出版的畫冊。

藝術家的人物出現在我的辦公室，而且還帶來一封北京友人的親筆介紹信。因為這封信，我只能勉為其難地安排了和他共進晚餐的節目。他的裝飾富有中國傳統風貌，身著中國式長袍，蓄有長及胸前的白鬚，若不是那封介紹信中寫的名字，驟然一看，肯定會以為是張大千再現。只是從談吐中又令我斬釘截鐵確認他絕對不是張大千。

飯後他要求次日到我家來，理由是希望拍幾張照片。為了好奇，我沒有拒絕他的要求。次晨他抵達後，先在我家客廳四處琢磨了一番，最後找到一塊空白牆，即從手提包裡取出兩幅他的「藝術創作」，用膠紙貼在牆上，再從手提的皮包中取出相機及三腳架，擺設好後，即取出一些應景道具，有剪綵用的紅色錦緞繡球，然後要我站在相機前，用牆上的作品作為背景，他對準焦距後按下自動快門，即急步走到我旁邊，要我和他一起撐起那錦緞繡球，他手裡還握有一把小剪刀，放在錦緞繡球前作「剪綵」姿態。拍好照，他即將所有的道具收拾乾淨，再從提包裡取出幾張舊報紙，打開給我看，並指著上面的一些毛筆圖畫的痕跡告訴我，這是前幾天參加他開授的藝術速成班加拿大學生的優秀作品。

我沒有作答，只禮貌地將他送出，暗忖他下一站將在哪個城市，這些程序是否會如法炮製一遍？當然後來我到北京時，那位朋友還問起這個貌似張大千的「藝術家」在加拿大訪問是否很成功？除了隨便應對一下，我差點質問他有關這位「藝術家」的來歷，但我話到了嘴裡，最後還是吞了下去。

因為這個意外的客串，我感受到為什麼中國的藝術很難走出國門，在國際上佔一席之地。也勾起我在南京遇到的那位「老氣橫秋」的藝匠，引得我的只是尷尬的啼笑皆非。

吳作人先生的個人美展，終於在1986年4月30日假北京中央美術館舉行。開幕式非常隆重。由文化部部長王蒙先生主持，雖然是藝術展覽，卻充滿了冠蓋雲集的氣氛。中國政府的領導層有萬里、

方毅、谷牧等幾位副總理，還有中央書記處書記和中央政治局常委習仲勳等重要政治人物，以及藝術學術界等人士數百人，是北京的美術展覽中難得的盛會。

　　整個展覽會場，展出吳作人先生的原作百餘幅，最令與會者興奮的是，展覽中另闢專室展出近百幅吳先生的速寫和素描。這原本是我提出的建議，沒有想到吳先生很認真地接受了，開了中國美術界有史以來首次展出藝術家素描及速寫的先河。參觀者對他的素描和速寫無不讚嘆。

　　有趣的是在舉行吳作人個人展的同時，中央美術館裡另外還有兩個展覽。我趁人群眾多的時候從展館中溜了出去，先到對面的大廳一探究竟，裡面是「東方美術交流學會」的一個畫展，我不清楚這個學會的性質，只是剛一踏進展廳，首先矚目的是懸掛在展廳入口中央的顯著位置一幅棕色的油畫，畫布上展現的是乾枯的樹枝，整張畫作單調而欠生命力，為此我不禁對這個畫展的水平產生了問號。

　　走近那幅作品，也許是我的孤陋寡聞，對畫布上署名鄧林的藝術家只感到生疏。頃刻我即退出，步行到美術館的另一端，在那個展廳入口上方，懸掛著一幅巨大如同影視宣傳的照片，如果沒有入口處藝術家李可染（1907-1989）展覽的標示，我還真以為那是新殺青電影的宣傳。

　　李可染是以「牛」為主題而聞名的畫家，我進入展廳，被那誇張渲染的氣氛感到莫名所以，不明白怎麼會將一位名聞遐邇的藝術家展覽會，點綴得如同電影明星的宣傳活動？為此我原來抱著觀賞藝術作品的興致盡失！

　　回到吳作人展覽廳中，見到朱竹女士，帶著我那沒有掩飾的憤憤語氣問她，那個鄧林是誰？怎麼那麼粗糙的畫作也拿來展覽？簡直是糟蹋了中央美術館的聲譽。還有李可染的展覽，似乎是電影明

星的宣傳，無疑是對這位藝術家的不敬。主辦方的藝術水平也太低劣了……

我話還沒講完，朱竹用手勢暗示我放低聲調，並帶著笑臉輕輕地說，鄧林是國家領導人鄧小平的大女兒。就這麼一句簡單的話，令我頓時語塞。不過固執成性的我，似乎仍然心有不甘，「藝術」和「領導人女兒」壓根就扯不上任何的關係。我還是表達了自己的觀點：

「也好，這樣一來，也體現出吳老的藝術展，更為典雅而樸實，和他的人格及處事作風相一致。」

後來我了解到，「東方美術交流學會」是鄧林等人在1985年創立的，1986年即到香港舉辦過展覽會，鄧林的一幅松梅「巨作」以六十萬港元成交，整個展覽會則獲得三百萬的交易。全部作為該學會的收入。之所以能獲得如此龐大的收入，不乏李嘉誠等當地財閥的支持。這時候就體現出「藝術」和「領導人的女兒」之間關係的重要性。

接下來我在展覽會中和與會者交談，朱竹拉我到旁邊輕聲地說，中央政治局委員王震（1908-1993）老前輩一會兒就要到了，你和吳老到前面去迎接一下。

王震前輩在中國共產黨裡是個赫赫人物，他參加過二萬五千里長征，1954年他奉命前往新疆創立了新疆兵團屯田墾荒的任務，接著在1955年又到黑龍江進行北大荒的軍墾。兩者對中國的農業發展和安定邊疆有著深遠的影響。

我被安排去迎接中國共產黨政治局委員這樣高高在上的人物感到手足無措，鑑於自己只是個平庸小民，擔心是否會被人感到有「高攀」的企圖？但我又無法推託，只得硬著頭皮去應對這個突如其來的安排。

見到王震時，他拄著拐杖，臉上滿是笑容，灰白的頭髮，象徵

著歲月的蒼老，那時他已經接近耄耋之年，但毫無高官的架子。他的和藹可親，可能是吳老的藝術展覽，給他政治生涯中注入了一些調劑。

為了表達吳作人前輩對我的信任，給了我為他藝術生活六十年的紀念活動中，承擔了出版的重任，我特地選在五月二日晚上，在當時北京唯一的一家法國餐廳「世界之窗」設宴，為他慶祝。

我特地安排在展覽會開幕後兩天舉行宴會，主要是讓吳先生能夠恢復一下精神疲憊。

這家餐廳是在北京建國門外19號的國際大廈頂層29層，那是榮毅仁先生（1916-2005）創辦的中信公司總部，在那個時代，這棟大廈是北京少有的高層建築之一。

我特地選擇了法國餐廳，為吳作人先生創造一個氣氛，回憶他青年時代在法國留學時的生活。他在1930年先到法國巴黎高等美術學校學習油畫，隨後轉到比利時布魯塞爾皇家美術學院深造，1935年歸國。所以吳作人後來專攻國畫，受到西方油畫的影響而獨成一派。

由於他在藝術上的成就，法國政府在1984年給他頒授了「藝術和文學最高勳章」；隨後比利時國王也給吳先生頒授了「王冠級榮譽勳章」。

在慶功宴席上我選了法國的餐飲，還特地配置了法國的甜點等。當天晚上受邀的藝術界人士共十二位，其中有中國漫畫大藝術家華君武，著名油畫家靳尚誼和艾中信等，席間大家交談甚歡，而且我還將宴會菜單上的空白處，請與會者簽名，讓我有這份榮幸保存著藝術家們留下的墨寶。

結束北京參加吳作人先生的畫展後，我收拾行裝準備回加拿大。離開前，朱竹陪同一起去向吳作人先生伉儷辭行，在品茶交談中，我提出了一個意見供吳作人先生參考。建議他是否可考慮從他

筆者為吳作人先生舉行的宴會中，歡迎吳作人先生蒞臨時握手，中立者為大漫畫家華君武先生。

的作品中，選擇幾幅製作掛毯，同時也可以選擇一些小品，通過故宮印刷水墨複製品。

聽到我這樣的建議，吳作人先生似乎興趣甚濃。但只淡淡地問我為什麼會有這個建議。我坦率地告訴他，出於在西班牙研習世界藝術史的過程中，我參觀了諸多皇宮和博物館，其中馬德里皇宮中珍藏著佛蘭西斯哥‧各雅（Francisco Goya 1746-1828）作品製作的掛毯最令我神往。這位西班牙偉大的藝術家，雖然是御用的畫家，其實他創作中最受歡迎的是當代西班牙的農村生活寫照，展現在他的筆下。根據這些民間風俗傳統主題，皇室下令製作了厚重的掛毯，懸掛在皇宮中已有近兩百年的歷史，突顯各雅作品的異彩。

至於製作水墨複製品，是西方國家對藝術作品的商業推展。比如一幅作品限額複製五百張，按照次序編號，由藝術家逐張簽名，其價格從最高的第一號逐漸降低至最後一號。體現複製品的藝術價值和複製的質量。

由於在中國藝術界裡，從未出現過將藝術作品製作掛毯的歷史，也幾乎未曾有過任何複製品的嘗試。吳作人先生是國家級的藝術家，他幾乎不會涉足於商業行當中。所以我大膽地建議他不妨試

試。他聽後沉默不語，似在思索，又似在琢磨。

等到我下一次再度前往北京時，抽暇前往拜訪吳作人先生，我們一坐下，他就告訴我，經過深思熟慮，同意選出三幅作品製作掛毯，同時選出三幅熊貓、鴨子及貓小品佳作，交給故宮複製。

我為吳先生的這一決定感到欣慰，他開創了中國藝術界的先河。

於是和朱竹商議並請她設法聯繫各廠商。最後定了北京、天津及內蒙古赤峰三家地毯廠，分別將吳作人選好的藝術作品請他們製作。三幅作品分別為青海地區的犛牛、綠洲灰鶴及熊貓。最後一幅熊貓作品富有特殊意義。

那是1986年，英國女王伊莉莎白二世偕夫婿菲利普親王作英國王室首次對華的訪問。當時的中國國家主席為李先念。他特地請吳作人繪畫，作為贈送給英國女王夫婿愛丁堡公爵菲利普親王的禮物。由於菲利普親王是世界野生動物基金會主席，所以李先念主席請吳作人作畫，就建議用熊貓作為主題。

在吳作人寓所談及這個禮物時，還有一段極富人情味的小插曲。在吳先生客廳沙發邊，擺著一座落地黑木抽象雕塑，我一進入客廳時，即被這座雕塑吸引住，不僅僅是造型的美，更重要的是他來自非洲著名的黑檀木，質地堅硬，打磨後色澤光亮展現出其堅毅的象徵。

吳作人先生見我對這座雕塑興趣甚濃，將其來源娓娓道來。當李先念主席找到他為英國王室夫婿準備禮物時，直截了當地告訴吳作人，他不想動用國家公款來支付，正好前不久有一位非洲國家元首訪華，向李先念主席贈送了這座黑檀木的雕塑。

李先念主席認為這雕塑贈送給藝術家最合適不過，所以他就將這座雕塑轉送給吳作人，權充了作畫的報酬。講完這段插曲，我們不禁哈哈大笑，這真的是物盡其用了。

經過了半年，朱竹通知我三幅掛毯均已完工，我立即飛到北

京，目睹三幅工藝水平極其上乘的掛毯，不由為吳作人高興。最特色的是每幅作品所用的羊毛色彩幾乎和宣紙上一致。所以當我們拜會吳作人的時候，他對這三幅掛毯讚不絕口。而且還計畫自己也訂製一幅作為家中的點綴。令我無法相信的是，在辭別吳作人後，朱竹向我索取了加拿大的住址，原來這三幅掛毯，經過吳先生的首肯，作為給我的禮物。

至於故宮的複製進展也很順利，我看到印製出來的樣張，建議吳先生可以通過榮寶齋或是中央美術館作為旅遊產品出售，沒有料到他卻提出在這1500張完工後，授權我運到加拿大，拓展北美洲的市場。同時還將他的私章交給我，一俟複製品完成，我可以逐張蓋上他的私章。聽到他的指示，同時還將私章交給我，反映出他對我的信任。我只能誠惶誠恐地承諾，如能順利脫手，所有收入將交給吳作人先生處理。

三幅掛毯順利運抵溫哥華，我再度飛往北京，準備等吳作人先生在每一張上簽名後，親自將1500幅複製品驗收，即安排付郵運回加拿大。

萬萬沒有估計到的是，我發現三張複製品，一張只印妥半數，其他兩張只印了數十張。我問朱竹，她也只是支支吾吾，沒有正面回答。更為蹊蹺的是，這一次我沒有見到吳作人先生。

帶著失落和難以調適的情緒回到溫哥華，面對著這些豐富多彩卻又是殘缺不全的複製品，我不知如何作出妥善處理。也自那次後，我沒有再見到吳作人先生。只是在他去世後，收到中國美術家協會寄來的訃文。

吳作人先生離世後，他的出生地蘇州建立了紀念館，得悉該館缺乏經費，經營上出現財務的困境，我即和朱竹聯繫，決定將一直存在溫哥華倉庫裡的一千本畫冊，全部捐獻給紀念館。在出版畫冊時，合同裡有一條，即贊助人應該擁有百分之五十，即一千五百

本。朱竹還認真地對我說，出售這些畫冊可以彌補我資助的損失。但我只宛然一笑，要在加拿大出售這本畫冊談何容易。所以我將畫冊捐獻給吳作人紀念館，是一個雙贏的決定。

後來從道聽塗說中，了解到是吳作人先生可能聽信了一些挑撥離間的蜚言，認為我出售這些複製品後會中飽私囊，所以通知故宮停止了印刷的進程。也因此造成這三幅複製品的支離破碎。

我驚嘆社會中的人言可畏，但更可怕的是，「讒言」竟然那麼容易改變友情關係！無論如何，對於支持吳作人先生的六十年藝術活動，我沒有絲毫的反悔，雖然已經過去了三十多年，我始終認為，這是我從事數十次中美加三國之間的文化交流中，最值得回味而且是一個無價的藝術交流！

因為我的工作關係，三幅掛毯以及吳作人先生的墨寶跟隨我在地球上轉了一大圈，凡是親眼目睹過這些作品的人士無不讚譽有加。如今安然地懸掛在我家中，陪伴著我安詳的退休生活。那一直浸潤在遺憾中的複製品，仍然靜靜地躺在我書房牆角的樟木箱中。他們沒有轉化成庸俗的金錢，而是無言地向我表達，吳作人先生的藝術作品，正和他的處世為人質樸無華，永遠是後輩在人生征途中的一盞明燈。

（2020年4月4日完稿於中國傳統清明節日）

蔣介石的孝心義薄雲天

　　中華民族歷史上對歷代皇帝的評價，似乎都處在「善」與「惡」或是「褒」與「貶」的對立，幾乎找不到中立的詞彙來形容。當出現不為人所喜愛的皇帝時，都是用「暴君」，或是「昏君」來醜化。緊跟著就會出現一些如「花天酒地」、「荒淫無度」、「沈溺酒色」，或是「奢靡腐化」的負面形容詞來描述。

　　相對的，假如有一個受到尊敬的皇帝，那麼肯定是用如「皇恩浩蕩」、「萬民景仰」、「英明神武」、「愛民如子」、「勵精圖治」、「恩澤天下」等形容詞來描繪，從而希望這君主「萬壽無疆」。

　　公元前兩百年，中華民族出現了一個史無前例的「暴君」秦始皇（公元前259-210），但這個「暴君」卻在歷史上統一了中國，而且制定了沿襲至今的諸多法律、度量衡，以及中央集權的政治制度。

　　但他也同時施行了被人唾罵至今的「焚書坑儒」罪責，歷史上文人雅士就鍥而不捨地用不同的方法予以鞭策、諷刺。司馬遷的《史記》，就是第一個給秦始皇留下惡名的紀錄：

　　「秦王懷貪鄙之心，行自奮之智，不信功臣，不親士民，廢王道，立私權，禁文書而酷刑法，先詐為而後仁義，以暴虐為天下始。」

　　司馬遷是在父親司馬談去世後，繼承其職務為太史。父親臨終前，曾對他留下遺言稱：「余死，汝必為太史，為太史，無忘吾所欲論著矣。」言下之意是他必須要完成通史的著述。由於漢武帝因為對他《史記》中的誤解，以及朝廷裡的是非，司馬遷接受了「宮

刑」的處分，從此潛心著作，完成中國歷史上第一部經典之作——《史記》。

歷史後人認為司馬遷對秦始皇的撻伐，是因為他領用漢代俸祿，故而為了討好漢代皇帝所作的違心之論。但這些歷史評論只能看成是人云亦云，而司馬遷對秦始皇的鞭策，成為後人譴責甚至謾罵秦始皇的有利依據是不爭的事實。咸認為秦始皇焚書坑儒，尋仙求道，勞民傷財，苛政酷刑，造成多方面的暴行。漸漸地，這些就成了文人借古諷今，以貶損秦始皇，警示當代君王，必須重用人才，勤政廉潔，寬容仁慈。

晚唐時代，騷人墨客對秦始皇的批評仍然是方興未艾。其中有兩位詩人的諷刺秦始皇暴政最為經典。一位是胡曾（約840年-？），他在〈詠史詩阿房宮〉一詩中這樣地表述：

「新建阿房壁未乾，沛公兵已入長安，帝王苦竭生靈力，大業沙崩固不難。」

另一位詩人許渾（約791-約858）在他的詩篇〈途經秦始皇墓〉中寫道：

「龍盤虎踞樹層層，勢入浮雲亦是崩，一種青山秋草生，路人唯拜漢文陵。」

公元十二世紀，蒙古人入侵，建立了元朝，由於當時社會的變更，逐漸湧現出一直流傳到今天以訛傳訛的元代社會區分為十等的階層：「一官，二吏，三僧，四道，五醫，六工，七獵，八娼，九儒，十丐」。從這十個社會階級中，讀書人介乎娼妓和乞丐之間，無形中成為比乞丐好一些，還不如娼妓的社會階層。這是否因為秦始皇的「焚書坑儒」而出現的歷史傳承就不得而知了。

滿人入關建立清王朝後，自順治開始設立「文字獄」，歷經康熙、雍正到乾隆，逾140年其目的就是借文字的箝制，羅織罪名清除異己的刑獄之災。其殘酷之情較之秦始皇的「焚書坑儒」過猶

不及。

　　直至上世紀發生在中華大地上的文化大革命，讀書人被定格為「臭老九」，也許是事有湊巧，又或許是「借古諷今」，居然和元代讀書人被列為社會上第九等的地位相符。

　　策劃文化大革命而寫下第一張大字報的就是毛澤東。也因此，在文化大革命結束後，毛澤東的功過是非一直是半明半暗的被議論甚至是被揶揄。

　　提及中國現代政治，就不免會將毛澤東和蔣介石聯繫起來。一個代表無產階級的共產黨，一個是打著民主自由招牌的國民黨。實際上這兩個政黨的積怨、互仇，甚至廝殺了數十年，至今雖然不時聽到口口聲聲的解怨呼聲，亦只能當成「只聽樓梯響」的傳言而已。

　　究竟是個人的積怨，還是兩黨之間你死我活的爭奪，令千萬無辜百姓永遠得不到一個確切的答案。也不知從什麼時候開始，雙方相互以「匪」譏稱。億萬同胞也因此下意識地捲入相互指責「蔣匪幫」，或是「共匪」萬劫不復的境界而無法自拔。

　　我對政治不管什麼體制，或是什麼黨派，素來就是堅持我的「嗤之以鼻，不屑一顧」態度，換言之，這也是我對政治的「冷感症」，理由很簡單，我厭惡中國人搞政治時的缺乏雅量，以及個人利益高於社會發展的自私行為。

　　這些年在穿梭於大陸和歐美地區時，「蔣匪幫」的叫囂早已消聲匿跡，然而在幾次的臺灣之行時，無意間仍然聽聞到「大陸共匪」的指責，導致我漸漸地產生儘量避免去臺灣的意願。

　　也因此在很多場合裡，我會不經心解嘲地輕描淡寫表達說：也許是時候，我們都需要對多年孵出來的中華民族「匪細胞」打免疫疫苗了！

　　事實上不論哪個政治人物，他們的內心世界裡都具有人性光輝

的一面，這也是在政治鬥爭中，往往很容易被忽略。

　　在中國歷代王朝中，能夠使我經常想到的是清代的乾隆皇帝。這位權高位重的清帝，既長壽，又具備崇高的文化修養。但我最尊重他的就是他對母親的尊重和孝心。乾隆帝最令人稱羨的是他多次的下江南巡視。每次他都會帶著皇母隨侍在側，博取母親的歡心。

　　乾隆二十六年（1761），乾隆特地陪皇太后到山西五台山文殊菩薩道場「殊像寺」進香。目睹文殊菩薩妙像莊嚴慈祥，於是記在心裡，回到京師後，特地顧人為皇太后將文殊菩薩按照相貌雕成石像，並建造香山寶山寺，將石像供奉在內。

　　1765年，為祝賀皇太后長壽健康，乾隆特傳旨製作了一塊匾額，上書「長春仙館」，懸掛在房舍上，這座房舍成為奉養生母起居飲食的住所。

　　乾隆侍奉母親無微不至，在歷史上留下千古清名。從這個角度去瞭解乾隆皇帝，要比從政治角度分析更為人性化，特別是他的孝心，不僅是世代的楷模，更體現出君主的光輝人性。

　　可以與乾隆相提並論的應該是國共兩黨鬥爭時，一直被貶成「匪幫」的蔣介石。我有幸在大學求學時代，曾經作為優秀學生，被選派到陽明山接受政治洗禮。在那幾天的活動中，帶著景仰的心情兩次見到蔣介石。其中一次是參加他主持的國父紀念週。

　　我終身難忘的是在陽明山的大禮堂，兩百名來自全臺灣各大學選出的優秀學生，陪著蔣總統伉儷觀賞國軍豫劇團的演出。那雖然只是一場娛樂性的場所，但不到兩小時的聚會中，蔣氏伉儷給我留下的印象卻是終身難忘。看上去不像是曾統領大軍征戰大江南北的軍人，在我的心目中更似一位慈祥的長者。

　　那晚，宋美齡夫人身著黑色絲絨旗袍，蔣氏一如往常地身著軍服，外披軍披風。坐在劇場觀眾席的中央位置。那是兩張專設的沙發。我的座位就在他們倆位的後面第三排，所以對他們的容貌和一

舉一動都呈現在眼下。蔣氏可能怕冷，在觀賞演出的時候，還特地戴了一頂看上去似乎是毛織的黑色帽子。當演出結束時，他就將帽子取下，挽著宋美齡面帶笑容地步出劇場。

　　然而在主持總理紀念週的場合時，禮堂裡除了我們兩百位大學生外，幾乎都是黨政軍文武百官。蔣氏一出現在講臺上，整個禮堂裡立即鴉雀無聲。他面無笑容，炯炯有光的眼色以及威武的神情，和在劇場觀賞演出時宛如二人，益增我記憶中他對青年人發出內心的慈祥關切。

　　從教科書中，讀到有關蔣介石侍奉母親的孝心故事，使我油然產生親往浙江奉化溪口鎮一睹蔣氏出生地願望，最重要的是我想到王太夫人（1863-1921）的墓上去瞻仰，對這位曾經艱辛撫養過一位叱咤風雲的政治人物的母親致以崇高的敬意。

　　這個願望一直到1986年才得以實現。其實應該在這之前就有了前往溪口鎮的構想。只是由於國共兩黨的鬥爭，蔣氏的出生地也成為是非之地，不幸的是王太夫人的墓園，因為生了一個國民黨的「蔣匪幫」頭，而遭到紅衛兵的澈底破壞。到1982年，我又聽到溪口鎮的王太夫人墓園以及蔣氏出生故居都重建，才有了1986年的如願以償。

　　我對政治的冷感，其中有一個最無法忍受的現象，就是中國歷代留傳下來的「株連」惡習。一個官員犯了罪，除了本人受到懲罰之外，「株連九族」的殘酷無情，連家族一個都不留。這是中華民族政治基因中最慘無人道的法則。

　　一直到國共的鬥爭，孫中山創建了民有民治民享的中華民國，卻因為毛澤東和蔣介石之間的水火不容，導致國民黨潰敗到臺灣。歷盡艱苦的王太夫人將蔣介石撫養成人。孤兒寡母的悲哀，仍然沒有得到紅衛兵極端份子的同情，卻將去世多年的蔣母墓園澈底破壞，雖然墓園已經修復，但王太夫人的遺骸是否仍埋在墓中令人存

疑。幾乎是用現代化的「鞭屍」來對待一個已經早已離世何況在生時手無寸鐵的孤寡女人。

2018年，位在臺灣桃園慈湖蔣介石陵寢，被台獨極端份子噴紅漆表達他們的不滿和憎恨。臺灣自日本佔領成為殖民地後，雖然回歸中國，但是當地有相當的人民始終視日本為馬首是瞻。大和民族素有尊重逝者的優良傳統，然而臺灣的「革命份子」卻在盲目崇拜的理念下，僅僅引進了日本的「浪人文化」。

臺灣「浪人」對待蔣介石陵寢的「無知」和「肆意破壞」，和大陸文化大革命時的紅衛兵舉止如出一轍。其惡劣手段只是展現出暴民流氓的作風，對一個已經毫無反抗能力的逝者施以毫無意義卻是最殘酷無情的反道德反人性的侮辱！這反映出多少年來嚷嚷不息的「民主自由」只能被看成是無聊的口號。開明的政治最重要的體現就是「人格」和「風度」。

我的浙江奉化溪口鎮之行，以及後來與妻子前往臺灣桃園的憑弔，就是因蔣介石始終不渝的孝心所感動而實現。我在對政治人物作深入了解時，從不對他的政績作任何的評價，因為那無法令我透視出一個政治人物的真正思維。我選擇蔣介石的孝心，是因為我們還都是學生年代，他提倡了「新生活運動」，強調「禮義廉恥」的重要性。雖然那是針對社會的宣揚，作為一個小學生，我卻獲得終身的做人道理。

在中華民族歷史上，管子在《牧民篇》中首先提出「禮義廉恥」為四維為官做人的基本法則。孫中山先生創建中華民國後，在他的《民族主義》第六講中也特別倡導「忠孝仁愛，信義和平」為八德的民族根本。

蔣介石始終將自己作為孫中山的忠實信徒，所以他提倡新生活運動時，呼籲社會將「禮義廉恥」作為做人處事的基本準則。而在「孝」道方面，蔣介石一生從未放棄。無論是在故鄉或是在臺灣，

他堅持用「慈」一字來表達對母親的思念。

　　1986年，我應浙江省委書記王芳先生的邀約，前往杭州探討旅遊合作項目，在航程中，我即籌劃何不藉此機會，完成溪口行的圓夢之旅！完成了杭州的公務後，寧波市外辦主任親自到杭州接我，陪我一同前往寧波，並在5月11日向溪口鎮出發。

　　一路上江南水鄉風光明媚，景色怡然。抵達溪口鎮，迎面而來的是心儀已久的「武嶺」城門。兩邊分別是蔣介石和于右任的題字。城門邊就是潺潺流水的剡江，一片靜逸的田園風光。但我的心卻迫不及待地去實地參觀，一睹蔣介石先生的出生地和他為先母留下的諸多追憶。

　　豐鎬房是蔣介石在其父親去世後分家時獲得的遺產，建築面積不大，曾遭到祝融付之一炬，後經蔣介石親自重建。豐鎬房中保存有蔣介石出生的房間，但全棟建築的核心區域是「報本堂」。蔣氏歷代祖先的神牌就設立在裡面，有「祠堂」的含義，而且也是蔣氏家人生活的處所。

　　「報本堂」裡懸掛著蔣介石親自書寫的「寓裡帥氣」匾額，據告知這是蔣介石在長子蔣經國四十歲生日時特製而立的。在「報本堂」進口處還有一幅蔣氏親自撰寫的對聯：

　　「報本尊親是謂至德要道，光前裕後所望孝子順孫」。

　　這都反應出蔣介石不僅自己侍母孝順，還希望這孝心能代代相傳。蔣介石還曾用豐鎬房的名字分別給蔣經國和蔣緯國取了蔣建豐和蔣建鎬的乳名。

　　豐鎬房又名「素居」，是因為蔣氏家族世代信佛，吃素唸經。值得欣慰的是「豐鎬房」在文化大革命時期沒有遭到破壞，許多的文物仍然是原件。但我最迫切瞻仰的是王太夫人的墓園。那是蔣介石先生終其一生費了不少心思，為母親籌建的一座安息之所。

　　王太夫人的墓園是蔣介石親自為安葬母親精心的佈局設計，從

1	故居中的報本堂,相當於傳統的祠堂。
2	筆者1986年訪問時在蔣介石故居中的「素居」前留影。因蔣氏家庭傳統信佛吃齋,故名。

墓道入口的牌坊開始,一直到王太夫人的墓冢,總長為668米,順序建有「下轎亭」、「孝子亭」、「慈庵」、「方圓池」和「仰慈亭」然後到達墓冢,代表著蔣介石對母親的孝順和懷念。

入口的石牌坊上面有孫中山先生親自題寫的「蔣母墓道」。從石牌坊到「下轎亭」距離是250米,每次蔣介石到溪口掃祭時,必

定在這裡下轎步行到墓園，表達對慈母的尊敬。「孝子亭」則是念及母親生時為裹腳，建此亭為母親在九泉下步行時，可在這裡稍微休息。

至於「慈庵」是在1923年，王太夫人六十冥壽時，蔣介石下令在離墓地半里地的山腰間建房三座，頭門上題有「墓廬」，二門上刻有蔣介石親自命名「慈庵」的題字。孫中山先生贈送的「慈雲普蔭」匾額懸掛在中堂裡。「慈庵」進門處正中央，有一石碑正反面分別刻有譚延闓親筆書寫的孫大總統的〈祭蔣母文〉，及蔣介石親自撰寫由于右任書寫的〈先妣王太夫人事略〉。

在慈庵的右邊牆壁上鑲嵌有蔣介石的〈哭母文〉，也是由譚延闓書寫。左邊則嵌有于右任書寫的中國國民黨執行委員會〈慰勞蔣總司令文〉。蔣介石每次回鄉掃祭母親時，必定會在庵中小住數日。

王太夫人的墓冢規模不大，墓碑上方有孫中山先生題寫的「壺範足式」橫額，高度評價王太夫人是「女中模範，完美模樣」。橫額下的「蔣母之墓」也是孫中山的題字。墓碑旁有蔣介石署名為「不孝子周泰」，張靜江書寫的楹聯：

「禍及慈賢當日梗頑悔已晚，愧為逆子終身沈痛恨摩涯」。

由於王太夫人墓園曾在文化大革命時遭到嚴重破壞，1982年重修竣工，我在1986年前往瞻仰時，發現楹聯下方的「不孝子周泰」五個字不見蹤影，在落款的地方，只有「張人傑題」字樣（是張靜江的號）。重建的墓冢石材值得商酌，據近來得到的信息是，楹聯的落款部分已模糊不清。

墓旁下方開有一方一圓兩口井，用意是：「規矩成方圓，以啟孝道」。足見蔣介石在母親的墓園裡，幾乎每一建造都深含孝順之意。另外還建造了一座「仰慈亭」，是蔣介石考慮作為日後長眠之所。

　　漫步在王太夫人墓園中，映入眼簾的每個建築都是蔣介石對母親的懷念，引人深思。更令人感動的是，蔣介石幾乎每年都會在他日記中記錄下對母親的懷念，每逢過年過節、母親冥誕、自己生日或是在閱讀古典書籍後，都會在他日記中，寫下對母親的思念。難能可貴的是，蔣介石對母親的思念，在他的生命力中從未間斷。

　　蔣經國曾經在某個場合中，透露過他父親因失去母親的感嘆：「先妣苦節與中正之孤露，有非他人所能想像及之」。反映出蔣介石對母親含辛茹苦撫養自己長大成人過程中，孤兒寡母遭受的欺凌終身難忘。但在他幼時度日如年的環境中，得到母親堅持不懈的盡心撫養，終究使他走出一條不凡的道路。

　　孫中山先生在王太夫人墓園中從牌坊，到慈庵直至墓園，都留下了珍貴的題字，充分體現了他和蔣介石之間的感情並非一般。王太夫人生前，一直得到孫中山先生的尊崇。如1916年王太夫人生日，孫中山請朱大符作跋寫了「教子有方」四字相贈。1918年王太夫人55歲生辰時，孫中山再度贈送了「廣慈博愛」四字，並懸掛在祖祠中。

　　1921年5月當王太夫人患病時，蔣介石親自侍奉在側，為母親餵藥餵食，直到6月王太夫人去世，留下了令人唏噓的〈哭母文〉。

　　他在6月23日的日記裡，這樣寫著：「吾母若在，則垂憐有人，往訴有所，必不如今日之孤苦伶仃也。嗚呼，吾母此時豈可死呼」。僅僅數語，表達出對失去母親的哀痛。11月28日，他這樣記下：「下午，假寐醒時，感悼母氏，淚下盈腮，深自黯然。」

　　1931年12月14日，是王太夫人冥誕的前夕，蔣介石在他日記裡這樣記載著：「明日為陰曆十一月七日，我生慈之誕辰也。夜夢見母，痛哭二次，醒後自責，悔不孝罪大，國亂而身孤，致負我生慈，亦但有痛楚而已。

　　1933年11月2日，蔣中正在度過他47歲生日時深有感觸地寫下：「母子之情本於天性，久而彌切。為人子者親在時可不孝乎，如中正今日追念則悔之晚矣。」這與司馬遷曾說過的：「父母者，人之本也。」非常貼切，也反映了蔣介石一生崇儒的情操。

　　在他的日記裡不時看到，每當閱讀歷史名著如《離騷》、《孝經》、《孟子》，和《菜根譚》後，必會引起思慕之情。

　　敗退到臺灣之後，蔣介石深知返回溪口拜祭母親的機會已無可能，而對母親的懷念確與日俱增，唯一的可能就是在日記中寫下自己的感嘆，而且蔣介石始終恪守多年來在母親冥誕或忌辰時禁食的規矩。如1952年11月2日，在他六十六歲生日後，如此紀錄下他的感嘆：

　　「本日為舊曆九月十五日，實為余六十六歲之初度，每念母氏生育辛勞無以為報，時用愧悔，早餐仍如往年向例禁食。」

　　在他的日記裡，幾乎每年都紀錄下他對母親的思念，足見其母子之情深義長。雖然有海峽之隔，蔣介石的思母之情未曾有絲毫的改變。他在執政的那段時間，每逢政治的困擾，必定到日月潭下榻在涵碧樓作思考。涵碧樓也從此成為蔣介石的「行館」。

　　為懷念母親，蔣介石在涵碧樓對岸建造了一座慈恩塔，1971年落成，塔高九層，最上面兩層為王太夫人的靈堂。蔣介石親自為「慈恩塔」題寫了匾額，慈恩塔的旁邊還建造了一座兩層樓的王太夫人紀念堂，一層是蔣氏的休息室，設有王太夫人遺像，還布置了簡單的家具。

　　蔣介石在一次前往桃園大溪附近，看到當地景致與溪口無異，因而引起在當地興建行館的意願。終於在1959年完成了「行館」的建造。為了紀念慈母，蔣介石於1962年將該地改名為「慈湖」。

　　蔣介石生前曾為自己生命終結後長眠之地考慮過幾個不同的選擇，最早的時候是希望能安葬在南京中山陵，與孫中山相伴。另外

也曾考慮過王太夫人墓園的「仰慈亭」旁邊，意思是「長伴母靈，侍候永久。」

　　未曾料到的是，他親自選擇紀念母親的慈湖，最後卻成了他的陵寢。我和妻子在2011年時前往臺灣，如同我去溪口的意願一樣，為的是仰慕蔣介石先生對母親的孝心，曾先後到了日月潭和慈湖，目的只是瞻仰「慈恩塔」，並在慈湖憑弔蔣介石。

　　佇立在蔣氏的陵寢前，心情久久無法平靜，不由想起《詩經》〈小雅蓼莪篇〉裡的「哀哀父母，生我劬勞」，及「無父何怙，無母何恃」。

　　仰望著蔣氏的遺像，一幕幕這位曾經和母親相依為命的孤兒，在母親的細心培植下，成為一位叱咤風雲並在中國近代史上留下不朽點點滴滴的人物，在眼前如同幻燈片似地閃過。深植入我心靈中的，就是他一生對母親的孝順景仰，聯想起西漢韓嬰的《韓詩外傳》中有這麼兩句膾炙人口的詩句：「樹欲靜而風不止，子欲養而親不待」，這不正是對蔣氏的真實印證！

　　但我的溪口之旅、日月潭的流連忘返，以及慈湖的最後瞻仰，沒有任何的政治關連，卻都是因景仰蔣氏對母親的孝心感動而成行。在歷史的長河中，唯一引起我對歷代君主興趣的，只有乾隆皇帝對母親的盡孝，這在中國歷代皇帝中的確是鳳毛麟角。然而蔣介石對母親始終不渝的思念、愛護甚至是崇拜，更是凌駕於乾隆皇帝的孝心之上，值得後代中國歷史學家大書特書，從而教育世代！

　　令人唏噓的是，他一生堅持著感動天地的孝心，只在我這個卑微的小市民心中產生了如同波濤澎拜的共鳴。尤其是他每逢母親冥壽或忌辰時必定禁食的範例，和我自己從不過生日，卻在當天前往母親墳前叩拜思慕一樣。這裡面隱藏著民族的「忠厚」思維。

　　令人匪夷所思的是，那些充滿仇恨心態的政治人物，就不能放下身段，對這位已離世近半個世紀的逝者施以絲毫的「忠厚」之

| 1 | 1 | 王太夫人墓冢入口處牌坊，孫中山題字。 |
| 2 | 2 | 日月潭慈恩塔。 |

情？寧可違背「入土為安」的傳統，令其陳列在寂寞的靈堂中而無動於衷？也產生不出一絲的惻隱之心？從而使一個奮鬥一生的「英雄人物」儼然成為慈湖中的「孤魂」！這尚未入土的陵寢，使我內心激發出來的，僅僅是升斗小民不足為道的無奈「不平之鳴」！

　　政治圈子裡歇斯底里地作無止境的損人不利己的羞辱或是貶損應該從此罷休了！蔣氏的後人在前往慈湖掃祭的時候，看到那離世將近半世紀的靈柩，仍然孤獨地等待著有朝一日長眠於溪口的願望時，該有何等的觸動？他們是否讀過清光緒年間一位叫徐熙的貢生留下膾炙人口的《勸孝歌》？其中有這麼四句：

　　「墳塋修好時常看，莫教風水有傷殘，假若墳墓有缺陷，破甲傷丁不產男。」

　　也許活著的當政者應試著採用「放下屠刀，立地成佛」的善念及高尚人格，和蔣氏後人攜手協調，護送蔣氏的靈柩回歸家鄉，完成他「長伴母靈，侍候永久」的夙願！

（2020年5月7日完稿於溫哥華）

雪茄煙的天堂

──古巴

　　1964年時，我正在馬德里求學，利用課餘時間，結交了不少西班牙文學界的著名作家。其中一位是在1952年獲得西班牙納塔小說獎（Premio Nadal）的女作家桃樂雷絲・梅蒂奧・愛絲特拉塔（Dolores Medio Estrada 1911-1996）。在她的介紹下，每週下午我都會在馬德里一家有文學歷史背景的咖啡館消磨大半天。那就是希宏咖啡館（Cafe Gijon），它座落在馬德里的文化區雷哥列多大街（Calle de Recoleto）21號。

　　這座咖啡館是1888年5月15日，由一位地方人士古莫爾辛多・果美茲（Gunmersindo Gomez）創立的，頗有歷史淵源。但它的出名是在西班牙內戰（1936-1939）後，逐步發展成為西班牙當時的文學團體「36年代」（Generation 36）成員聚會的場所。

　　顧名思義這是一個有左傾思想的文學團體。36代表著內戰的開始，那是一場左派革命團體和法西斯的鬥爭，在左派革命團體被擊敗後，內戰結束。但是在文學界裡就出現一批不甘失敗的作家，經常聚會議論時勢。愛絲特拉塔就是這個團體的成員。在她的文學作品中，表達對勞動階級的同情。為了真實描寫她獲獎小說裡西班牙北邊家鄉的煤礦工人生活，她曾經下到煤礦體驗生活幾達一年之久。

　　她不止一次在我們聚會的時候，對於這段經歷總會津津樂道，眉宇間流露出不讓鬚眉的豪情。

　　咖啡館對面就是西班牙國家圖書館，我在求學期間，幾乎每天下課後，就同兩位西班牙同學到那裡研習功課，一直到晚間十點半

才離開，為的是要趕在十一點前回到宿舍學生餐廳，不然就會錯過晚餐的時間。

咖啡館旁邊不遠處即是聞名全球的博拉多博物館（Museo del Prado），裡面珍藏著世界著名的藝術作品，最精彩的是西班牙十六世紀的幾位大藝術家如各雅（Goya）、葛雷果（El Greco）和維拉斯蓋茲（Veazquez）的珍品都保存在這裡。

我在大學的課程裡選修了世界藝術史，教授就是這所博物館的副館長，教學極為嚴謹。每週上午有兩節兩小時的課程，他就用幻燈片作為講解藝術內容的輔導教材。當天下午，所有的學生就要到這所博物館裡，在每一幅藝術品前，聆聽教授深入解釋作品的結構等內容。

所以在馬德里求學時代，這裡就成為我每週必定光顧的區域場所，其中必定要途經附近的西貝麗絲廣場（Plaza de Cibeles）。今天仍然看到的新古典主義建築，雕塑及噴泉融為一體的藝術群體，是自1782年所遺留下來璀璨奪目的光芒。

每週到這裡時，駐足欣賞這個藝術群體就幾乎成了我的「必修功課」。其實最主要的目的只是到廣場邊的郵政局，除了購買郵票和郵簡外，我在這裡租了一個信箱，以便在遷居後，還能固定收到家書。

1964年6月18日那天，按照週六的安排，我先到郵局去買郵簡，查看信箱有無家書。然後就去咖啡館和文學界朋友們喝咖啡，談西班牙社會現狀。

正在排隊買郵簡時，突然見到兩位從未見過的中國人，第六感的理解是，這兩位中國人應該是剛來不久的。那時候生活在馬德里的中國人總共不到兩百人。其中包括大使館館員、三家中國餐館的業主，其他就幾乎全是在當地求學的學生了。雖然彼此間不一定知道姓名，至少一見面就會打招呼。

　　這兩位在郵局見到的中國人，看上去非常蒼老而面帶疲憊神色。因為都是炎黃子孫，在異國遇見，彼此先點了點頭。其中一位，用帶著非常重的廣東鄉音向我問好。經過交談，方知原來他們是來自古巴。

　　他們提到古巴時，我唯一的感覺是對這個拉丁美洲國家的認知只是「孤陋寡聞」，因此而感到有點羞澀。交談了幾句後，了解到他們是因為古巴領袖卡斯特羅施行工商國有化後，設法逃離而來到馬德里的。由於我時間有限，他們下榻的小旅社（Pension）就在附近，所以約好第二天我去看望他們。

　　次日下午我如約到達那家小旅社，才知道他們一共是三人，擠在一間狹窄而凌亂的臥室中。昨天見到的那位名叫甄卓然，五十五

| 古巴鱷魚養殖場和工人合影。

歲，原來在哈瓦那經營雜貨生意，妻子是中古混血兒，因為缺乏盤纏，目前仍繫留在哈瓦那。他的孩子已經到了美國，所以他當前流浪在西班牙，就依靠孩子寄錢給他維持開支。

另一位名叫張毅志，三十五歲，已經入古巴籍，妻兒都在美國，所以他不久即可啟程前往美國，是三個人當中較為幸運的一個。

那第三個因為正有理髮師為他理髮，所以我就沒有打擾他。甄老先生特別喜歡和我交談，如同相識多年的好友。從他的話語中，得悉旅居古巴的華僑，幾乎都有盡早離開的打算，只是每個人的境遇不一樣，是否能如願就只能見機行事了。

從他的談話中，使我立即聯想起自己在中國的老家境遇，祖產早已被充公。面對這位正在流浪中的古巴華僑，不僅僅產生同情心，並感到我們「同是天涯淪落人」！

在告別前，他告訴我，還有十多位與他年齡相仿的老華僑，正寄居在另外一個大樓裡，接受西班牙政府的接濟。後來我曾特地安排時間去造訪過那些年邁而淪落他鄉的老華僑。他們被西班牙政府安排在一個統艙式的大房間裡，形同無家可歸而被收留的無業遊民，他們的臉上都呈現出如同一個模子裡塑出來的無奈神情！

由於我忙碌的學生生活，無法繼續和他們作進一步的聯繫，也就無從得悉他們後來的行蹤了。至於我對古巴再度產生興趣，已經是1995年以後的事了。

在學習西班牙文學的過程中，我特地選了拉丁美洲文學作為深造的科目。通過古巴現代文學的研究，其中兩位作者給我的影響較深。一位是十九世紀的詩人霍塞‧馬爾蒂（全名是Jose Julian Marti Perez 1853-1895）。他不僅在詩歌上卓有成就，也是古巴聞名的哲學家、散文家、新聞記者、翻譯家、教授及出版商，是一位名副其實的多面手。在政治上他對古巴的獨立解放有著特殊的功勳，幾乎可以說是古巴贏得獨立的國父，也是古巴人民心中不朽的英雄。哈

瓦那的國家機場就是用他的名字命名的，足證他在古巴歷史上的重要性。

另一位作者阿列霍‧卡爾本蒂埃爾（Alejo Carpentier 1904-1980）生前幾乎一直流亡海外，直到1959年卡斯特羅推翻獨裁者後，建立新政權，他才真正回到古巴定居。他對拉丁美洲文學有極其深遠的影響力。1962年出版的《光榮的世紀》（El siglo de las luces）曾經對得過諾貝爾文學獎的祕魯作家馬爾克斯（Gabriel Jose Garcia Marquez 1927-2014）產生深遠影響。馬爾克斯在完成他的得獎作品《百年孤獨》（One Hundred Years of Solitude）初稿後，閱讀了卡爾本蒂埃爾的《光榮的世紀》一書，立即將初稿銷毀，全部重寫，終於成為獲得諾貝爾文學獎的巨作。

因為研習了這兩位古巴作家，同時回憶起在馬德里巧遇的兩位古巴華僑，使我對古巴產生了極大的興趣，就如同我在八十年代對北朝鮮的好奇情感如出一轍，抱著去古巴探秘的意願。

1995年，我已從教育界退下，進入國際旅遊行業多年，想藉此機會去古巴實地考察，是否有開拓旅遊市場的機會。

從加拿大到哈瓦那，只有從多倫多直飛的航班，而西海岸就必須轉機。當時日本航空公司是從東京到溫哥華的航線，在停留溫哥華後繼續飛往墨西哥的唯一航班，而且是747-400寬體航機。在獲得這條從東京到墨西哥便捷航線信息後，我和妻子的古巴之行就選擇了這條航線。在抵達墨西哥城後，先住一宿再接次晨飛往哈瓦那的古巴航空公司班機。

我和妻子是在11月9日從溫哥華啟程，次日抵達哈瓦那。抵達後的第一印象幾乎和80年時訪問平壤一樣。偌大的機場顯得空蕩，旅客不多，古巴國家旅遊公司的陪同霍塞‧安東尼奧（Jose Antonio）在機場接我們。加拿大和古巴之間一直維持友好的外交關係，所以加拿大公民前往古巴旅遊，可以向古巴駐加拿大大使館

申請簽證，或是抵達哈瓦那後，在機場支付15美元即可辦理一次入境的旅遊簽證。

辦妥了簽證，安東尼奧陪我們前往位在市中心區的「國家大酒店」（Hotel Nacional），這是國家級的五星酒店。在大堂裡，他將未來幾天的行程給我們作了大略的介紹，同時為了爭取時間，我們將行李放到客房後，即開始了我們的「探險」旅程。

當天下午我們在哈瓦那老區步行參觀，先到海濱遠眺西班牙人用聖經裡「三王來朝」的故事名稱命名的古堡，全名就是「莫洛三王來朝古堡」（Castillo de Los Tres Reyes Magos del Morro）。接下來到城裏參觀了「聖克里斯多巴大教堂」（Catedral de San Critobal）。

晚餐之前，應我的要求，安東尼奧帶領我們到有歷史傳統的「唐人街」參觀。我腦海裡一直盤旋著溫哥華或是舊金山唐人街的繁榮景象，思忖這裡應該也是一片盛況。豈知一走進後，就被呈現在眼前破舊而凋零的街道所震懾，一股悲哀之情也隨即湧上心頭。萬萬沒有想到，經歷了一百多年歷盡滄桑的古巴華僑的命運居然如此多舛！從十九世紀中葉，中國人被販賣豬仔的方式，到達古巴，取代一直受到西方列強販賣的黑奴，開始了他們的奴隸生涯。經過了幾代的苦難磨練，始能在當地稍展頭角。

華僑甚至後來還參加了古巴獨立戰爭，贏得朝野的讚揚，在哈瓦那迄今還豎立著一座紀念華僑參戰的豐功碑。這座黑大理石豐功碑上刻著1931年10月10日中西兩種文字的解說

在豐功碑上還有古巴將軍岡沙雷斯‧狄‧蓋沙達（Gonzales de Quesada）銘刻著兩句稱頌名言：

「沒有一個古巴華人是逃兵，沒有一個古巴華人是叛徒」（No hubo un Chino cubano Desertor, No hubo un Chino cubano Traidor）。

直到卡斯特羅掌權後，仍然有古巴華僑繼續參軍的事蹟，而且有的還晉升為將軍的地位。

　　順著破舊的街道，我們在一間老宅子裡，遇見一位年紀看上去已是古稀之年的老前輩。看到我們的到來，先是一陣疑惑，接著是驚喜不已。

　　經過相互自我介紹，了解到這位華僑是少數幾位碩果僅存的「民治黨」成員。他不無感慨地說，過去哈瓦那有幾十萬華人，後來死的死，走的走，現在剩下不到五百人，而且很多已經和當地女人通婚，他們的子女也不懂漢語，更不要談論什麼中華民族的傳統了。他的語氣裡帶著難掩的悲傷和無奈。我開始了解到為什麼古巴華人後來的處境艱險，哈瓦那唐人街淪落到殘破不堪的地步！

　　在交談時，我注意到他的桌子上，放著一份四開的《光華日報》，老人談起過去曾經有四份華文報刊每天出版，現在這份四開報紙也只是一個點綴品而已，因為沒有多少人能看懂了。

　　1960年卡斯特羅施行工商國有化之後，稍微有些「成就」的華人都難逃厄運，一夜之間從中產階級墜入到「無產階級」，而且還要承擔難以抵擋的社會責任，為了生存，唯一的一條路就是設法離開。有一部分華人因為一時無法取得去美國的簽證，只能利用古巴和西班牙之間傳統的殖民關係先行離開，所以就出現了我在西班牙馬德里遇見幾位古巴華僑的那一幕，他們採用了唯一的「捨近求遠」途徑，先到了西班牙，再尋求以難民身分前往美國。

　　帶著低落的情緒離開了唐人街，一路上我不時在分析發生在中國，在越南，在朝鮮，和在古巴的華人，因為當地的政權更迭而遭到的多舛，卻得不出誰是誰非的結論！

　　在後來的幾天，我們按照古巴旅遊公司的設計，先到離開哈瓦那約83公里的瓦拉狄若（Varadero）。這是一個狹長的海濱城市，在上世紀三十年代，曾經是法裔美國人依雷內‧杜‧邦（Irenee du Pont 1878-1963）購買下來的人間天堂。不但建造了富麗堂皇的別墅，還擁有八公里長的私人海灘及碼頭。他將該別墅命名為「上都

大廈」（Xanadu Mansion），是借用中國元代忽必烈汗的夏都來取名，象徵他在工商業中的帝國地位。整個狹長的瓦拉狄若也被建造成九洞高爾夫球場，供其私人招待客人打球作樂。

1963年卡斯特羅將工商國有化後，這棟美國巨富的別墅成為國家財產，而且改造成對外營業的高級餐廳及酒吧，原來十一間臥室也改裝成酒店客房。

從那一刻起，我開始理解為甚麼卡斯特羅要施行國有化政策。自西班牙殖民古巴開始，對當地原住民屠殺殆盡。在西班牙殖民之前，古巴是眾多原住民世代相傳的家鄉，其中以泰伊諾（Tainos）部落為主。據歷史記載，在1511年西班牙佔領之初時，泰伊諾部落有十餘萬人之多。可是到了1550年世代，因為西班牙的無情屠殺，其人口已急遽下降到四千左右，瀕臨滅絕的悲慘境地。

也因此導致古巴勞工的嚴重缺乏，就必須要到非洲去販賣黑奴，到古巴操作體力勞動。所以我們看到的古巴民眾其膚色都偏向深棕色。而且在幾天的參觀訪問中，也逐漸體會到，古巴的過去和拉丁美洲其他國家都沒有任何的區別，淪落為美國人的後花園，只有牛仔主人享樂的份，當地居民卻在生命線上掙扎。

在古巴一週時間裡，我們的行程幾乎覆蓋了整個古巴。首先去了在哈瓦那西邊約164公里的比納・狄・里奧（Pinar del Rio），那裡因盛產雪茄煙而聞名於世。同時附近還有一個歷史悠久的溶洞，裡面展示著許多原住民的岩畫和古蹟。

接著我們又朝哈瓦那東邊前行，約有870公里路程，一直到東邊的頂端瓜瑪（Guama）小鎮，那裡湖泊縱橫遍佈沼澤地，古巴政府特地在沼澤地建造了十幾座水上高架酒店客房，別有風趣。附近還有一個鱷魚養殖場，裡面的鱷魚幾乎都在兩米長，有的已經相等於人類八十歲的年紀，是當地的經濟開發重要資源。

在瓜瑪過夜後，次日再往回程的路途，行車約590公里，到達

古巴中部小城特尼里達（Trinidad），這座城市濱海，而且自十六世紀以來，有非常深厚的西班牙影響，1988年聯合國宣布為世界文化遺產，而該城市的著名是因為它在製糖業歷史過程中，扮演了非常重要的角色。

從特尼里達島西南角的西恩符艾格斯（Cienfuegos）只有83公里路程，導遊安東尼奧領我們參觀了以前富人們的別墅，反映出這個海濱城市就是設計好為資產階級享受的勝地。

在古巴的一週停留，除了歷史古蹟及風光迤邐的海濱沙灘外，給我留下的印象是整個古巴仍然保留著五十年代的面貌，這都是因為美國的制裁所造成。除了工商業落後外，市面幾乎看不到任何的繁榮景象。街上搭載遊客的出租車，幾乎都是1940年代的美國轎車，但也因此成為哈瓦那街頭的一景。

| 參觀古巴雪茄煙廠製作工藝。

　　由於古巴人無從獲得新車的進口，他們很珍惜這些在世人眼中早就應該被淘汰的舊車，整修得煥然一新，而且性能如新車無異。這些汽車工業中的古董，也就無形中被來自世界各地的遊客所青睞。

　　從這次的旅程中，令我印象最深刻的是，古巴人的不屈精神，他們經受美國多年的不斷經濟制裁和軍事威脅，仍然屹立於加勒比海上堅毅不倒！卡斯特羅也經歷了無數次的暗殺威脅，卻令他越戰越勇。不由得使我對這個拉丁美洲的小島國更是刮目相看！

　　1999年，我應加拿大政府旅遊委員會主席Judd Buchanan（為了方便和中方的協調，特地為主席取了個中文名字「符堅仁」）的邀請，前往北京擔任加拿大旅遊委員會駐華首席代表。賦予我的主要

| 筆者與古巴旅遊部長伊卜拉欣‧法拉達斯‧加西亞在宴會後合影。

任務就是和中國方面商討如何能將加拿大成為中國公民的「旅遊目的地」。

我對這個任務一直有一定的保留。鑑於多年經營國際旅遊業務的經驗，擔憂過早地開發加拿大市場，可以預見對中國的影響將是負面的。因為在東南亞的旅遊市場，由於過量的中國遊客，很多始料未及的問題陸續浮出水面。

既然身負重任，也就必須要按步就班執行命令。就在此時，新聞中突然爆發福建廈門遠華走私案，該公司老闆賴昌星逃往加拿大，在當地尋求政治庇護。導致中加兩國之間關係驟然緊張，正在談判中的旅遊合作事項也因此而擱淺。

既然每天困坐北京，使盡全力也無法挽回幾乎已達成的協議，就只有設想開拓新市場，來彌補甚至可以說是挽救中加兩國之間的尷尬。

經過深思熟慮，我有了一個「三C旅遊合作項目」的構思，三C是代表中國、古巴和加拿大，因為三個國家的英文名字都是以C字母打頭。於是和符堅仁主席商議後，得到他的首肯，立即和古巴駐北京大使館聯繫，也獲得他們的支持。因遠華案引起的低氣壓而造成的壓抑和委屈，一瞬間轉化為峰迴路轉的積極開發目標。

經過交涉談判，終於得到古巴旅遊部的官方邀請，並經符堅仁主席的批准，我著手組織了加拿大官方旅遊代表團前往古巴訪問。成員包括符堅仁主席夫婦、副主席羅傑·威洛克（Roger Wellock）和他的女友及我一行五人。

我們在2002年3月27日到31日，對古巴展開了正式訪問，並受到古巴旅遊部長易卜拉欣·費拉達斯·加西亞（Ibrahim Ferradar Garcia）的熱情接待。抵達的當晚，部長先生就在代表團下榻的國家大酒店設宴款待。與會的還有加拿大駐古巴大使、古巴商業部官員，及旅遊部副部長等共十二位，部長還特地用七年的朗酒款待

賓客。

在席間交談中，從古巴旅遊部的統計數字紀錄得知，加拿大赴古巴旅遊人數位居榜首，而且停留時間一般都在三個月到半年之久。加拿大冬天漫長而且氣溫低，所以加拿大年長者幾乎都在冬季成為南下的「候鳥」，一直以來，都選擇美國的佛羅里達州為首選。

也許古巴政府已經做過詳盡的市場調查，所以在席間，部長向符堅仁主席提出，是否可以考慮鼓勵加拿大的「候鳥」選擇古巴為冬季棲息地。實際上古巴政府早在年前，就已經擇地興建了大小不同的別墅，作為加拿大人到古巴過冬的寓所。最重要的是古巴的度假費用只有佛羅里達的一半，而且服務內容要比佛羅里達強多了。部長的介紹令符堅仁主席很受鼓舞。

宴會結束後，全體在酒店花園裡一個西班牙留下的砲台邊留影，部長還給代表團分贈高級雪茄煙一盒作為紀念。我在前一次的旅程中曾參觀過雪茄煙工廠，立即分辨出部長贈送的雪茄煙應該是每枝價格在一百二十美元左右，那麼這一盒十二枝雪茄煙，也順理成章成為珍貴的禮物了。

遺憾的是我畢生從不吸煙，收到這份特殊禮物，還真成了旅途中的累贅，不知如何處理。直到回北京後，將它贈送給一位知己「煙蟲」，當他看到這份來自古巴的雪茄煙時，真的是喜出望外如獲至寶。我也感到這盒千里迢迢的雪茄煙總算是「物盡其用」了。

幾天的訪問中，古巴旅遊部不僅認真接待，而且規格極高，全團還獲得機會和古巴的副總統會見。雖然是禮貌性質，也體現出古巴政府對加拿大提出的「三C」旅遊提案給予了非常正面的支持。

代表團在訪問期間，也正是古巴和中國的外交關係，從六十年代幾近破裂態勢，進而到當前的熱絡。我前一次訪問時看到的唐人街破碎景象，已逐漸改觀。街口豎立了一座中國政府贈送的傳統牌

坊，華僑人口比例也顯著地增長，當然如今見到的華僑幾乎都是從中國到古巴經商的年輕一代，往昔的蒼老頹廢情景已不復存在。

在離開古巴前，雙方簽訂了英文和西班牙文版本的「三C」合作協議，符堅仁主席交給我帶回北京翻譯成中文後，再遞交給中國國家旅遊局局長何光暐先生過目。

結束了訪問，送走了符堅仁主席一行，我在哈瓦那多逗留一天，處理一些善後工作。在前往機場的路上，和出租車司機閒談間，好奇地問他，古巴有多少共產黨員？他帶著頗富中氣的口吻回答道：「每一個古巴公民都是共產黨員！」

多麼堅強的民族意識！多麼振奮的國家觀念！令我不禁想起，當卡斯特羅在奮戰的時候，古巴的腐敗和西班牙殖民主義及美國干擾中留下的一脈象傳的互鬥和分庭抗禮的局面，導致國家一直處於寄人籬下，民不聊生的淒慘局面。

卡斯特羅革命成功後，流亡在佛羅里達州的十二萬古巴人，和中央情報局密謀在1961年4月偷襲豬灣，期望一舉推翻卡斯特羅，卻以慘敗告終。這一危機觸動了卡斯特羅的決心，立即施行共產主義政權，創建了一切為窮人，也是窮人掌權的體制。

這不禁讓我想到美國林肯總統在蓋茨堡演說中的「民有，民治，民享」（of the people, by the people and for the people），到了卡斯特羅建立政權時的宣言中，卻變成了「of the poor, by the poor, for the poor」，從林肯的「人民」（People），成為卡斯特羅的「窮人」（Poor），而古巴的貧窮不正是殖民主義和資本主義的壓榨所導致？

這也令我追憶起，古巴是西班牙在拉丁美洲地區放棄的最後一個殖民地，這一個殖民統治的結果，卻在1898年的巴黎協定中，西班牙將古巴的利益私相授受給美國。這和中國的百年國恥中，也曾發生德國人將山東半島利益私授給日本，兩者的命運何其相似。但

最終導致兩國建立人民政權，似乎有異曲同工之處。

在回北京的航班途中，忽然想起杜甫在公元755年從長安前往奉縣途中，寫下的〈自京赴奉先縣詠懷五百字〉的不朽之作，其中有這麼兩句：「朱門酒肉臭，路有凍死骨」，不禁體會出，這兩句詩恰如其分地描寫了中國歷代王朝，一直到解放前，以及古巴在近五百年殖民主義壓榨下的現實描述。但是由於意識形態在美國主導下，中國和古巴始終被視為是政治的異類。

如杜甫生在當下，他那兩句警世之作，如果用現代的政治觀點來分析，那麼他又是否會被看成是共產主義的同路人呢？當然人民有自由選擇生活在怡然自得的平淡中，或是在大國的控制下繼續甘為受人欺壓的賤民！至於政治人物的功過是非，歷史自然會有公平的評價。

想到這裡，我不禁宛然地笑了出來！

（2020年4月21日完稿於溫哥華）

從苦難中脫穎而出的毛里求斯

　　走遍了世界各地小島，座落在加勒比海中的諸小島，幾乎大多數都會冠上「法屬」、「英屬」，或是「荷屬」。如聖馬丁島（Saint Marten）迄今為止，仍然是法國和荷蘭分治的島嶼，北邊屬法國，所以對外的名稱法文書寫（Saint-Martin），而南邊屬於荷蘭的名稱書寫就是荷蘭語了（Sint Maarten）。

　　那裡還有瓜達魯貝島（Guadalupe）是英國囊中之物，馬爾狄尼克島（Martinique）則是法國的寵愛，而聖幼斯塔提烏思島（St. Eustatius）一直被荷蘭所青睞。

　　到了南海的中南半島，在印尼仍然可以嗅到荷蘭人遺留下來的氣息，在越南，法國麵包仍然是當地人從早到晚不可或缺的「美食」。事實上不管是印尼或是在越南，殖民主義雖然早已逝去，可是殖民的影響力卻有意識或無意識地摻入在當地人的基因中始終揮之不去。

　　一直被人看成是「十里洋場」的上海，當地人從過去的「低聲下氣的臣民」，成為今天「當家作主」的主人。在一部分人的心目中，是否仍然存留著往日的殖民渣殘？日本統治了半個多世紀的臺灣，至今仍然被許多人奉為生活的楷模！

　　每次搭乘郵輪島遊加勒比海，在這些島嶼停留時，也許西方人有祖先探險的遺傳，或是移民基因的影響，他們一到達這些島嶼立即會興奮莫名，甚至是欣喜若狂，雖然沒有祖先的狂妄，卻也難以掩飾「居高臨下」的姿態。

　　加勒比海諸小島的原住民就一直這樣在夾縫中求生存。當地殖民國家的主要旅遊產品，一直是掌控在原來的「主人」手中。如荷

蘭的奶酪，英國的羊絨衫等，為了迎合美國遊客的需求，美國商人也加入了陣營，剩下給原住民賴以維生的就只是一些當地的手工藝品。

我印象最深的是加勒比海的古巴。雖然最後脫離了殖民的禍患成為獨立國，但腐敗的政權一直受到新殖民主義的幕後掌控，直到卡斯特羅建立共產政權，七十年的歲月裡，因為美國的眼裡是和他們的「民主」理念相悖，迄今為止仍未能擺脫被「制裁」的困擾。

相對在印度洋上的毛里求斯（又譯：模里西斯）島國，面積只有65公里長45公里寬。在五百年的被殖民歷史中，遭受的摧殘剝奪罄竹難書。直到1968年才爭取得獨立自由，進而在1992年宣布成立共和國。她能夠以一個區區小島卻能相安無事，關鍵是她仍屬於「大英國協」的一員，有了宗主國的「保護」，加上意識形態的基本一致，才不至於受到西方大國的「制裁」或其他政治的威脅。

我和毛里求斯曾有過一段「旅遊事業」的糾結，可以說「事出偶然」，也可以被看成是「因緣相會」。就在我擔任加拿大旅遊委員會駐北京首席代表時，認識了毛里求斯航空公司香港辦事處客戶服務部門的梅曼紅女士。當她得知我在開發古巴的旅遊合作後，極力為我牽線，和該公司的主管見面，希望我能協助打開兩國的直航關係。

在我提出的一些建議中包含他們必須先著手與中國媒體建立關係，最直接的方式就是邀請一個電視拍攝隊，到毛里求斯拍攝旅遊紀錄片在中國放映，先給中國人民對毛里求斯有初步的認知。

很快我就接到梅女士從香港打來的電話，問我是否可立即開展協助進行這項工作。那時候我在加拿大旅遊委員會的工作已告一段落，所以在沒有「利益衝突」的前提下，欣然接受了他們的邀請。

經過審慎的分析，最終我決定建議邀請北京電視台海外節目中心的一個旅遊綜合性節目「好山好水好心情」。在交談中，這個節

目的製片人兼主持人衛寧女士工作經驗和理念，給我留下非常深刻的印象。於是我將她的拍攝組名單交給毛里求斯航空公司，得到毛里求斯國家旅遊機構的正式邀請。

2004年7月22日，我和妻子在香港機場和北京電視台拍攝隊集合。毛里求斯航班每週三班，夜晚十點從香港啟航，航程為七個小時。雖然毛里求斯是一個連「彈丸之地」的比喻都會嫌大的島國，但她的航空公司所使用的航機卻是非常先進的波音747寬體客機，機艙的服務不僅周到，也很細緻，給每個旅客留下極佳的回憶。

次日清晨抵達，六點即到達酒店，由於太早，我們就利用時間梳洗一番還補了兩個小時的睡眠。電話鈴響起後，每個人精神抖擻振奮地開始十天的「探險」行程。

無論是行走在市中心，旅遊景點，或是工商行號，給我們的第一印象似乎是身在新德里或是孟買，聽到的交談聲音都帶著濃厚的印度鄉音。雖然在抵達前從資料中得悉印度文化對當地的影響力，卻沒有料到這裡幾乎就是印度的島嶼。在當地的參觀拍攝過程中，我們漸漸地了解到為什麼印度裔在這個島國有著千絲萬縷的聯繫。

1　2

1　毛里求斯的國鳥嘟嘟，現已滅絕，只剩下博物館中的標本。
2　毛里求斯黑河峽谷，風景秀麗宜人。

　　毛里求斯島嶼最初是由一位葡萄牙探險者，在公元1507年登陸，但對這個小島興味索然而放棄。到1598年，荷蘭軍隊踏上了這個在他們眼裡認為是可以斂財的地方，並按照拿騷王子毛里特斯（Maurits van Nassau）的名字，將該島取名為毛里求斯（Mauritius），展現荷蘭王國的權勢，並經營了40年後，到1638年荷蘭人才正式在島上定居。

　　他們在佔領期間，覬覦當地的森林特產黑檀，於是大量砍伐，將這極為珍貴的木材運回母國，使得整個島上的森林陷入絕境。當時島上的珍奇飛禽中有著名的嘟嘟鳥（dodo）也因為森林的覆滅而絕種。如今毛里求斯旗幟上的國鳥仍然是這隻早已絕種的飛禽，在很多毛里求斯人的心中永遠是一個難以紓解的痛楚。

　　荷蘭人將黑檀無情的濫砍是一箭雙鵰的手段，既將珍貴木材當成其財富運走，又將清空出來的土地種植由外面輸入的甘蔗，當時荷蘭人將甘蔗引入，目的是為了製造稱之為Arrack的酒精飲料，卻在無意中為這個小島國打下糖業的紮實基礎。至今糖的產品已經被稱為「毛里求斯的奇蹟」的大宗出口經濟來源，荷蘭人在向毛里求斯輸入甘蔗的同時，還引進了不少的家禽及鹿。

　　1710年，荷蘭人滿足了大肆搜刮的心願後放棄了該島。五年後，也就是在1715年又來了法國人，隨即將島嶼名稱改為「法國島」（Isle de France）。他們佔領了毛里求斯近百年，除了開闢港口等建設外，法國人還運用了自1685年訂立並運用在所有殖民佔領地上的「黑奴法則」，毛里求斯也不能倖免。

　　「黑奴法則」是將黑奴作為「貨物」買賣的一條極其荒謬殘酷而不人道的法規，法國人可藉此在販賣黑奴時，若因為運輸遭到損失，即可申請保險賠償。毛里求斯當地原住民因為被大肆屠殺幾近滅絕，法國人就從非洲及馬達加斯加將黑奴販賣到毛里求斯從事最底層的苦力。所以在法國佔領近一百年的過程中，許多黑奴抗爭的

可歌可泣事蹟，可以從歷史往事中尋找。

　　在法國人的壓迫下，黑奴們想方設法作不同的抵抗鬥爭。毛里求斯流傳至今的著名音樂塞卡（Sega）就是黑奴們對他們的壓迫所發出的聲音。塞卡音樂是用黑人的鄉音和法語逐漸混合成的克雷奧勒（Creole）語言唱出他們的憤怒、悲傷和無奈，音調悲哀深沉。然而現在為了發展旅遊，塞卡音樂伴著舞蹈成為吸引遊客的娛樂節目。

　　在毛里求斯旅遊部門的安排下，我們在下榻的酒店海灘上，見到了塞卡音樂舞蹈小組。由於語言的障礙，只能通過翻譯才能和他們作簡短的交流。他們的表演深深地吸引著我們的注意力，尤其是北京電視台的拍攝小組，更是如獲至寶。

　　法國在1810年，因為戰爭最終將毛里求斯的權力拱手轉給了英國，英國人又將島嶼名稱改回到「毛里求斯」。在一百五十多年的統治下，直到1968年才脫離英國人宣布獨立。現在毛里求斯是印度洋中的共和國，但是她的背後仍然有著大英國協的陰影所籠罩。

　　我們在行程中，先參觀了著名的糖廠，看到直接從甘蔗壓榨出來的天然糖質經過高溫處理後，流出的是第一道棕色糖漿，稱為糖蜜（Molasses），是製糖時獲得的精華。這第一道的糖蜜味甜，是製作各種甜點的必須材料。

　　據糖廠的技術人員告訴我們，製糖過程一共有八道程序，每一道生產出來的糖漿質量成分及其使用用途都不同。如第一道的糖蜜，是八道程序中的最佳產品；第二道和第三道的糖蜜，顏色呈黑色，略帶苦味，質量和第一道相差甚遠；後面的工序裡，還特地生產專為義大利濃咖啡使用的糖塊。世界各地普羅大眾每天常見的淨白糖，嚴格的說就是處理糖原料後的垃圾，對人體危害甚大。

　　另一個參觀點是製茶業。我們看到該製茶工廠正在為英國茶葉工廠力普頓（Lipton）生產銷售到全球的茶葉袋。我在參觀過程

中，見到進入到茶葉袋的粉末，不僅有細嫩的茶葉，也有已經成為遮蔭的老葉子，甚至還參雜了細嫩的茶樹桿子，不禁嘆了口氣，原來茶葉袋裡的茶末還隱藏著這麼多不可告人的祕密，無怪乎這些茶葉「鉅子」對生產人見人愛的茶葉袋樂此不疲！

從參觀過程中，了解到法國在1826年首先在印度洋上的殖民地留尼旺島實行印度契約勞工制度。從印度徵集勞工送到殖民地，每個被徵集的勞工必須在法官前宣誓，並在契約上簽名，註明為自願參加勞工。合同上註明為期五年，所以從1829年到1838年，法國一共為其殖民地輸送了25000名印度契約勞工。

大英帝國在1833年廢除奴隸制後，曾在加勒比海、留尼旺島、斯里蘭卡、馬來西亞等地輸送印度契約勞工，到1836年開始為毛里求斯輸送。目的是應糖廠主人的要求，雇用印度勞工要比黑奴在操作上更為符合他們的要求。這一勞工的輸送運作全部由東印度公司操作，從加爾各答運送印度勞工到毛里求斯從事體力勞動。

因為奴隸制度的廢除，還得向甘蔗糖業主人支付兩百萬英鎊的補償。結果是奴隸制廢除了，卻解決不了勞工的問題。由於英國在印度的殖民，就從印度方面動腦筋，開始運輸另一種的奴隸勞動力到毛里求斯。

這些「農奴」都沒有姓名，只是在脖子上掛一塊錫牌，上面刻有號碼，那就代表農奴的名字。勞工在簽訂契約時，有效期是五年，到期還可以續約，再勞作五年。結束後勞工必須要回到原來出發的港口，也就是說勞工必須回到老家，不得在毛里求斯長期生活。

但從1837年運送印度契約勞工開始，到1917年被澈底廢除，期間歷經折磨和鬥爭的起伏，勞工被遣返的工作並不順利，究其原因主要是在被遣返時，輪船上的條件導致死亡率頻繁，而且在輸送勞工到毛里求斯的時候，男女性別的分配也要符合大英帝國的標準。

這是毛里求斯英國殖民時代的
印度農奴抵達港口後的移民管
理場所（Aapravasi Ghat），
從1849年到1923年，從這個
設立在路易斯港的移民站，一
共為毛里求斯輸送了五十萬契
約勞工，如今已成為聯合國世
界文化遺產，是英國在毛里求
斯對印度契約勞工極其重要的
歷史見證。

到契約勞工制度廢除後，留在毛里求斯的印度勞工將近五十萬。

　　這近五十萬的勞工階級，經過百年的奮鬥，已經成為毛里求
斯整個國家的主幹，佔總人口比例的一半。另外還有印度穆斯林人
口，佔了毛里求斯總人口的17%。至於當地人和法國人混合通婚的
克雷奧勒人，其中也有和印度通婚的，佔全國人口的四分之一。遠
渡重洋的中國人以客家人為主，但比例極小，約佔全國人口的百分
之三。隨著中國與毛里求斯的發展，華人人口略有增加，其中來自
中國大陸的大都是工商界。而在毛里求斯的港口業務中，有不少來
自臺灣的技術人員。

　　在這樣的背景下，我們的毛里求斯之行，十天內所接觸到的政
府官員，從總理，到外交部長、旅遊部門的政府總經理以及對外促
銷部門主管，幾乎是清一色的印度裔。

　　值得注意的是，這些在毛里求斯出生成長的印度裔人士，其愛
國情緒令人敬佩。國家航空公司的主管曾用關切的口吻說，由於毛
里求斯航班只有從香港直飛往返，中國大陸的旅客必須要先到香港
再轉機飛毛里求斯，對旅客非常不便，所以問我是否可協助他們打
通從上海直飛毛里求斯的航程。

　　經過研究分析，我給他們提出一個毛航和中航之間建立「代碼共享」雙贏的方案。由於中國人很喜歡到印度旅遊，主要是探尋佛教的歷史文化。所以我建議，何不開設一條中印毛三國路線。意即中國旅客搭乘中國國航班機從北京出發飛新德里，遊覽後再從新德里搭乘毛航班機飛毛里求斯，結束旅遊後，再搭乘毛航班機飛香港停留一到兩天，主要是購物，然後搭乘國航班機返回北京。

　　但他們對我的建議不以為然，卻在意於建立中毛之間的直航。在商討過程中，了解到他們的初衷就是擁有百分之一百從中毛直航中賺取全部利潤。原來他們雖然有印度血統，但是維繫毛里求斯的利益，遠超於其他的目標。

　　在我們結束十天的旅程前，我們還特地去中部小城庫爾派卜（Curepipe）參觀了一所用回收的玻璃器皿經過加工後，製作成工藝品和廚房用具的工廠，別有風趣。

　　最後與旅遊部門的主管，就中國市場的開拓研議出一個可行性的計畫。由於他們對我的信任，以及他們對開拓中國旅遊市場的急迫心態，我提出不收任何報酬，盡我力所能及給予支持。在為他們開拓中國市場設計的預算中，只在所有的實際開支中，增加百分之十作為工作中的所需外，其中不包含我從北京到毛里求斯的往返機票以及在當地的酒店住宿等開銷。這些內容可以由毛里求斯航空公司及旅遊部門免費安排就可以了。

　　所以從2004年的第一次訪問毛里求斯開始，一直到2006年的11月，我曾往返穿梭於北京和毛里求斯的航程中達四次之多，同時安排了毛里求斯旅遊部長作官方訪問北京及上海。為了節省開支，在編輯宣傳冊子時，我挑起了翻譯全部資料的重任及適當的編排，唯一的開銷就是支付印刷費了。

　　當中文宣傳冊子出版後，旅遊部門的主管不僅滿意，更增添了他們對開拓中國市場的信心。

　　就在我真情實意為毛里求斯的旅遊事業盡心盡力之時，負責亞洲地區的官員突然用極為技巧的方式，向我陳述他們的工資低，政府的薪資對養家糊口極為拮据。從這個和我毫無關連的話題中，我立即嗅出「利益」的「要求」。

　　在編制的預算中，除了十分之一工作所需之外，根本擠不出任何的額外「開支」，一旦我答應，對我的工作會增加難以解決的困擾。但是如果不同意，他擁有的是「大權在握」，而且經費的領取也必須經過他的簽字。

　　既然雙方合作的協議已經簽訂，我已沒有退路的選擇，只能開門見山地告訴他，假如要從我的預算中給他提成，只能將我十分之一的工作費用，作為給他的「報酬」。接著我用風趣的口吻說，這樣一來，為毛里求斯開展中國市場，我就是名正言順的「為人民服務」了！

　　他對我的坦誠並沒有給予任何的同情，只是輕描淡寫地表達了先入為主的「謝意」，意思即是我們之間已完成「口頭協議」，就等如何執行了。事後證明，當我在酒店花園中，從他手中領取到第一筆的開支時，那十分之一就已經直接被扣除了。我唯一的反應除了「無奈」，還是「無奈」。

　　為此，我曾憶及在古巴訪問推動中國、加拿大和古巴三國之間旅遊市場的開發，大約半年後，古巴領導人卡斯特羅發表談話，其中強調對剷除政府內部腐敗的決心。他開宗明義地指出，在各部門的腐敗中，首先要清理的就是旅遊部門。所以不久後，我們曾見過的旅遊部長被解職。使我想起和他會見並出席他主持的歡迎宴會後，獲得的那盒價值不菲的雪茄煙禮物。

　　其實毛里求斯旅遊部門印度裔官員的「利益」索取，以及古巴清理政府部門的腐敗，在國際旅遊行業中如果和加拿大旅遊部門的「貓膩」相較，那也只不過是小巫見大巫的雞毛蒜皮而已。如二十

年前加拿大駐日本的代表，每年經手的經費高達七百萬加元。幾年的任期屆滿後，他回國後一年之內建造了價值逾百萬元的原木別墅頤養天年。

　　所以在旅遊行業裡爬滾了三十多年，我最欣賞的就是古巴領導人的觀點，政府的腐敗應該是旅遊部門為首一點都不誇張。因為在世界各國的旅遊部門裡，如要追究「腐敗」，肯定能挖出許多精彩的情節。

　　和毛里求斯旅遊部門合作期間，經費的短缺問題還在其次，因為從一開始，我就抱著帶有幾分「同情」的心態，給他們助一臂之力。無奈印度裔的政府官員們，其官僚作風和他們原來的殖民主子相比可能是過猶不及。我費了九牛二虎之力，促成他們的旅遊部長安尼・卡馬辛・卡央（Anil Kamarsingh Gayan）官式訪華，並安排了他拜訪中國外交部等重要部門。在上海出席中國國際旅遊交易會期間，還特地通過關係，讓這位來自僅有一百二十萬人口的島國部長，在出席上海市長的歡迎晚宴上，被安排坐在市長的左側。

　　然而在幾次的活動中，我只是沉默地應對他高傲自大的態度。結論是假如我採取對立的態度，我就有被看成是「有失風度」的可能。就在2006年安排他到昆明出席旅交會後，毛里求斯旅遊部門應該支付的最後一部分經費也在沒有任何的解釋下「石沈大海」！但也給了我就此「鞠躬下台」的機會，挪走了我心頭積壓的一塊石頭。

　　和毛里求斯最初的聯繫、接觸進而合作，支持他們的旅遊發展，到最終的「屁股一拍」，給我的生活中留下一段帶著幾分苦澀卻能細嚼的回憶。

　　了解了這個小島自歐洲列強的先後佔領，從奴隸翻身到當家作主的歷史過程中發生的種種，賺人眼淚的悲慘史，應該是激勵後裔奮鬥自強的借鏡。但是，如毛里求斯般的歷史，同樣在加勒比海發

生，也在太平洋中普遍存在。令人嘖嘖稱奇的是，在外人的眼中，看到的不是繁榮昌盛的景象，而是自己人對自己人的欺瞞。翻身的農奴後裔，一旦身居要職或是腰纏萬貫，貧窮落後的社會現象，就不是他們的嚴重關切了，這比當年殖民征服者對待奴隸的手段似乎更為令人感到不解。

我沒有再踏上毛里求斯，只是後來得悉，他們實現了從上海直飛毛里求斯的夢想，每年成千上萬的中國旅客前往觀光，給毛里求斯賺取可觀的外匯。相信他們在為中國遊客安排的餐飲，一定有所改善。

記得在我協助他們開拓旅遊市場時，一天晚上，當地官員帶我去品嚐星級飯店準備的中式自助餐，那是他們為了開拓接待中國旅客市場所做的實驗。

令人捧腹的是，當我從一個冷盤中夾了一粒魚丸放進嘴裡時，嘴裡似乎含上一塊帶鹹味冰淇淋，立刻吐了出來，原來那是剛從冷藏庫裡取出還沒有煮熟的冰凍魚丸原材料，就直接放在餐桌上給旅客「享受」了。

我向餐廳經理開玩笑地說，假如中國旅客食用了還沒有煮熟的魚丸，毛里求斯醫院急救室就有可能會面對「人滿為患」的窘狀了！

（2020年5月3日完稿於溫哥華）

羅馬尼亞的「聊齋」

　　父親曾在我童年的時候，安排一位清末的落魄進士在家鄉祠堂裡教我古文，每天除了寫大小楷各一篇外，授業的重點就是必須背誦一篇古典文學，包括《左傳》、《四書五經》、《孔孟之道》等等。為此，腦袋上還多次捱過老學究的劈啪責罰。

　　明知父親的苦心培植是為我的將來鋪路，叛逆的個性卻始終引導我尋找「老學究」瞪大眼的閱讀材料，我已記不起看了多少被人看成是不長進的「列傳」等小人書，特別是鬼怪故事，至今還記憶猶新是少年時期，怕母親責備不求上進，就躲在被褥裡，用手電筒照著看。

　　在那些鬼怪故事裡，我最喜歡的就是《聊齋》，而且重複看了好幾遍，對每篇情節的緊張刺激而引起毛孔直豎，背脊冒冷汗的情緒張弛尤為過癮。稍長之後，我發現自己的選擇沒有錯。蒲松齡的《聊齋》不僅僅是民間傳說的鬼怪故事，它可以被稱為是中國文學中短篇小說的鼻祖，甚至還遠遠渡重洋啟發了日本江戶時代「怪談文學」的發展。其中，田中貢太郎（1880-1941）更是深受《聊齋》的影響而成為日本怪談文學的泰斗。

　　實際上，《聊齋》已被改編成劇本，出現在戲劇、電影或電視劇中達150多次。上海和香港的舞蹈團也有將《聊齋》中的〈畫皮〉一章編成舞劇搬上舞台，深得觀眾喜愛。蒲松齡有一段經典的座右銘頗值得稱頌：

　　「有志者，事竟成，破釜沈舟，百二秦關終屬楚。苦人心，天不負，臥薪嘗膽，三千越甲可吞吳」

　　每當閱讀《聊齋》的時候，看到歷史學家對蒲松齡未能入朝

當官的身世始終認為是一大遺憾時，我都會感到他們的幼稚而嗤之以鼻。如若蒲松齡真隨俗而「金榜題名，狀元及第」成為「十年寒窗無人問，一舉成名天下知」的品級官吏，那麼蒲松齡能否安貧樂道，以平凡的身世，給後人留下傳世的不朽經典之作的歷史就值得懷疑了！

因為蒲松齡，也讓我對山東產生特有的感情，並素有對他舊居瞻仰的願望，這一願望在一個偶然的安排下得以實現。那是1983年8月5日，山東泰山要舉行中國景區第一條索道通車典禮，也不知是誰將我的資料送到山東有關部門，使我收到珍貴的請柬出席這個歷史性的活動。

既然要去從小自地理上讀過並心儀已久的五岳之一的泰山，不如考慮安排加拿大電視拍攝組同行，給加拿大人從電視上分享中國的錦繡山河。主意打定，我即和溫哥華的電視台聯繫並徵得同意，我們一行來到濟南，轉往泰安，出席了通車典禮。這一盛典是由中國國務院副總理王震剪綵，中國國際旅行社總經理韓克華講話，與會的還有國務委員谷牧，見證了中國五岳中第一條索道的工程完工，對今後的登山者來說提供了不少的方便。

結束這個公務活動後，山東有關部門還給我們安排了包括孔子故里曲阜等地的拍攝活動，但我突發奇想，向他們提出是否能順道去淄博看一看蒲松齡故居。經過山東旅遊局的精心安排，我終於在八月七日那天如願以償。

蒲松齡的故居位在淄博鄰近的淄川區蒲家莊。在進入蒲松齡故居時，先要通過一個名為「平康」的小區。一路望去都是中國北方典型的農村房舍，簡單而寧靜。蒲松齡的故居在日本侵略戰爭時被毀，我們看到的是1954年以後當地政府按照原樣修復的。據告知，幸運的是故居許多文物都完好無損。

我們到達的時候天氣略為陰沉，而故居的院落中栽滿了竹子，

在濃密的樹蔭下顯得幾分陰沉，給原本狹窄的空間平添神祕甚至是恐懼的氣氛。穿梭在故居的各個角落，似乎《聊齋》中那些繪聲繪影的鬼怪故事，隨時都會從任何一個角落蹦跳出來，和參觀者打個照面。

淄博的歷史悠久，出產陶器富有盛名。就在我們造訪之前不久，當地發現了令人震撼的「殉馬坑」遺跡。陪同給我們講述，這是齊國第二十五代國君的陵寢。他生前視馬如癡，《論語·季氏篇》就有記載：「齊景公有馬千駟，死之日，民無德而稱焉」。因為這個古墓剛出土不久，所以規模不算太大，但當我們看到那十數匹馬的遺骸整齊地一排躺在陵墓裡的神姿，不禁嘆息古代君主手握大權，連死後牲畜都逃不過殉葬的厄運。

經過了逾三十年的挖掘開發，淄博的殉馬坑，如今已改名為「淄博兵馬俑」，從字面上看，可以了解當地欲藉此開發旅遊產品，與西安的秦始皇兵馬俑一比高下。

參觀結束後，淄博市長王滔先生宴請我及加拿大電視台拍攝組。因為自幼客居臺灣的記憶，對山東麵食情有獨鍾。所以在抵達淄博時，我即提出是否可請王市長免除盛宴的安排，就給我們提供一個品嚐道地山東麵食的機會。

這是一個終身難忘的記憶，1950年在臺北的少年生活時，父親是公務員，每個月都要從政府手中領到兩袋美國援助的配給白麵粉，這給來自南方的母親造成無限的困擾。我們是住在財政部屬下的物資局一棟大雜院裡，看門的是一對山東老夫婦。

母親唯一能用麵粉做得比較順手的就是做麵疙瘩給一家大小果腹，至於水餃或是包子等，就只能看麵粉興嘆了！看門的老夫婦看到我母親製作麵食時的無奈神情，先用揶揄的口吻對母親說：「劉太太，你這是外行做麵食。」

說完後就手把手地調教母親如何和麵、桿麵皮、調肉餡等一系

列基本要訣。然後一手拿著桿麵棍，一手捏著麵糰，將每一張麵皮桿的中間厚周邊薄，就這樣凡是山東人製作的麵食，後來在母親的手裡都能得心應手。

所以向王市長提出吃麵食的要求，也是對母親的懷念，並感恩於那位曾經教母親桿麵的山東老漢。當晚宴開兩桌，除了令人垂涎三尺一道道的麵食外，連我嚮往已久的酸辣湯也出現在眼前，當然在席上也感受到山東人喝烈酒的豪爽。我在想，蒲松齡生前是否從這些家鄉麵食裡，尋找到無止境的靈感，從而創造出這樣一部不朽的傳世名著？

無獨有偶，以鬼怪為背景的文學作品，在亞洲有，在歐洲一樣流傳。最經典的莫過於吸血的魔鬼故事（Dracula）。在中學時代，曾看過好萊塢拍攝的以吸血鬼為主題的鬼怪電影，一直深植在記憶中，也因此心裡始終存著對這個故事的發生地點羅馬尼亞一探究竟的夢想。

也是一個偶然的機會，我的夢想居然變成事實。2004年5月，我正以加拿大旅遊委員會駐華首席代表的身分，在北京開展中加兩國的旅遊合作事宜，也就因此經常會參加國際間的外交活動。在一個酒會場合中，認識了羅馬尼亞駐華外交官，交談中得知他們正積極地尋求打開中國旅遊市場的機會，知道我的職務後，他們就試探著向我取經，並有意邀請我去羅馬尼亞作實地考察。我曾在西南歐生活多年，唯獨缺乏對東歐的認識，因此就欣然答應。

得到羅馬尼亞大使館的精心安

筆者在布加勒斯特凱旋門前留影

排，我和妻子即啟程前往這個黑海邊的國家。說實在的，對羅馬尼亞我只能用「孤陋寡聞」來形容自己，唯一略為知道的就是，這個國家曾一直在蘇聯的控制下，實行共產主義。自1965年就由尼古拉·齊奧塞斯庫（Nicolae Ceausescu 1918-1989）執政，一直到1989年被執行死刑，他的妻子艾連娜·齊奧塞斯庫（Elena Ceausescu 1919-1989）也一同被槍決。

當然促使我接受邀請出訪的理由，就是對好萊塢影片《吸血鬼》故事的一知半解，希望能達到「刨根問底」的目的。在雙方的協商後，定下了我們要訪問的幾個城市，包括首都布加勒斯特（Bucharest）、東南角的黑海港康士坦特（Constante）、西南角的小城市西吉索阿那（Sighisoana）和希比烏斯（Sibius），以及北邊的波拉索爾（Brasor）、塔爾古·姆雷斯（Targu Mures）和克魯吉·姆雷斯（Cluj Mures），幾乎都是羅馬尼亞的歷史古城，所到之處均在崇山峻嶺中，自然風光美不勝收。

在抵達首都布加勒斯特前，就聽聞共產黨統治者尼古拉·齊奧塞斯庫執政時曾建造一座史無前例的雄偉「王宮」，而這座現代建築的存在，代表著羅馬尼亞現代政治中的黑暗悲劇。所以到羅馬尼亞訪問，除了《吸血鬼》的故事之外，參觀這座史無前例的「王宮」也就成為我們在訪問中的重點目標了。

尼古拉·齊奧塞斯庫在1971年訪問亞洲時，曾到訪朝鮮人民民主共和國，他深受當時金日成創導的「主體思想」（Juche Ideology）影響，對聳立在大同江邊的「主體思想塔」留下深刻印象。「主題思想塔」是在1982年4月15日落成的，作為敬獻給金日成七十壽辰的一份大禮。

「主體思想塔」全高150米，塔頂上有一座20米高的火炬，由一個直徑八米的底座承托。總重量為46公噸。全塔是用25550塊花崗岩砌成，代表70年的總天數，也是表達對金日成萬壽無疆的標誌。

　　在塔身的底部背面有六百塊珍貴的石料鑲嵌，來自於多個國家的國際友人和世界各地研究主題思想的組織機構所贈送的特殊禮物。

　　齊奧塞斯庫回國後即積極推動羅馬尼亞的「組織化工程」（Systematization Project）。不幸羅馬尼亞在1977年遭遇了大地震，齊奧塞斯庫利用這個機會，參考了平壤的都市建設計畫，於1978年開始將布加勒斯特的老舊建築推倒，重新作都市建設的部署，其中最大的一項工程就是建造他心目中的「王宮」，標誌為「布加勒斯特工程計畫」（Project Bucharest）的中心思想。

　　當我和妻子抵達座落在首都聯合大道西邊三點五公里處的史匹雷阿山丘（Dealul Spirli）「王宮」時，竟然被它的規模所震懾。我們曾參觀過世界各地的古老皇宮百餘座，卻從未見到過如此規模的「龐然大物」！陪同我們參觀的官員向我們介紹時，先給了我們幾個令人瞠目結舌的數字：

　　「王宮」全高84米，面積為365,000平方米，容量為2,555,000立方米，重量為4,098,800,000公斤，堪稱為世界上最重的建築。它是齊奧塞斯庫在1984年下令開始建造的，於1997年竣工，歷時13年。

　　這座建築在建成時被命名為「共和之家」（Casa Republicii），齊奧塞斯庫被推翻處死後，這座「王宮」改名為「人民之家」（Casa Popoului），並沿用至今。

　　「王宮」原來的內部設計擁有1100間大小不同的房間，可是到今天卻只有400間完工，其餘仍然是閒置著。由於面積過於龐大，單單每年消耗的電費就在六百萬美元左右，相等於一個中等城市的全年電量消耗。

　　齊奧塞斯庫在執政時，為了建造這座舉世無雙的現代「王宮」，在眾多的建築師中，時年僅28歲的女建築師安卡·貝特雷絲庫（Anca Petrescu 1949-2013）脫穎而出，連同她的十位助理建築師

共同完成了這座震驚全球的建築，她還同時完成了改變布加勒斯特面貌的都市建築群。

令齊奧塞斯庫和他夫人未曾料到的是，自他們搬進這座「王宮」只是一年多點的時間，就在1989年聖誕節夜晚遭到亂槍打死的厄運。這座昔日的「王宮」如今除了羅馬尼亞參眾兩議會的開會場所外，當地政府還撥出部分空間向外出租舉行婚禮等社交活動。

在布加勒斯特還有兩個極為有趣的旅遊景點，卻沒有引起旅遊者的注意，一是在聯合大道近市中心的綠化帶上有一尊雕像，是羅馬城市奠基者羅姆魯斯（Romulus）及雷姆思（Remus）在狼的腹部吮奶的神話故事，這尊雕像原著一直陳列在羅馬市政府前的博物館中。

因為它代表著羅馬建立城市的象徵，所以一直作為禮物贈送給世界各地，如美國、中國、瑞典等國都可以看到其身影。我一看到布加勒斯特的這尊雕塑，就如同闊別很久的老友，特地拍攝了下來留作紀念。據說羅馬贈送這尊雕塑給布加勒斯特的目的，是對羅馬尼亞同屬於拉丁民族系統的認同。後來羅馬又相繼向羅馬尼亞的Cluz Napoca、Targa Mures及Timisoana等城市贈送了這尊雕塑。

我們在布加勒斯特停留期間，因為晚上沒有節目，就坐在酒店客房裡搜索資料，發現當地有賭場的設施。於是我們帶著刺激又好奇的心情，叫了出租車送我們去，原來這裡曾經是共產政權時代高官的銷金窟。

賭場只允許外國遊客消費，而且入場前，還要先拍攝照片辦理入場證，方得進入。當我們正在向櫃檯了解情況時，進來六位中國客人，從他們的談吐中，分析出應該是出國公幹的政府官員。其中一位看似領導模樣，得悉入場需要拍攝照片後，即刻帶著全體離開了賭場。相信他們的快速行動，只是不願留下任何痕跡所做出的決定。

　　我們並沒有進入賭場，只是在了解實情後即回酒店，就如同其他東歐國家一樣，羅馬尼亞從共產主義社會，在還沒有完全轉型發展之前，就已經墮入了資本主義的奢靡頹廢，以賭博來吸引世界各地的遊客！

　　布加勒斯特城市名稱（Bucharest）來自於詞幹（Bucurie），實際的意思是「喜悅的城市」，諷刺的是這座古老而安逸的城市曾經遭受過史無前例的苦難，齊奧塞斯庫帶著雄心壯志執政二十多年賦予百姓的卻是無盡的煎熬災難。1989年12月25日夜晚，他和夫人被憤怒的人民槍殺後，這座城市雖然恢復了平靜，但是要在東西方夾縫中獨樹一幟，仍然是任重道遠。

　　我們出訪羅馬尼亞的重點節目終於在抵達波拉古堡（Bran Castle）後得到了滿足和好奇，期待的是參觀的高潮，但結果卻有幾分的失落。歷史上傳言風靡一時的吸血鬼故事（Dracula），就是出自這座有五百年歷史的古堡。

　　記得在中學時代觀賞好萊塢拍攝的吸血鬼電影時，在黑漆漆的影院中被劇情薰染得滿身冷汗。尤其是當鏡頭上出現夜黑風高的時候，那個英俊的美男子，突然嘴裡露出兩顆獠牙，擁抱著他心愛的美女，用那尖銳的獠牙在美女的頸部就這麼輕輕的叮一下，瞬間那美女就變成青面獠牙的魔鬼。

　　這鏡頭常使我將小時候讀過的《聊齋》連接在一起，我最喜愛的「畫皮」情節也就立即出現在眼前，一個苗條淑女，在沒有月色的夜晚，整張人皮脫落，出現的是一個滿目猙獰的巫婆。

　　雖然東西方的文化背景不一樣，但是作家在描述其鬼怪故事的時候，幾乎就有異曲同工的絕妙技巧，讓讀者興奮、恐懼又愛不釋手。

　　既然到達羅馬尼亞能近距離地接觸到這部膾炙人口的吸血鬼故事發源地，那麼有必要對這個故事的來龍去脈作更為具體的了解。

波拉古堡位在波拉索爾25公里四面環山的小鎮波拉（Bran），最早出現在山坡上的是1212年建造的一座木造結構古堡。在1242年蒙古征服歐洲時，這座木質古堡毀於戰火。

事實上這個古堡和吸血鬼故事連接在一起，還得先了解五百年前當地一個暴君的歷史記載。十五世紀時代，當地瓦拉基亞（Wallachia）人的統治者符拉德三世（Vlad III）從1448年到1476年之間曾間歇地統治著這片土地，他在歷史上被認為是殘酷無情的暴君。

符拉德三世的住所遺址。

由於經常受到奧圖曼和匈牙利的無情威脅，他帶著屈辱的怨憤將敵人的俘虜以及無辜百姓殺害後，先用尖銳的長兵器將屍體一具具地挑起，然後將這些長兵器插在城牆的周圍。令匈牙利軍隊回來時，目睹這些殘暴而血腥的場面不寒而慄。

因為他的暴行，贏得了歷史上「穿刺者符拉德」（Vlad the Impaler）遺臭萬年的臭名。然而究竟又怎麼會將這個臭名昭著的暴君和吸血鬼聯繫在一起呢？歷史上的記載眾說紛紜，有的說波拉古堡是他喜愛到訪的地方，但也有記載說他從來就沒有統治過這座古堡。

又有記載說，他曾經在1462年被匈牙利抓獲後，囚禁在這座古堡中，而實際上他被囚禁的地方是現今匈牙利首都布達佩斯。

歷史上更為誇張的描述是，因這座古堡的造型和結構，更具有幽靈鬼怪出現的戲劇效果，所以成為傳說中吸血鬼的故事場景也就恰如其分了。

然而吸血鬼這本成名作的作者在他的原作中對吸血鬼發生地的

描述，和波拉古堡可以說是南轅北轍，毫無關連。

　　聞名於世的吸血鬼故事作者，是愛爾蘭的作家勃蘭·斯托克爾（Bram Stoker 1847-1912）。他在完成這部鬼怪故事前，曾經對中東歐地區有關鬼怪的地方神話做過深入研究，特別是他在研究這段歷史期間，曾經注意到符拉德三世的血腥暴行，就直接採用了吸血鬼（Dracula）這個名詞作為他撰寫故事的模式。歷史學界也對他在書中描寫的古堡，和波拉古堡的結構等截然不同。只不過他對羅馬尼亞那段歷史的研究，給他提供了撰寫這部風靡一時的吸血鬼故事的最佳靈感。

　　至於現實中的波拉古堡在羅馬尼亞歷史上，曾經歷盡滄桑數度易主，到十九世紀瑪麗皇后（Queen Marie）非常喜愛這座古堡，曾經對其大肆裝修改造，成為她心愛的住所。後來將古堡留給其女兒雷安娜公主（Princess Ileana），她在二次世界大戰時，將這座古堡改裝成戰地醫院。到1948年整座古堡被執政的共產黨收歸國有，現在由當地政府接管，成為對外開放的博物館，供遊客欣賞瀏覽。

　　實際上羅馬尼亞政府大肆宣傳波拉古堡和吸血鬼故事關連在一起的目的，就是為了開發旅遊產品所產生的結果。早在1970年羅馬尼亞共產黨執政的時候，為了對外開放和對西方採取友好的姿態，就不遺餘力宣揚吸血鬼對旅遊市場的效果，好萊塢的影片也因此給羅馬尼亞帶來了豐厚的旅遊利益。

　　勃蘭·斯托克爾的吸血鬼手稿曾一度失蹤，卻在1980年代，偶然從美國賓州西北角的一座穀倉裡被發現。在那些散頁的手稿中，多處還保存著作者修改原稿的筆跡。封面上還留有「未逝者」（The Un-Dead）的名稱，可能是作者最早構思的書名，作者的姓名也清晰地落在書稿封面上。全書的內容是根據作者從日記的紀錄、往來書信、電報、輪船航程紀錄及簡報等各方面收集到的材料，按照章節的型態，構思出一幕幕精彩絕倫的鬼怪故事。

　　看完了波拉古堡的上上下下，我沒有絲毫的恐懼，更遑論會產生任何和鬼怪的瓜葛。這座聳立在山巔的古堡，既然和愛爾蘭作家的吸血鬼故事沒有任何的干係，那我就只能將其故事的情節權當是羅馬尼亞的《聊齋》故事，但不論在情節內容，或是文字的描述，都無法和蒲松齡的《聊齋》相匹配。

　　蒲松齡窮其一生，除了其他作品外，這部以鬼怪故事為中心主題的短篇小說，尊稱為中國文學界的鼻祖一點都不誇張。他那精幹的文字使用，細膩的場景描述，幾乎所有的後輩作家只能望其項背自歎不如。即是現代文學界興起的「微型小說」，也只能看成是文學界的「另類」。

　　結束羅馬尼亞的旅程，在歸途中，不由感嘆，《聊齋》和《吸血鬼》的兩位作者，可能從未預料到，他們嘔心瀝血的作品，卻成為後人推動旅遊發展的資本。據了解，淄博的蒲松齡故居已經開發了近五千平方米的旅遊景點，我只擔憂1983年親眼目睹的「故居」原貌可能早已不復存在，他和《吸血鬼》的作者，如在天堂相遇，肯定會俯瞰著人間，同聲嘆息他們只是讓後人坐享先輩留下的遺產。

　　為了逃避這無聊思維的糾纏，我順手抓起事先準備了放在手提行李包裡的《聊齋》，在安靜的機艙裡，倚著微弱的燈光開始閱讀，吸血鬼的兩顆獠牙，和《聊齋》裡披著美麗少女外皮的巫婆，不斷地在我眼前交替出現，無法讓我專注手中的書本。

　　無奈之下，我放下了書本，閉上眼，在吸血鬼的獠牙和「畫皮」裡美女轉化成的巫婆陪伴下，進入了夢鄉。等飛機著陸後，我發現背脊上粘滿了冷汗，因為在夢裡，我一直和吸血鬼及巫婆不停地在糾纏，甚至格鬥！

（2020年5月12日完稿於溫哥華）

徘徊在鄧小平的故里

　　開始寫這篇短文之前，內心曾有過不少的掙扎，恐被人誤認為是在自我吹噓。但繼而一想，既然寫了蔣介石對母親王太夫人的孝心一文，再寫有關鄧小平的家鄉點滴時，也就沒有必要作那麼多的左顧右盼了。

　　由於對政治沒有太多的關注，特別是中國的近代史中，太多的鬥爭、殘殺，導致老百姓家破人亡，流離失所，接連不斷的人間悲劇啟幕又閉幕週而復始，給人的錯覺就是中國人的瘋狂政治所造成的畸形社會，在西方人眼中，只不過是一群服了戰爭興奮劑的病人而已。也因此我只是將自己閉鎖在似乎沒人問津的歷史曠野中，去尋找，探索，人間是否真能挽回中國人失去的祥和境域。

　　第一次聽到鄧小平的名字，是1978年十二月初到大陸參觀訪問時，不論走到哪裡，坊間或是政府部門都會有人提起鄧小平，為了掩飾我的「孤陋寡聞」，只能轉彎抹角並技巧地向周邊的人了解此人是誰。所幸我的窘態沒有被發現，而且得到出乎意料的信息，他們幾乎一致地而且是興奮地告訴我：「三中全會剛開過，《實踐是檢驗真理的唯一標準》是國家發展未來的準則！」

　　當時我被這樣的回答攪得一頭霧水，實在不明白什麼是「三中全會」，什麼是《實踐是檢驗真理的唯一標準》？除了陌生感，我只能避開這個難以作討論的話題。

　　望著他們在提供這麼一個簡單的表達方式時，可以感覺到那是從內心發出的歡欣和激動，直覺告訴我這裡面肯定有什麼令老百姓激動的內涵。雖然是初次到訪北京，老百姓的衣著非常簡樸，整個社會環境也沒有西方國家的那種表面的繁華，然而在大街小巷中所

到之處，百姓的臉龐上充盈著淳樸的微笑，一舉手一投足之間也是充滿了活力。不禁令我產生對這位家喻戶曉的人物肯定和廣大群眾有某些關連的好奇。

回到加拿大後，接連好幾天，腦海中一直被這個名字不停地浮現，促使我產生搜索關於鄧小平背景的好奇。原來他是四川廣安人，從小就懷著雄心壯志離開了家鄉，遠赴法國，成為一名「勤工儉學」的「留學生」，並參加了法國共產黨的組織，回國後就投入了和國民黨的鬥爭、抗日戰爭及國共幾次大的戰役。

在這之前曾聽聞過共產黨裡有一位曾經在政壇上經歷過「三起三落」的不凡人物，通過資料的閱讀，才知道原來這個不凡人物就是鄧小平。那不妨用詼諧的態度來詮釋，一位政壇人物，居然擁有「中南海」三進三出的不平常經歷。

第一次是共產黨執政後，他從1952年進入中南海，一直到1969年前後工作了十七年之久。第二次是1972年復出後，為毛澤東姪子毛遠新的讒言所害，於1975年再度被罷黜。到1978年四人幫被推翻，他再度復出到掌控實權，全力推動經濟發展，直到全身而退，又是另外一個12年。

雖然對他的經歷有了膚淺的了解，但對政治界裡的鬥爭仍然是理不出一個頭緒，只是感到任何一個人掉進這複雜的政治漩渦裡，肯定會遭滅頂之災。而鄧小平的政治生命，就如同在波濤洶湧的大海中浮沈的鯨魚，經歷了狂風暴雨的錘鍊，最終是化險為夷，悠然自得地在平靜的汪洋中暢遊！

由此我開始注意到只能說是一知半解的「文化大革命」這個名詞。也是因為在那短短幾天的參觀訪問中，只要是有人提到這個名詞，就不免會發出感嘆的聲息，而給我的反應卻如同墜入五里霧中。

經過政治風浪的千錘百鍊，鄧小平並沒有被「文化大革命」擊

倒，在他復出後，更堅強地考慮的是這個運動帶給全中國的災難罄竹難書，不僅僅是社會發展的倒退，更是百姓生計的落後，要擺脫貧窮，就必須要發展經濟，然而最棘手而時不我待的問題是人事的任用制度。

當文化大革命運動正如火如荼時，許多曾經為黨國奉獻過的幹部，不是靠邊站就是被迫害致死。運動結束後，倖存的這些幹部雖然復出，幾乎都已到退休之年。而過去剛就業的年輕幹部，如今也已是中年人了。假如要這些步入晚年的幹部辦理離休，勢必在黨內出現青黃不接的危機。但如果不讓這些老年幹部辦理離休，就有可能成為終身留任的局面，對國家的未來發展必定是問題叢生。

自建國以來，就因為領導層的終身制度，對經濟及政治的健康發展產生不少阻力。雖然退休制度勢在必行，在複雜的政治環境裡也絕不能一蹴而成。經過審慎的考慮，鄧小平提出成立「中央顧問委員會」的大膽設想，這也是我後來對這位中國現代政治人物產生崇高敬意的由來。

他在1982年的中國共產黨第十二次全國大會中，排除萬難，成立了「中央顧問委員會」。乍一聽，這好似是個虛有其名的組織，裡面的成員肯定是一些領薪不辦事的閒缺人物。引起社會上許多的猜測，怎麼一個統領十多億人口的政黨，會組織這樣一個聽上去有些奇怪而難以理解的機構？

其實早在1976年打倒四人幫後不久，他就在中央軍事委員會中提出這一構想，由於內部的矛盾，這一構想最後被束之高閣。這次的舊事重提，是在政治環境處於有利條件下，鄧小平登高一呼就完成了實踐的使命。他率先表達逐漸退出政壇的決心，所以接受了被推選為第一任主任的虛位。從而順理成章成為中國共產黨在人事佈局改革過程中的一個「過渡機構」，為體制年輕化提供了保障，是中國歷史上政治體系中的一個創舉！

　　渡過了第一個五年時間任期後，鄧小平，聯同陳雲和李先念三位政治人物提出退休，但經過內部的協調挽留，他們接受了「半退休」成員的地位，也就是說還得作另外一個五年的過渡，到1992年終於完全退出政壇，而且是「一退到底」。

　　「中央顧問委員會」在完成了歷史性的任務後正式撤銷。其重要內涵是給長年來積習迂腐的政治機構打了一劑重振旗鼓的強心針，奠定了老年幹部的退休制度，並且制定從國家領導人到地方幹部五年一任的輪替制度，最高任期為兩任十年。鄧小平為這個制度的改革嘔心瀝血，功勳彪炳，給中國的發展和為人民提高生活水平打下堅實的基礎。

　　鄧小平在擔任「中央顧問委員會」半退休領導人職位時，他僅保留了「中央軍事委員會」主席一職，國家主席及黨內總書記等職位由江澤民接替。五年後，他正式卸下所有的公職，成為中國共產黨有史以來最高領導人中第一位完全轉為普通公民的政治人物。

　　鄧小平在積極處理政治改革的同時，極力主張發展經濟，目的是讓全國人民不僅能得到溫飽，更重要的是要將中國建設成小康社會。他不遺餘力地領導中國發展，不僅贏得了全國人民的擁戴，也獲得國際人士的尊重。美國《時代雜誌》就分別在1978年和1985年兩次將鄧小平的照片作為封面人物，這在該刊物的歷史上是前所未有的安排。

　　1984年中國第35年國慶日時，天安門廣場舉行閱兵大典及群眾遊行。北京大學的隊伍行到天安門觀禮台前時，突然舉起一幅長條，上面寫著「小平您好」四個大字。一時間全場引起轟動的掌聲和歡呼，並成為在現場的國際媒體向全球轉發這個令人感動振奮的場景，代表著鄧小平的深得人心！

　　1984年我在籌劃安排美國加州莎芭迪娜使節國際文化交流基金會主席阿姆斯壯先生訪華，主要是建立和宋慶齡基金會的聯繫，發

展兩國的青少年文化交流關係。當時鄧小平先生已經「無官一身輕」成為該基金會的名譽主席，我愉快地完成了阿姆斯壯先生和鄧小平先生會晤的重要任務。

在協商時，我要求中國政府請鄧小平先生以非國家或政黨領袖地位和阿姆斯壯會晤，目的就是避免在文化交流中摻入哪怕是些微的政治元素。我也曾私下作過分析，相信鄧小平先生會欣然以基金會名譽主席地位會見美國的文化基金會負責人，結果是我的設想如願以償。

兩位德高望重的人物在會見時，沒有政治場合的嚴肅緊張，展現的是兩位長者的高超智慧，交談的是兩國青少年的身心健康發展以及對世界未來主人翁的期待。

這次的會晤，讓我對鄧小平先生有了直接而深入的了解，產生對他的由衷崇敬，更重要的是給我後來在鄧小平故里推動希望工程項目的活動提供了機遇。

香港回歸前那年春天，我正在北京公幹，中國教育部的一位忘年之交鄂學文先生到酒店來探訪，席間他突然給我提出一個很有趣的問題，我是否有興趣參與鄧小平家鄉的希望工程建設。

我問他怎麼會有這樣的設想？他說四川廣安縣是鄧小平的出生地，也是中國貧窮縣，年均收入為人民幣一千元，農民收入更少得可憐，年均收入僅有四百元人民幣。教育上的資金極為缺乏，有的小學及初中課室或建築已年久失修，且有倒塌的危險。

我繼續問他有哪些項目。他說，鄧小平先生自少年時代即離家遠行，後參加革命，從此沒有再回過家鄉。他不回家鄉的理由是很怕一旦回家，肯定會有鄉親上門作五花八門的要求。鄧小平堅守的一個原則就是他不能利用自己的職位，為鄉親們做任人唯親的說項。既有違公道，更是官場私下授受的惡習。

學文提到廣安縣城有三個項目需要外界的支持，兩個是修建運

動場或是加建體育設施，另一個是鄧小平曾就讀過的協興初中。這所學校的問題最緊迫，原來的校舍已經有五十年的歷史，而且嚴重破損，如一旦坍塌將會危及孩子的生命安全。

離開北京之前，我約了學文再次見面，告知我有為協興初中修建新校舍出一份微薄之力的打算，我選擇了這個項目，僅僅是表達我這個普通老百姓，對鄧小平先生成功收回香港主權，為中華民族的百年屈辱得以伸張的真誠感謝。遺憾的是鄧小平先生在二月十九日病逝於北京，離七月一日僅僅不到半年的時光，永遠無法實現他希望去香港見證回歸的夢想！

商議妥當後，就請學文擬定一個可行性計畫，並告訴他，我隨時可以回國，一同去廣安進行這個富有意義的項目。經過了三個月的郵電往返，獲悉當地政府決定和我合作，進行重建協興初中校舍的項目。

但他特別提醒我，千萬不要單獨和當地政府簽署合作項目。因為地方政府除了在教育發展上資金短缺，其他方面一樣具有「挖東牆補西牆」的現象。假如我直接和當地有關部門簽了合作關係，很有可能資金中的一大部分被挪用作為其他的開支，甚至會有人去購買不是最需要的車輛，從而造成合作項目資金被隨意開支的惡果。

他隨即給我提了個建議，由我和當地政府在建造新校舍的經費上負擔各半，國家教育部作為監督機構來參與進行。這樣一來，就可以根除任何可能出現的負面影響，而且施工方面也會如期完成。

我和妻子在6月24日抵達北京，次日即和學文從北京飛往重慶，廣安縣長安排了車到重慶機場接我們，直接向廣安進發。雖然重慶到廣安只有130公里左右，由於路況欠佳，許多地方還有很多窪坑，經過三個多小時的顛簸才抵達縣城。

果不其然，一進入當地唯一差強人意接待外賓的酒店，雖然標明為三星，但內部的陳設及衛生條件都需要改善。由於事前我們已

得知廣安為貧窮縣，所以對當地政府安排好的住所也沒有作任何的挑剔。

　　我們的活動集中在26日一天完成，在北京停留時，即要求學文向廣安縣提出將日程安排得緊湊些，而且告訴他們，此行的目的是商討校舍的建造，而非任何的休閒旅遊，所以不希望有任何的官式接待。何況廣安縣還戴著貧窮縣的帽子，沒有必要作額外的花費。

　　所以我們在當天上午先參觀鄧小平故居，並到他的母親墓上獻花。早在1986年，我的浙江奉化溪口鎮之行，就是受到蔣介石對母親的孝心所感動而成行。此次的廣安縣訪問，雖然是希望工程，也是為了紀念中國當代為人民奉獻一生的鄧小平。既然到了他的故鄉，理當在他先慈墓上獻上鮮花，表達我由衷的尊重和敬仰，並感謝她生了一個救國救民的好兒子。鄧小平生前曾宣稱自己是「中國人民的兒子」，就說明他心目中對人民的關注。

　　鄧小平的故居是一座典型的四川農村木穿斗結構的舊屋。他原籍是江西吉水，1904年出生在四川廣安，取名為鄧先聖。

　　陪同我們的官員給我們簡略地講解鄧小平幼年就學的經歷。他在五歲（1909）時被送入當地稱為「翰林院子」的私塾接受啟蒙教育，一年後即轉入到另一所較大的私塾繼續。私塾老師鄧紹明認為他的名字是對孔子的不恭，所以將他的名字改為鄧希賢。

　　再一年，鄧小平考入當地的初等小學讀書，1918年高小畢業，即考入廣安縣立中學，即後來的協興初中。在偶然的一個機會，鄧小平走出了窮鄉僻壤的故里，前往重慶，參加了赴法勤工儉學的訓練班，1920年和其他有志一同的年輕人奔赴法國。

　　在法國留學期間，他一直使用鄧希賢的名字，到1927年才正式改名為鄧小平，「希賢」則是在各個政治活動中為掩護身分而使用的名字。

　　鄧小平先生的故居因年久失修，亟待整修才能恢復原貌，於是

我向同行的地方官員問到是否政府已經有了計畫，他告知有香港的工商界人士提出他們出資修繕的建議，我對這個建議頗不以為然，認為鄧小平的地位不一般，他的故居修繕工程理應由政府負責。當然這個問題不是我一個販夫走卒所能掌控的。

結束了參觀，在前往協興初中的途中，我被一個長滿荷花的池塘所吸引。同行官員告知這是當地極具吸引力的荷糖，取名為「岳池」。每年此時荷花盛開，然後是蓮子、蓮藕及菱角等進入家家戶戶的餐桌。

面對荷糖，不由引起我對南京玄武湖荷花的無限懷念。回憶幼時每當盛夏，父親三兄弟的子女共十數個同輩人，經常會結伴到湖內划船，在荷花深處採蓮子吃。曾經有一次大姐不慎掉入湖中，弄得滿身濕淋淋，引得大家哄然大笑。曾幾何時，大姐早已仙逝，其他堂兄姊妹等散居各地，相見重聚談何容易？只得將思維拉回到現實中。在那陣陣荷葉清香飄來時，我情不自禁地請人給我留下一個影像作為紀念。

筆者夫婦在鄧小平先慈墓上獻花後留影。

筆者夫婦在鄧小平故居門首留影。

　　當我們乘坐的汽車抵達一個熱鬧區時，突然聽見樂聲大作，透過車窗向外望去，只見前面人潮洶湧，我們下了車，夾在路兩邊的人牆中徐徐前行。快到達一扇大門前，注意到那就是中學的大門口。學生的軍樂隊在那裡高奏音樂，大門內兩邊排滿了該校學生對我們夾道歡迎，個個熱情奔放地一邊鼓掌一邊高呼著：「歡迎歡迎，熱烈歡迎」！我被這突如其來的歡迎熱潮所感動而不知如何是好，只分別向兩邊可愛的小孩們揮手致意。

　　進入操場，到達該校唯一一棟水泥教學樓前，首先映入眼簾的是掛在教學樓前的一條紅布橫幅，上面貼著白紙剪成的字樣：「加拿大華人劉敦仁先生助學捐資儀式」，教學樓的操場上一排排坐著好幾百個男女學生，都微笑地對著我們拍手表示歡迎。原來，廣安縣對這個希望工程抱有深厚的期待。

　　捐資儀式很簡單，僅僅由當地官員做了簡短的歡迎詞，然後由我向全校師生表達對他們的感謝。結束後，當地官員及校方負責人向我展示了即將動工的新教學樓設計藍圖。陪同我到訪的國家教育部鄂學文先生，對當地的安排非常滿意。

　　當然他作為中央領導機構，雖然只簡單地講了幾句鼓勵的話，但由於他的身分地位，對地級政府是有一定的監督作用。我也理解他在來到之前，為什麼給我提出極為具體的建議和意見。

　　捐助儀式結束後，我們就直接驅車返回重慶，搭乘航班回北京，這樣緊湊的安排就是為了避免一些沒有必要的應酬，平白給當地政府增加額外開支。學文在歸途中，再次表達了對這個項目的全力支持。

　　1998年的年初，接到學文的信息告知新教學樓接近完工，問我能否在五月到廣安主持落成典禮，並完成交接儀式。我認為既然這是個公益項目，也就沒有必要讓自己拋頭露面。經過深思熟慮，我思忖也許將它作為加拿大政府贈送給廣安的一個禮物更有意義。

　　主意打定，我即和時任加拿大駐中國大使Howard Ballock（他在擔任大使職務時1996-2001，使用的中文姓名為貝祥）取得聯繫，因為彼此很熟悉，所以我提出請他前往廣安為新教學樓剪綵的要求，他立即應允。他告訴我，正好加拿大工業部長在五月二十一日要到重慶出席一個中加之間的活動，他也要到重慶和工業部長一同出席，可以在結束官式活動後，即刻啟程同往廣安。

　　為配合貝祥大使的行程，我提前於五月十八日從溫哥華出發到北京，十九日抵達，在機場酒店過夜，二十日即飛重慶，二十一日上午應貝祥大使的約，我出席了中加兩國的工業活動會議。

　　一生最怕的就是參加開會之類的活動，而參加這原本和我毫無關聯的會議，就是精神上的負累，坐在會議室裡巴不得趕緊結束。正要閉眼養神之際，忽然聽到重慶一位官員在發表談話，內容是中加的外交關係，他讚揚中加兩國在1970年開啟了雙邊外交關係。

　　他的這一番發言，引起了我基因裡「打抱不平」的發酵，他剛一結束，我顧不得是否有失大體，舉手表示要發言。主持會議的官

新落成的教學樓全貌。

員也不知我的確切身分，給了我一個手勢，我起立後即單刀直入地指出有必要對剛才那位官員所談到的中加外交關係作一些補充。

在沒有任何事前準備講稿的狀態下，面對包括加拿大內閣部長在內的中加政府官員，我也不知哪來的勇氣，侃侃而談中加外交關係的建立。我的結論是中加之間的正式外交關係應是自1942年開始的，建立外交的地點就是這裡——重慶。

我振振有詞地說，當時是國民政府蔣介石主政，派遣我伯父劉師舜作為首任駐加拿大公使，加拿大方面則派遣了一位軍官到重慶開展外交工作，兩年後雙方將公使館升格為大使館，我伯父受蔣介石的委派，繼續在渥太華作為首任中華民國駐加拿大大使。加拿大軍官也獲得金·麥堅齊首相的委派，作為加拿大首任大使繼續在重慶工作。

我語重心長地告訴與會人士，政權可以替換，但外交關係必須有它的延續性。所以我要強調的是，中加兩國的正式外交關係應該是從1942年開始的。

我的發言引起全場一片寂靜片刻後，很快就結束了整個的會議。我暗中注視了一下剛才發言的重慶官員，只見他面無表情，似乎有說不出的委屈。只是對剛才的一幕，我還有點沾沾自喜，因為我是以老百姓的立場發言，所以沒有任何的政治包袱及後顧之憂。

會議結束後，我們步出大樓，吃過午餐，廣安縣政府派遣兩輛車來接我們。除了貝祥大使外，還有加拿大駐重慶領事館的柏瑪莉領事。由於正下著雨，路面泥濘不堪，車輛行進稍慢，一共用了三個多小時才抵達，已經是晚上六點。廣安縣政府安排了會見，由廣安縣書記劉鳳成先生接待並主持晚宴歡迎貝祥大使等。席間，地方領導告訴貝祥大使，他是第一位到訪這個偏遠小縣的外交官，貝祥得知後非常高興。

第二天一大早，縣政府安排陪同貝祥大使一行先參觀鄧小平故

居，及其先人的墓園，並爭取時間在紀念館裡，參觀了鄧小平生前的史蹟展。

```
 1
2  3
```

1　貝祥大使在新教學樓落成典禮上致辭。
2　貝祥大使和中學生合影。
3　貝祥大使和江陵副縣長及筆者（左一）在參觀鄧小平故居門首合影。

　　整個訪問的高潮就是到協興初中為新教學樓剪綵典禮。抵達校園，看到新落成的教學樓，共有十八間教室，兩間老師辦公室以及理化實驗室等設施，可以滿足整座學校的需求了。與會的師生個個都是面帶微笑，對這個難得的喜慶歡欣不已。

　　貝祥大使在縣領導的陪同下，完成了簡單而隆重的剪綵典禮，大使和我在來賓簿上寫下感言。我留下的是：「小平先生的精神，永遠是中國發展的支柱。」政府部門還給我頒發了「榮譽證書」，一直保留至今。

　　光陰荏苒，轉眼二十多年過去，據了解廣安的協興初中已被升格為廣安中學，但是否確鑿有待進一步考證。鄧小平最早啟蒙的「翰林院子」也發展成為「希賢國際學院」。據了解，鄧小平的故居現在已經修繕，而且開拓成一個著名的旅遊景區，「岳池」也發展為一年一度的荷花節，吸引全國各地的遊客觀賞「出污泥而不染」的清香荷花。

　　附近也豎立了鄧氏的紀念銅像，這一切都表達了對他一生為國家民族奉獻的敬意。從發展的規模可以感覺到，廣安的貧困縣帽子已經被摘掉了，這是當地老百姓的福祉。

　　唯一遺憾的是，香港回歸後並未如最初的設想一帆風順，始終在風雨飄搖中艱難前行，也許這原本就可能是鄧小平先生在和英國談判時所預料中遲早會發生的現實。

　　他在1982年9月24日，和英國時任首相撒切爾夫人，在人民大會堂會晤時，就已經表達了他的真知灼見。當時撒切爾夫人挾著英國帝國主義對待殖民地的思維方式，提出「三個條約有效論」及「用主權換治權」的要求。她始料未及的是這一要求被鄧小平一口回絕，而且斬釘截鐵地告訴英方，中國鐵定在1997年7月1日收回香港、九龍和新界。

　　由於撒切爾未能達到她所期望的目標，步出人民大會堂時，因

心神不寧而在石階上摔倒，成為國際上的一大笑話。

　　另一方面，鄧小平先生非常清楚英國殖民主義的一貫作風，每當放棄殖民地的時候，必定心有不甘而在當地埋下使雙方在未來起爭執甚至戰爭的定時炸彈。印度和巴基斯坦如此，非洲諸國之間也是如此。

　　所以鄧小平先生洞察先機，在和撒切爾夫人會晤時，就直截了當地提出，中國方面已經做出多方面的準備，如果香港不能順利回歸，中方將會自行作適當處理。

　　1984年12月19日，中英雙方最終簽訂了《中英聯合聲明》，並經過二十多次的談判，香港、九龍及新界終於回歸祖國。迄今為止，香港、九龍及新界已經回歸二十三年。然而香港卻出現了一般人認為是出乎意料的「政治騷亂」。

　　實際上在回歸之前，殖民主義及西方霸權，就已經在香港各界預設了給當地製造困擾的佈局。除了政治界製造對立外，主要的場地就是教育部門了。

　　香港的騷亂一年前已達到幾乎是登峰造極的險惡程度，不僅當地百姓擔心社會的動盪將導致民生凋敝，國際上也對香港的前途憂心忡忡。

　　經歷了一年多不平靜的日子，突如其來的新冠肺炎病毒在全球肆虐，香港也不能倖免，卻讓社會上的一片黑暗和不安，得以有暫時的喘息。然而近日來，一股暗流似乎又開始在社會上湧出。

　　香港中學文憑考試，是由「考評局」負責出題，這次在歷史考題中，出現了一道令人匪夷所思背離常理，根本不應成為讓學生分析的題目：「1900至1945年間，日本為中國帶來的是否利多於弊？」

　　這猶如在德國給學生出題時問道：「納粹在德國屠殺猶太人是否利大於弊？」，無庸置疑的是猶太人肯定會引起強烈的反感，那

麼大多數香港人對這樣違反常理和基本道德標準的「試題」一樣會產生反彈。

　　香港中學畢業考試的試題出現不可思議的選擇題，已經引起社會的公憤和中央政府的嚴厲譴責。從多年來的接觸中，香港的年輕人一直宣稱自己是「香港人」，不認同為中國人的姿態令人擔憂，這和台灣的年輕人態度如出一轍，關鍵就在於教育上偏離了正軌。教科書的編輯、教師在課堂裡授課的態度，都直接影響到下一代對自己民族的認同感。而這個測試題的出現，無異是火上加油，燃燒起社會各階層的擔憂甚至憤怒。

　　年輕一代的父輩甚至祖輩，都經歷過日本侵華的殘酷無情燒殺搶掠，造成3500萬無辜百姓的慘遭屠殺，家破人亡，流離失所，是二十世紀中令每一個中國人都無法忘記的悲劇。如今香港考評局居然違背常理，出了這麼一個有害青年學子思維發展的題目，難怪會引起一片責罵和抗議。

　　最可怕的是美國多年來用大量金錢支持當地幾個異見分子，從傳媒上大肆宣傳和中國對立的種種不合情理的信息，學校裡也給年輕學子灌輸大陸壓制香港自由民主的陰謀論，不斷出現在街頭的抗議活動中，居然在打砸搶燒的惡劣行為中大部分的「暴民」都是在學青年，不得不令社會感到憂慮。

　　這令我想起唐代韓愈留給後人的〈昌黎先生集—進學解〉，文章一開始對他學子開宗明義地講述著「業精於勤荒於嬉，行成於思毀於隨」的人生哲理，也恰恰對今天香港莘莘學子棄學業不顧，而在街頭打砸搶燒的行徑，有振聾發聵的啟示。

　　1984年北京舉行慶祝35周年國慶盛典時，鄧小平在人民大會堂會見數百名香港工商界人士，對他們到北京參加國慶活動深表欣慰，他向與會的香港人士表示，願意在1997年香港回歸時，親眼看到中國對香港恢復行使主權的盛事，到香港走一走、看一看。

　　遺憾的是他在1997年2月病逝，未能親眼看到香港的回歸！更為不幸的是他生前的諸多顧慮，卻在回歸後的二十年裡接二連三地出現了，而且是一波高過一波。

　　這次的中學畢業考試題目，是殖民主義幕後操縱香港抗衡中國的陰謀充分的暴露，不僅給香港特區政府一個當頭棒喝，必須對今後的教育政策澈底糾正多年來的「混淆視聽」，而且也給中央政府提供了詳盡的信息，「一國兩制」的順利執行，必須要全面清除殖民主義的餘毒，尤為重要的是給下一代認清最基本的民族傾向，不能任其恣意破壞社會安寧，造成經濟蕭條，民生疲乏的惡果。

　　歷史上南宋的滅亡，蒙古人的侵佔建立元代，是個很鮮明的例子。然而今天又有多少為人師表的歷史老師，仍舊能背誦南宋忠臣文天祥留下的〈千秋祭典〉、〈過零丁洋〉或是〈正氣歌〉？文天祥被俘後，始終大義凜然地拒絕元代的諸多誘惑，意志堅強地寧死不屈，對宋朝忠貞不二的情操，在七百多年歷史長河中，始終受到中華兒女的尊崇敬仰。

　　當元代遣派降臣留夢炎前往勸說文天祥投降的時候，文天祥只是簡單的比喻：「葵藿無法和狗尾巴草對抗，鐵石和穢土也無法論堅」來比喻留夢炎的無恥投敵及自己的忠心耿耿。

　　他在〈過零丁洋〉篇中表述的名言「人生自古誰無死，留取丹心照汗青」，曾經教育過無數代的莘莘學子，直到我們這一代，仍然是對民族景仰的基本準則。然而當我們看到香港的孩子們在大街小巷打砸搶燒，唯利是圖，沒有絲毫民族觀念時，凡是稍有良知的中國人都會產生揪心的沉痛！

　　因為香港社會的不穩定，使我聯想起1984年陪同美國使節文化交流基金會主席訪問北京，和鄧小平在人民大會堂會面的珍貴場景。在四十五分鐘的時光中，我聚精會神地聆聽著兩位長者親切地交談，猶如多年深交的朋友在那裡敘舊。他們談話的主題，始終圍

繞在對未來一代的培養和教育。

經常聽聞鄧小平先生的煙癮很大，所以在他和阿姆斯特壯先生交談時，我有意地注意到鄧小平先生共吸了六支煙，但他有一個習慣，吸煙時從不往肺裡吞，只在嘴裡轉一下即吐出，而且每支煙抽到一半時即熄掉。

令我敬佩的是他在講話時中氣十足，一點沒有耄耋之年蒼老的現象。每次所用的句子都是簡潔而有深意，幾乎找不出多餘的字眼。最感人的是他在講話時毫無疲憊的神情。假如他行走在人叢中，肯定沒有人會認出這樣一位裝束樸實無華的長者，竟然是給億萬人民爭取經濟發展的領頭人。

曾幾何時，鄧小平先生就在香港回歸同一年離世，而如今當香港的下一代，被一些成年人灌輸違背中華文化傳統意識，引導他們走向歪曲的道路，並成為公開打砸搶燒的無賴時，不由回想起我在鄧小平故鄉的舊宅和他母親墓前的徘徊時刻。

那時我佇立在他母親的墓前，突想起司馬遷在《史記》的〈酈食其列傳〉中，這位謀士向劉邦獻計時說的兩句話：「王者以人民為天，而人民以食為天」，說明作為一國之主，必須要以人民吃飽飯為最重要的關懷。

就在他第三次進入「中南海」後，披荊斬棘消除了政治上改革的諸多困難，正符合了唐代韓愈在他的〈昌黎先生集—進學解〉中的兩句名言：「障百川而東之，回狂瀾於既往」。

他是繼承了來自於「民以食為天」的歷史傳統而為百姓謀取福利。如今中國十四億人正在朝著富裕的前程邁進，然而這位奉獻一生的長者，卻在彌留之際留下遺言將自己的骨灰灑向大海，不留一點痕跡，更沒有要求任何人為他樹碑立傳。

留在我心目中的唯一追憶，只是他在1984年和美國使節文化交流基金會主席阿姆斯壯先生侃侃而談對下一代的關注。

　　也許我們可以重溫唐代韓愈在他的不朽之作〈昌黎先生集──進學解〉中的兩句名言：「業精於勤荒於嬉，行成於思毀於隨」，既是對香港仍寄希望於街頭荒廢時光孩子們的勸慰，更是對包括臺灣在內的中華兒女真誠的關懷！

（2020年5月20日完稿於溫哥華）

尼泊爾餃子的聯想

　　去南亞旅行，尼泊爾一直是我的上選，是基於當地悠久歷史，尤其是佛教的文化傳承，以及尼泊爾人的善良誠樸。還有就是那世界的最高山峰，喜馬拉雅山，將尼泊爾和中國比鄰而居。雖然我沒有登山的慾望，但看到那雄踞世界的珠穆朗瑪峰，一股自豪之情就會躍然於心。

　　之所以遲遲未能成行，並不是因為路途的遙遠，而是受到其鄰國印度的影響，由於髒亂而不絕於耳的抱怨，從而將我的遊興大減。

　　2015年4月一次大地震的新聞，突然震醒了我對尼泊爾的嚮往而帶有幾分悔意。這次的地震是尼泊爾歷史上少有的災難，有的報導是7.8級，有的報導是8.1級，但都是地震史上極為罕見的八級大地震。它造成的災害除了百姓的死傷之外，房屋倒塌、交通損毀等災情，給這個原本就貧窮的國家更是雪上加霜。

　　最可怕的是經聯合國命名的當地世界文化遺產損毀無數。建造於1832年尼泊爾語稱之為達拉哈拉（Dharahara）塔，也稱為比姆森塔（Bhimsen Tower）的古蹟，高61.88米，在建造之初本是作為軍事用途的瞭望台，後來改成供遊客可以從上面遠眺尼泊爾山谷風光的看台，地震後僅剩下一個殘破的塔基。

　　加德滿都的幾個著名歷史文化景點，也無一倖免。於是我有了到尼泊爾走一趟的計畫，但這將不是一次專程休閒旅遊，更想了解的是這次強震對尼泊爾的歷史文化究竟造成多大的傷害。

　　終於在2018年11月12日，我和妻子從廣州搭乘中國南方航空公司CZ6067航班，於清晨六點起飛，整個航程為五小時，登機後發

現座位的安排很奇特。一般的中短途飛機，商務艙至少有兩排八個座位。而這架航班商務艙只有第一排的四個座位，其他均為經濟艙。

這是我們首次搭乘南方航空公司的航班，但是印象欠佳。首先在提供餐飲時連最基本的紅葡萄酒都闕如。飛機飛行平穩後，空中小姐就開始急匆匆地半小時裡完成供餐的任務。也許他們考慮到航班太早，餐後即可給旅客充分時間休息。

我和妻子期待在航程中，能夠享用尼泊爾的餐飲，遺憾的是只看到一份咖哩飯，但是端出來時，整個飯碗周邊都沾滿了飯粒，而且碗裡的白飯都堆得高過鼻子。猶如中國農村裡傳統上將飯壓得緊緊的，深怕客人吃不飽。勉強用畢後稍事休眠片刻，即見到機艙外的雲端深處白雪皚皚的喜馬拉雅山時隱時現，不由精神為之一振。

飛機徐徐降落，呈現在眼前的是一個比許多大城市長途汽車站還小的建築，我們魚貫入內，先自行在電腦上填寫好電子入境簽證手續，然後每人支付二十五美元的簽證費，就可以獲得入境落地簽證，雖然有效期只有十五天，卻是出入境多次的簽證，也許是方便旅客從加德滿都到不丹的旅程使用。

機場有預付費的出租車服務，我們要了一輛前往預訂好的酒店，費用為五百盧布（約為人民幣五十元），目的地是位在城中心的五星級酒店Yat and Yeti。在出發之前，我們預訂這家酒店，是因為它有著非常輝煌的文化歷史。

它是在尼泊爾那拉王朝時代（Rana 1846-1951）由當時朝廷內有權勢的人物下令建造最為豪華的皇宮劇場。到1970年後才由政府改建為五星級酒店，除了原來歷史建築的兩百間客房外，另外還加建了150間新客房，加上庭院內的設計及泳池，使其成為加德滿都本地最豪華的星級酒店。所以我們一到機場，即想像這座酒店肯定是座落在車水馬龍的熱鬧街道上，或者是在幽靜的森林中。

　　當出租車在一扇布滿鐵鏽的大門外停下來時，我們不由地大吃一驚，雖然四周非常僻靜，但卻是如同貧民窟的環境，路旁的空地上雜草叢生，到處是垃圾，路兩旁也沒有下水道。司機和守門人交談幾句後，即打開大門讓車進入。酒店的入口也沒有任何豪華的跡象，看上去就是一家三星級酒店。

　　服務台的工作人員非常和藹有禮，行李員將我們送到客房，室內的布置還差強人意，推窗外望，一片綠茵草地，中央建有泳池，還有露天餐廳。

　　為爭取時間，我們放下行李後，即雇車直接前往位在首都南邊拉利特普（Lalitpur）區的帕坦杜巴廣場（Patan Durbar Square）。這是加德滿都三大歷史廣場之一，也是其中最大的一個，它擁有136個庭院和55座廟宇。2015年的大地震，這裡受到的災難也是毀滅性的。我們走在人行道上，能進入眼簾的幾乎都是殘垣斷壁，甚至有些已經被夷為平地！幸運的是旁邊的皇宮應當是倖存的遺跡。

　　雖然廣場的歷史輝煌已是面目全非，仍然吸引來自世界各地的遊客。為拯救這些嚴重損毀的歷史古蹟，已得到世界各地的支持，特別是中國為提供援助力量最大的國家，當地政府出台設立了一千盧布的入場券費用，所有外國遊客必須買票進入廣場，一直要徵收到2073年，所有費用都將用在修復廣場遺跡上。

　　至今五年的時光已過去，不知廣場的修建工作進展得如何？相信在尼泊爾政府的積極支持下，重現原貌的可能應該會提前到達。實際上當今全球各地的觀光景點，很多原汁原味的歷史建築都毀於二戰時的戰火中。尤其是日本和德國，歷史古蹟幾乎蕩然無存，現今遊客看到的只是大戰結束後重建的複製品，但大多數的遊客對此並不在意。

　　帶著傷感的心情回到酒店後，準備和妻子到附近街上巡視一番，不料剛走上大街，即被撲面的廢氣窒息得有上氣不及下氣的感

覺。我不敢相信這是因為空氣的污染所致，因為我曾在其他空氣污染的城市旅遊時，也從沒有經歷過這一剎那撲面而來的襲擊。

這帶有衝刺力度的空氣裡含有一種無法解說的味道，也就是這個味道令我感到呼吸困難，這是一生中絕無僅有的經驗，我望望妻子，只見她用紙巾搗著鼻子，還不時打噴嚏，我立即告訴她有必要買口罩。

在這個山國的首都，要找會說英語的人不是問題，我們走了兩條街，到了好幾家商店詢問，最後在一家小百貨公司，找到了兩個N95口罩，但要價每只15美元。為了抵禦污濁的空氣，已無心去討價還價了。買好後，我們即將口罩戴上，才深深地吁了口氣，心情放鬆地返回酒店。

至今回憶起來，加德滿都因為污濁空氣而要戴口罩，只是因為我們習慣了清新的空氣而出現一時的不習慣，但是當前全球新冠肺炎病毒蔓延，不僅影響到全人類必須戴口罩，其威力甚至嚴重威脅著全人類的生命安全，何況已經有好幾百萬人死亡。

那麼尼泊爾的嚴重空氣污染，是否也應該被看成是無名病毒的一種？今天的地球上因為嚴重的溫室效應及空氣污染等客觀因素，各種無名的新型病毒出現，已經不是什麼奇怪現象了。

有感於加德滿都空氣的PM2.5恐怕已經超越了最高限度，雖然前台服務人員給我們提供一些城裏各國旅遊者最喜愛光顧的地方，我們還是決定就留在酒店晚餐。他們一共有三家餐廳，其中一家供應地方菜餚中就包含有特色風味的餃子，這是我們到尼泊爾旅遊之前就已經計畫必須品嚐的「國菜」。

到達餐廳時，接待我們的是一位年輕而且儀態端莊的女經理，她事前已經得知我們有一嚐當地餃子的願望，所以我們剛一坐下，她即給我們介紹餐廳裡每天都會供應不同的尼泊爾餃子，而當晚是肉餡的。另外她還給我們介紹了尼泊爾人頗為自豪的「達・巴・塔

卡力」（Daar Bhat Takari），當地人就簡稱為「達巴」。

　　因為長期受到印度的文化滲透，所以在當地的飲食中，幾乎是印度菜餚壟斷了當地的文化，咖哩也就成了餐桌上的必須品。「達巴」是尼泊爾人家家戶戶的主食，其中包括有扁豆湯、西紅柿醬、乾醃菜和酸奶。家境稍好的就加幾片烘乾牛肉，至於富闊人家必定會配有咖哩雞或者是肉類的食物。

　　在這家五星級酒店，我們點的「達巴」就配有咖哩雞和肉，非常豐富。當餃子端上來時，一隻小蒸籠裝著十只餃子，旁邊還放了一小碟辣醬。餃子的造型很吸引人，咬了第一口，味道非常別緻，只是外面包的餃子皮太厚了。不過既然來到尼泊爾，嚐到地方的特色風味，從中也可以了解到當地人民的傳統飲食習慣。

　　但我還是想起中國北方的餃子，中間厚周圍薄的餃子皮，咬在嘴裡就有一種欣賞自己文化的樂趣。為此我更想起青島的「鮁魚餃」。我和妻子曾到當地的餐廳品嚐過廚師手工製作的鮁魚餃，的確與眾不同。該餐廳的女服務員非常有禮，而且對顧客很貼心。她看到我夫婦年齡稍長，在我們點菜的時候，給了出乎意料的建議。

　　她說：「先生，您點的菜太多了，兩位肯定吃不完，過於浪費，建議您這幾道菜點半份就足夠了。」

　　這還是我們旅遊生涯中初次得到如此親切而誠懇的服務。當所有的菜上桌後，所謂的半份，實際上比歐洲全份的菜量還要多。至今我仍忘不掉那位年紀並不大，但展現出的山東人憨厚誠實個性令人敬佩。

　　加德滿都給人的印象是亂哄哄一片，交通燈並不普及，所以很多十字路口的交通指揮，就得依賴交通警察的手工操作，有些路中央，交通警察帶著口罩在茫無頭緒的路況中忙得滿頭大汗，而很多路口的警察連口罩都不戴，看到他們嚴肅的神情，感佩於他們的敬業精神。

1 2
1｜筆者夫婦在加德滿都猴廟石階上留影。
2｜猴廟頂端的佛塔全貌。

　　迫於空氣的過度污濁，我們縮短了尼泊爾的行程，原本計畫去另外幾個城市遊覽的興致也因此打消，當然也是因為當地公路路況實在令人心驚肉跳，出門旅行原本是休閒，沒有必要拿生命去做賭注。

　　幾天的加德滿都停留，走遍當地的文化歷史景點，其中印象深刻的是位在加德滿都東北角郊區的「布達佛塔」（Boudha Stupa）及「史瓦央布神廟」（Swayambhunath）。這兩座浮屠聖廟和西藏喇嘛教都有深遠的歷史淵源，所以至今在兩座神廟附近，尤其是「布達佛塔」周圍至今仍有近50座西藏喇嘛修道院（Gompas），是達賴喇嘛在1950年代，因為抵抗中央失敗，在美國中央情報局的安排下，率領其追隨者逃到印度及尼泊爾，這裡就成了流亡西藏人的聚居地了。

　　在這兩座佛塔的頂端上四面都繪有一對眼睛和一只鼻子。這都深含著佛教的教誨意義。是一對代表佛神智慧的眼睛，不斷注視著他的周圍，射出令信徒們敬畏的眼神。而鼻子的符號是尼泊爾文字

中的數目1，它象徵著通往佛教「般若」的唯一途徑。在尼泊爾幾乎所有的佛塔頂端，都繪製有同樣的眼睛和鼻子，在不斷地教育著尼泊爾人對佛神的虔誠敬仰。

「史瓦央布神廟」位在加德滿都的西邊，是一座僅次於「布達佛塔」規模的神廟，其歷史傳統吸引了成千上萬的信徒及遊客。神廟的周遭生長著數十種名貴樹木，也許是自然環境使然，或是尼泊爾人對動物的尊重，這裡聚集著無數的猴子。

神廟上的猴子不僅對人沒有絲毫的懼怕，甚至還具有強烈的掠奪性。我就看到猴子在小攤販上奪取黃瓜條，然後坐在樹上悠閒地啃著它的戰利品。有的猴子甚至從遊人手中搶走飲料罐頭，享受那清涼的飲料。所以當地人都將「史瓦央布神廟」又簡稱為「猴廟」，這樣對國際遊客也較容易記憶。

但我對「布達佛塔」更感興趣，是因為它擁有不同的歷史傳說。其中最廣為流傳的是，當地有一位以養雞為生的寡婦馬‧吉雅紫瑪（Ma Jhyazima）受到感召要為布達奉獻，於是她向當地國王請求獲得准許，用她養雞的所得來建造一座佛塔，她並不需要太大的土地，只要用一張牛皮大小的面積即可完成心願。

事實上她所謂的一張牛皮大小的牛皮是用剪刀將牛皮剪成細條，然後用這細條圈出一塊她所要的地。她以一個卑微的小人物要施行如此偉大的願望，引起了當地富闊和有勢人物的嫉妒，紛紛向國王提出異議，要求撤銷這個計畫。

國王的答覆很簡單，既然話一出口，就不能再背信。當佛塔初期工程建成後，取名為（Jhyarung Khashyor）。這位寡婦去世後，她的四個兒子繼續完成了佛塔的全部工程，這個寓言在喜馬拉雅佛教社區裡廣為流傳。

在聽完這位寡婦向國王提出只要一張牛皮大小的面積來建造佛塔的傳說，我衷心佩服這位女士的足智多謀，也讓我聯想起二十世

紀初葉，外國傳教士在中國也曾有過類似的「詭計多端」。

那是1920年發生在雲南瀾滄江一個崇山峻嶺中的美國傳教士，向當地少數民族「拉古族」徵求土地建造教堂的一段不光彩的歷史。當時美國浸信會緬甸景棟教區，從1916年開始向雲南瀾滄江附近少數民族地區滲透，1920年派了一位中文名叫永偉里的傳教士，到瀾滄縣糯福鄉糯福村，和當地商酌，希望能得到一塊牛皮大小的面積土地興建教堂。當地人認為一張牛皮大小的土地，也佔不了多少，所以就同意了。

不料這位美國傳教士用剪刀，順著牛皮的周邊細細地剪成如帶子般的小條，然後施展開來作為衡量土地面積的標準。結果在當地建造了一座506.6平方米的教堂，這座教堂至今仍然為當地的基督徒正常地運作。

事實上，瀾滄江一張牛皮建教堂的陰謀並不是西方宗教入侵中國的個別案子，幾乎在同時，法國天主教在雲南的茨中、明永等小村莊也發生過類似的醜聞，他們欺壓當地百姓的善良和無知，用更為狡詐的手腕，將牛皮先泡在水中，等牛皮發脹後再剪，這樣就增加了不少額外的面積。

後來這些歷史上除了既可笑又可悲的牛皮教堂外，還發生過好幾起因外國教會勢力的膨脹，造成和當地政府及居民的對立，最終產生了數起不幸的教案悲劇，這些歷史事蹟都成了當地政府教育人民的反面教材。我則一直在思索，歐美傳教士在中國的「牛皮教堂」，是否取經於尼泊爾寡婦向國王索取土地興建佛塔的計謀，值得歷史學家做更深入的研究。

看完這座歷經滄桑的佛塔，我們回到酒店，首先想到的還是那當地人捧為美食的餃子。在幾天的加德滿都停留期間，幾乎每天至少有一頓餃子作為主食，主要原因還是我對餃子的「情有獨鍾」。

少年時代在臺北的生活，幾乎餐餐都是和麵食打交道，其中又

以餃子為主。母親的絕佳手藝，就是我們晚輩們的口福。

後來到了義大利，還得感謝馬哥波羅的介紹，將中國的麵食介紹到他的祖國，只是將內容稍稍改變，用義大利人喜愛的乳酪和西紅柿醬配置，經過近八百年的傳承，如今義大利麵食已經獨霸世界飲食市場。

在數十種不同類別的義大利麵食中，我還是鍾意海鮮麵條，更容易被味蕾所接受。義大利的餃子Ravioli嚴格說來，無法和中國的餃子相抗衡。因為高筋麵粉中摻了雞蛋，所以麵皮就比較硬。

義大利人製作餃子的程序很機械化。首先將麵粉桿成長條，接著將餡兒平均放好，再用另一塊長條麵覆蓋在上面。然後用手將兩塊長條周邊麵粉壓緊，再用一個方形鋁製模子將餃子一個個地扣出來，看上去就是千遍一律的複製品。

但另一種義大利的肉餡餃子叫Tortellini，比Ravioli秀氣很多，而且味道也很適合中國人的胃口。

在義大利中部波羅亞（Bologna）城的清燉牛肉湯餃子，就是用這小個頭的餃子烹製出來的，和中國的清湯水餃一樣。但是義大利人進食時還要加乳酪粉，對他們而言是上乘的頭盤，可是濃濁的乳酪腥味，就將原本可口的清燉牛肉湯全攪和了。假如用中國人的方式，上桌前灑上一些蔥末和胡椒麵，就是一份色香味俱全的清燉牛肉湯餃子了。

可能是因為要用上好的牛肉燉湯，成本上漲，同時功夫費時。所以近幾年來，每次到義大利，很難再找到六十年代的清燉牛肉湯餃子了。

其實餃子這個食物，在歐洲頗為普遍，可能是受到烏克蘭的影響，大部分地區，特別是在東歐，餃子在當地，幾乎都稱呼為Pierogi。如波蘭的餃子全稱為Pierogi Quark，因為它裡面包的是當地的乳酪而得名，也是歐洲唯一可以嚐到甜味的餃子。

其他如俄羅斯、烏克蘭、土耳其等地的餃子，都是鹹味的。如俄羅斯的Pelmeni所用的餡兒有不同的肉類或是魚肉，配上洋蔥，或是蒜末，味道都不錯。在當地也有用「包麵」（Baomian）來稱呼這種麵食的。

相傳歐洲的餃子起源於希臘，但較為確切的論調認為餃子是來自海拉爾。因為俄羅斯的Pelmeni和蒙古的Bansh很相似。實際上在土耳其卡薩克斯坦的Manti、尼泊爾和西藏的Momo、維吾爾族和烏茲別克的Chuchvara、韓國的Mandu，以及日本菜單上的Gyoza，幾乎都和中國的餃子有密切的淵源。

一種比較可信的傳說認為餃子就是直接從中國傳入俄羅斯的，也有人說餃子是蒙古人帶到西伯利亞，然後再傳到俄羅斯的腹地。不論哪種傳說，中國是餃子的發源地無庸置疑。歷史上記載，早在南北朝時代就已經有餃子的紀錄，而東漢末年，中國歷史上的醫聖張仲景在告老還鄉後，發現當地人受風寒的毛病，就用羊肉及驅寒的藥物熬成「祛寒嬌耳湯」，因在湯裡放入麵粉包成的「嬌耳」故名，這所謂的「嬌耳」其實就是餃子的前身。

1972年中國考古學家們在新疆高昌王國遺址的阿斯塔納墓中發現有「餃子」的實物，證明餃子在距今一千四百年的唐代就已經是民間主要食物了。到元明時代，餃子被稱為是「扁食」，而清代則稱為「餑餑」，後來在中國傳統的除夕夜煮餃子視為是「煮餑餑」。

經歷了長達兩千年的歷史過程，中國的「餃子遠祖」尊稱應該是當之無愧的。有趣的是，波蘭將他們的傳統食物Pierogi除了當作是平時的主食外，也是聖誕節等重要節日，或是家庭生日、結婚生子等喜慶時，煮餃子待客是一件盛事。這和中國新年除夕和家庭的節日煮餃子是同一道理，那麼波蘭是否在這方面引進了中國的傳統習俗就不得而知了。

|1|2|

1 尼泊爾的典型餃子。
2 作者夫婦一生中唯一戴口罩旅遊的經驗。

　　既然世界上有如此多的餃子種類，尤其是歐亞之間對吃餃子的傳統是如此的密切，那麼和中國的「餃子緣分」就可想而知了。然而，即便餃子在歐亞諸國廣為流傳發展，但無論如何，仍然無法與西安的「餃子館」抗衡。

　　從西安歷史古蹟「小雁塔」步行三分鐘即可到達的「德發長餃子館」，是一家舉世無雙實實在在的餃子館。他的餃子種類有108種，還供應其他的菜餚。不僅是名不虛傳，更令人折服的是他們的廚房裡幾乎都是一流的餃子藝術家。

　　我曾兩次前往品嚐他們的餃子宴，每上一道餃子，就是一份令人瞠目結舌的藝術品，就連最後一道甜品也是用蒸籠送上的精美絕倫手工藝術。

　　在尼泊爾參觀旅遊時，目睹因地震而損毀的歷史古蹟，引起的是無限的惋惜和感嘆。然而在短暫的逗留時光中，我終於嚐到地方特色的餃子（momo），從而引發我對中國餃子更多的珍惜和寵愛，別看它只是從一個小小麵團製作出來的普通食物，它的舉世影響力卻是所有中國人都始料未及而足以自豪的光輝傳統！

　　　　　　　　　　　　　　　（2020年5月25日完稿於溫哥華）

從血淚到重生的柬埔寨

　　近些年來，國際旅遊蓬勃發展，每個國家都會使出渾身解數，設法將大把大把的外匯吸引到自己的荷包中。天真的遊客一到希冀目的地，立即會情不自禁地慷慨解囊，為當地的經濟發展作出頂天立地的無私奉獻。大至需要托運的旅遊產品，小到塞入行李箱中的紀念品，都成了他們獵取的目標。

　　結果笑呵呵的就是那些當地的旅遊產品經銷商了。而政府就

| 吳哥窟主體建築。

以此為依據，作出各種旅遊年度的統計表，成為千遍一律的數字遊戲。聯合國世界旅遊組織，也就向全球公布，旅遊業創造了多少就業機會，養活了多少萬計的人口，似乎旅遊的發展，就是世界公論而無所非議的救命稻草。

　　新冠肺炎的突然爆發，病毒肆虐全球，一夜之間，燦爛奪目的旅遊業，就成了經不起一擊的空心蘿蔔！給人的反思是，究竟旅遊業是經久不衰的輝煌國際佼佼者，還是凡有任何風吹草動，或是天災人禍，就是首當其衝的禍根？

　　實際上，在世界各國發展旅遊業時，無論是歷史古蹟，還是戰爭悲劇，都成了旅客爭相躬逢其盛的目標。地方的飲食文化，也是遊客味蕾的追尋芳蹤。但是花大錢，找享樂的旅遊業，在有意無意間，竟然成了貧富懸殊的經營行業。

　　因為旅遊的開銷，並非一般人滿以為真有廉價供應的產品。陸地旅遊除了往返機票，還有酒店客房，一天三餐，以及參觀景點的交通入場券等費用。收入勉強維生的，為了加入旅遊行列，不惜向銀行借貸，成為「寅吃卯糧」的被「剝削者」，還自以為「物有所值」。

　　另一邊廂，旅遊目的地的當地，一天三餐不繼的平民比比皆是，一生從未走出過苟且偷生的陋屋，又怎麼會出現消閒旅遊的夢想？結果是「發達國家」的遊客，就成了人人盼望的「救世主」了。為了迎合他們的飲食習慣，風行於他們「祖國」的「垃圾」食物也就應運而生，禍延子孫的含糖飲料也充斥市場。

　　當地的孩子在下意識的狀態中，不分就裡學到了吃「垃圾」食品的惡習，沒有含糖飲料就向父母發威的猙獰面目也出現在當地孩子的天真面龐上。

　　這些現象在加勒比海、太平洋諸島國、中南美洲以及非洲地區比比皆是。在貧富不均的社會中，大多數的人民仍然在生活線上

掙扎。然而他們所面對的，就是手提大包小包旅遊產品的遊客。為此，他們心目中也就很自然地產生出對這些衣食不乏「闊佬」的錯綜複雜反應，有「羨慕」，有「妒忌」，有「憤怒」，有「憎恨」，甚至有「仇視」。

其實在這些仍然被貼上「貧窮」標籤的國家或地區，許多外來的遊客幾乎很難想像為什麼當地的人民依舊過著難以果腹的日子。這就要從五百年來，他們被殖民、被奴役、被殘殺！當前的所謂「獨立」、「自由」、「民主」只不過是貼在紙上的標籤而已。

我曾到過祕魯的庫斯克，那裡曾經是少數印加民族（Inca）的天堂，我也去過加勒比海的古巴，那裡原來是泰依諾（Taino）民族相安無事的樂園。我曾到過加勒比海諸小島，原來的部落如今已幾乎是凋零殆盡。經過西班牙、英國、法國和荷蘭的殖民及殘殺，這些國家和島嶼早已面目全非。

南海的幾個小國應該說是較為幸運的，法國殖民中南半島，荷蘭和英國控制的印度尼西亞，至少他們只是遭到外強的剝削，逃避了如同美洲地區的那種慘無人道滅絕人性的屠殺。

當我和妻子每次到這些國家旅行的時候，總帶著卑微的心情，保持著對當地民族的尊重，放下身段和他們平等相處。也因此經常得到的回報是他們臉龐上的善意微笑和親切的應對。

在沒到柬埔寨之前，對這個三面環山的國家只是一片陌生。為了一睹當地歷史遺跡「吳哥窟」的真實面貌，我和妻子曾經醞釀多年，只是所有聽聞到關於柬埔寨的信息幾乎都是負面的居多，尤其是震驚世界的「紅色高棉」清洗種族的暴行，更令我們不敢輕舉妄動。直到2012年2月，我們在北京得悉柬埔寨國王西哈努克親王病逝於北京醫院，才重新勾起我們造訪柬埔寨的意願。

於是我們開始閱讀有關這個歷經滄桑的國家。由於諸多歷史書籍中對柬埔寨的歷代描述泰半有誤，甚至難以作實質性的考證，

所以後人對這個中南半島的小國也只能就存有的歷史記載中探尋一二。

　　從公元一世紀至今，柬埔寨可以大略地分為幾個朝代和時期：即「扶南王國」（公元一世紀到七世紀）、「真獵王國」、「高棉帝國」（9-15世紀）、「柬埔寨黑暗時期」、「法國殖民時代」（1863-1953）、「日本佔領」（1942-1945）、西哈努克時期、高棉共和國內戰、越南佔領和民主柬埔寨時代，以及現代柬埔寨。歷史上記載的「真獵」是否真如傳說中的那麼強盛殊為可疑，甚至有歷史學家認為「真獵」只不過是當時中南半島上諸小國之一而已。

　　從中南半島中一個擁有兩千年歷史的文明古國，自公元一世紀尊奉印度教為國教的扶南國建國開始，開啟了它的發展歷程。在秦漢時代，扶南國和中國就已經建立了通商交易的往來。

　　扶南國深受印度文化的影響，崇奉印度教。所以在後來的歷史文化遺跡中，印度教的遺跡遍佈各地。扶南國經歷了從繁榮到衰落，到公元七世紀被真獵所滅。在闍耶跋摩一世統治下，國力漸強。後來由於出現內亂，公元787年被來自爪哇的海盜所擊敗，它的王子逃亡到爪哇，在那裡建立了「山帝王朝」。

　　經過了歷代的戰爭和磨亂，最後闍耶跋摩二世回到故鄉，終於能站住腳跟建立了吳哥王朝（時稱高棉帝國）。一直到公元十二世紀達到鼎盛時代，他自封為「神王」。

　　為瞭解當地實情，元代曾遣派周達觀（約1266-？）前往吳哥探查，周達觀出生於宋代被元代滅亡的時段，在元代朝廷擔任事務官。當時蒙古人藉著滅宋並大舉外侵之際，曾經試圖攻入安南及吳哥，無奈受到氣候的影響，未能如願，於是派遣周達觀前往作實地了解。

　　經歷了一年的逗留和等待風季返航，周達觀回到京城，撰寫了一部有關吳哥王朝的歷史、政經、社會、地理及民俗等內容的巨作

《真獵風土紀》。該作品在十九世紀先後翻譯成英、法、德等國文字的版本，而且由於中南半島氣候的潮濕，許多歷史記載幾乎佚失殆盡，所以這本《真獵風土紀》無形中成為研究柬埔寨歷史極其重要的文獻。

吳哥王國可以說是命運多舛，經歷了輝煌的歷程到十五世紀，戰爭的禍亂再度降臨，先後遭到暹羅和越南的入侵，吳哥王國被迫遷都到金邊，從此國勢衰敗。

經歷了不尋常的內憂外患，到1863年柬埔寨又與越南和老撾成為法國的保護國，深受法國文化的影響。1942年在第二次世界大戰時，被日軍攻佔，一直到1945年日本投降。最終在1953年11月9日，柬埔寨脫離法國的束縛成為獨立自主的國家。

然而好景不常，柬埔寨在1970年陷入戰爭的禍亂。在親美勢力的強勢逼迫下，西哈努克國王流亡北京，從此陷入美國支持的南越、北越軍、柬埔寨龍諾政府軍和赤柬軍的交戰狀態中，導致社會動盪民不聊生。

1975年柬埔寨的紅色高棉軍攻陷首都，從此給柬埔寨留下三年零八個月慘絕人寰的政治清洗悲劇。全國三分之一的人口死於非命，留下人類歷史上最黑暗的一頁。

稍後越共又藉故在1978年攻入柬埔寨，一直到1989年才撤離。到1993年西哈努克國王從北京返回，是第三度登基的柬埔寨國王，成為南海地區另外一個君主立憲的國家。

時至今日，柬埔寨一直在洪森執政下不遺餘力地發展經濟，開拓對外的友好關係。經歷了兩千年的歷史演變，今後是否能從此國泰平安，需要依賴體恤人民安危的政治人物，樹立健康的政治環境，以人民為依歸。

對柬埔寨的歷史演變有了粗略的認識，有助於我們在這個充滿神祕的國家旅遊時更能理解它的來龍去脈。但是由於正值西哈努克

親王的逝世，全國都沈浸在悲哀中，許多活動也因此臨時取消。

　　我和妻子在2012年聖誕節假期，特地從北京搭乘泰國皇家航空公司航班先到曼谷，再轉機到金邊。在進入機場入境處的那一刻，即體會到柬埔寨人的好客而善良的個性，而我們也對來到這裡旅遊的選擇感到欣喜。

　　我們預訂的酒店，是位在市中心的金界大酒店（Naga World Hotel），地點非常適中，只是令我們吃驚的是，一進入酒店，大堂就是一家規模不小的賭場。經過瞭解，這是香港人到金邊開設的，主要是針對從中國來到的旅客享用。我不禁嘆息，一個剛從戰亂中稍微喘息的國家，就被資本主義社會的頹廢習俗所感染。裡面不僅人頭鑽動，而且是煙霧彌漫。諷刺的是，當全國處於因國王去世而沉痛悲哀之際，這座酒店的賭場卻是若無其事地嬉笑不停！

　　從酒店裡得到的信息是「紅色高棉」罪行的場所都對遊客開放，在沒有選擇的條件下，我們就安排好第二天前往參觀。

　　距離金邊約有二十公里的「大屠殺場」（Killing Fields），是遺臭萬年的「瓊邑克種族滅絕中心」（The Choeung EK Genocidal Center）。也有人用「殺戮戰場」來形容這裡。開車送我們前往參觀的是前一天從機場送我們到酒店的司機。他非常善良，而且能講簡單的英語，所以我們到達酒店後，就計畫在金邊停留的時段裡繼續用他的服務。

　　他很誠懇地給我們開了個服務費用，從酒店到瓊邑克往返，然後到市區參觀一整天為五十美元。在柬埔寨美元是允許公開使用的，本地的貨幣是每4000里爾兌換一美元。

　　我們抵達瓊邑克後，即直接進入大屠殺場參觀。如果用「人間地獄」來形容這個當年許多柬埔寨人被莫須有的罪名而死於非命的屠殺場一點都不誇張。我們先在周邊參觀，依次看到十多個埋屍坑。據不完整的統計，在那些坑中共挖出的屍體大約有九千具，還

有更多的仍然埋在那些沒有名字的坑裡。解說員告訴我們，許多被送到這裡的囚犯被無辜殺害後，就扔進坑裡。如有些受害人還沒有斷氣，無情的劊子手就會將其拖出施以酷刑，直至死亡後再被拋入坑裡。

更為殘忍的是，這些紅色高棉的劊子手連剛出生的嬰兒都不輕易放過。在一個直徑約三、五十公分的樹邊，講解員指著這棵樹，告訴我們那就是嬰兒受刑的地方。他們抓著嬰兒兩隻腳，倒提著用力將嬰兒撞向大樹，就用這種慘不忍睹的手段結束剛到世界來的小生命。更為殘酷的是，他們經常當著母親的面將嬰兒殺害，然後扔進坑裡。

我們聽著講解員的解說，簡直不敢相信一個信奉印度教及佛教逾兩千年的文明古國，居然會發生如此荒唐而殘酷的人間地獄悲劇。

在屠殺場有一座柬埔寨傳統式的塔，走進那座寂靜森嚴的塔內時，我們被那一層層用玻璃密封的展示臺所震懾。展出的不是柬埔寨的歷史文物，而是一個個不知姓名的頭骨，共有八層，再上面

1｜瓊邑克種族滅絕中心的紀念塔中，展出用骷髏頭骨拼成的柬埔寨地圖。

| 1 | 2 | 2｜瓊邑克種族滅絕中心的紀念塔。

兩層是受害者身體不同部位的骨骼。

帶著悲泣而同情的心情，我腦海中突然出現義大利詩人但丁的《神曲》中「煉獄」的描述。那麼如果僅僅用「煉獄」來形容這個二十世紀的柬埔寨人間悲劇，顯然不夠表露它的悲慘與恐怖。

在回金邊的途中，司機說還有一個不能忽視的場所，值得我們去瞭解柬埔寨人民曾經遭遇過的非人待遇。車子在一條很僻靜的街道轉角口停下，司機告訴我們，這裡原來是一所中學，紅色高棉攻陷金邊後，將這所中學改裝成S-21監獄。不知多少柬埔寨人在這裡遭受難以形容的酷刑，最終走向死亡。

現在這裡已經作為一個紀念場所對外開放，讓全世界都知道，紅色高棉慘絕人寰的暴行。我注意到鐵鏽斑駁的鐵門旁掛著一塊牌子，上面註明是「杜斯連屠殺博物館」（Tuoi Sleng Genocidal Museum）。杜斯連這個柬埔寨語言的意思是「有毒的樹林」，紅色高棉用這個名詞為其屠殺無辜的中心命名的理由也就可想而知了。

我們在大門上看到一個歷史紀錄，這裡原本是以西哈努克親王祖輩博涅亞的名字命名的中學，學校全名為「昭博涅亞中學」（Chao Ponhea Yat High School）。校園一共有五棟三層樓的教學樓，紅色高棉攻佔金邊後，徵用了該校作為集中營和處決中心。

我們進入其中一棟教學樓後，頓時被其中陰森的景象所震懾而感到背脊上冷風颼颼。所有的教室都展現紅色高棉使用時的原貌，有的是囚室，裡面除了一張鐵床外幾乎空無一物；而作為拷問室裡則放置不同的刑具，作為拷問囚犯時施以酷刑之用。

在原來的操場上，陳設著一個猶如足球門的鐵架，但高度是球門的三倍。講解員告訴我們，這是紅色高棉用來給囚犯施酷刑的架子，他們將囚犯吊在架子上，讓其暴曬於烈日下，手段極其殘酷。

在廣場的四周，有十四座白石棺材，這是被紅色高棉最後殺害的十四個囚犯歸宿。因為還沒有來得及將他們轉運到瓊邑克滅絕中

心，算是「幸運地」得到稍有尊嚴的安葬。據不完整統計，在三年零八個月的紅色高棉統治下，約有兩萬左右的無辜囚犯從這裡被送往我們在之前已參觀過的屠殺中心，結束他們的人生，最可悲的是沒有人能找出他們每一個失去生命者的姓名。

回到酒店，一走進大堂，即被那珠光寶氣的賭場氣氛所籠罩，瀰漫在空氣裡的煙味和隨著賭徒興高采烈吆喝聲中噴出的酒氣，只能讓我加快腳步走向電梯。坐在客房中，望著窗外的景色，雖是初臨斯地，卻在腦海中留下複雜的印象。突然腦子裡出現兩次到德國慕尼黑附近，參觀達豪集中營（Dachau）的感受。

第一次是在六十年代，我還在學生時代，暑假在德國遊覽，到達慕尼黑，我搭乘當地公共交通，前往達豪，參觀猶太人在納粹鐵蹄下被滅絕殺戮的悲慘歷史。

在入口處有一塊牌子，上面書寫著「Albeit macht frei」，意思是「勞動就能獲得自由」。事實上納粹的暴行殘忍令人髮指，凡是被送入集中營的猶太人，幾乎都會遭遇不同的酷刑，而且還要承受超越極限的勞動。

他們將猶太人一群群地送入「淋浴室」（就是毒殺猶太人的煤氣室，但對猶太人聲稱是安排他們去沖涼），殊不知那是一去不復返的人生終點。可是被投送進集中營的猶太人，又怎會理解到大門上那塊「勞動就能獲得自由」，竟然是在接受超極限的勞動後，所謂的「自由」就是在進入「淋浴室」的終結人生！

通過一道道的參觀程序，目睹猶太人被「淋浴」後所遭受的殘酷步驟，先是將有金牙齒的屍體，一律敲下來交公。接著是將屍體投入到焚燒爐中，爐子的後面連結有一個巨型盛器，屍體在焚燒時流出的脂肪，就直接流入到盛器裡，作為工業用途。

達豪的慘狀使我聯想起童年時代的抗日戰爭，日本軍國主義血洗了南京三個月，殘殺我同胞二十萬，燒殺搶掠姦淫無惡不作。

在我參觀的時候，看到達豪集中營大門口豎著一塊牌子，上面記錄著在該集中營受難者的人數，除了大多數為猶太人外，還有不同國籍的人士，其中有一個中國人，不知為什麼也受到被殺害的牽連。

而紅色高棉屠殺了柬埔寨全國三分之一的人口，竟然有近二十萬華僑遭到屠殺的命運。2019年4月，我和妻子到慕尼黑後，陪著她舊地重遊。達豪集中營歷史遺跡已經擴大不少，展出資料也較前一次豐富很多，唯一的變化是原來設在大門口的受難人的數字表不見了蹤影。

德國的納粹、日本的軍國主義和紅色高棉雖發生在不同的國家，但其作惡多端的殘酷暴政手段幾乎是如出一轍，最後也都遭到一致的公義唾棄。

由於正值西哈努克親王剛逝世兩個月，整個國家還在治喪期，所以原本在計畫中參觀皇宮的行程，因為暫時不對外開放，只得放棄，僅僅參觀了旁邊的「銀塔」，裡面珍藏著價值連城的珠寶金銀器皿，最為震驚的是那尊精美絕倫的玉佛雕。

在結束金邊的行程後，我和妻子前往位在金邊西北邊的暹粒（Siem Reap），如搭乘飛機航程只要四十分鐘。但是有一條更為精彩的水上路線，即從金邊乘坐一段汽車路程，然後上船經洞里薩湖（Tonle Sap），直達暹粒。

洞里薩湖湖水平均為三米深，每年七月到十一月，由於湄公河氾濫，河水倒灌使湖水上漲，水深可達十四米深，行船非常舒適。平時的湖面為四千平方公里，到雨季時擴張到一萬平方公里大。由於我們抵達時正值枯水期，雖然湖船仍可航行，卻有擱淺的可能性。為保險計，我和妻子決定搭乘航空公司的班機。

金邊的國內機場有許多令旅客驚喜的設施，經歷了近九十年法國殖民後，仍然完整地保留著法國人留下的遺風。我們在候機樓裡

看到有一家小型的咖啡館，供應法國濃咖啡和誘人的牛角包。

雙引擎的小飛機共有68個座位，但非常舒適，而且飛行也很平穩。抵達後，我們直接僱車到達預先訂好的皇冠大酒店（Royal Crown Hotel），僅十分鐘路程即抵達。它建在暹粒河旁，是一座剛落成不久的4-5星級大酒店。河對岸是法國人殖民時代的法國人住宅區，不遠處還有一個老市場，銷售各種土特產和旅遊紀念品。

暹粒是一座典型的柬埔寨小城市，人口不到十二萬。在紅色高棉時期，小城市也被折磨得體無完膚。一直到政局穩定後，才開始發展國際旅遊。它的知名度得益於名震全球的歷史遺跡「吳哥窟」（Angkor Wat）。我和妻子就是因為這個世界最大的佛教遺跡慕名而來，由於柬埔寨的連綿動亂，幾乎使我們與之失之交臂。

「吳哥窟」離暹粒城市只有十五分鐘的車程，暹粒小城也因「吳哥窟」而名聞全球。我和妻子利用抵達那天的整個下午，僱車到附近的水上人家集中地參觀。當地陪同告訴我們，整個水上人家是參照曼谷的水上市場經營方式而逐步發展，我們所到之處還沒有鋪設水泥道路，因此汽車經過之處就揚起沙塵紛飛，沿途也沒有任何的配套設施。一眼望去，就可以理解這裡還需要幾年的時間才能形成稍能吸引遊客的規模。

不過他給我們透露了一個信息，就是這個區域的旅遊發展，中國給予了不少財力和物力的支援，協助他們撐起這一片未來的觀光事業。筆者在寫這篇短稿時，已經過去了八年的歲月，估計那裡應該是一片繁榮的景象。

巧合的是我們抵達暹粒那天，正好是聖誕夜（12月24日），酒店裡也為旅客準備了聖誕自助餐，於是我們就選擇了在酒店裡度過一個幽靜的平安夜。

第二天是聖誕節，我們開始了心儀已久的「吳哥窟」之旅。一大早即僱車直接前往，到達後在售票處看到有三種不同的入場

券，分別是一天遊、兩天遊和三天遊。由於我們受到時間的限制，所以只買了一天遊的入場券，票價為每人20美元。（據了解現在票價已調整為一日遊37美元，兩日遊票價為62美元，3日遊則為72美元）。

為了防止他人使用同一入場券，在購買前，每位遊客要先拍照，售票處立即將照片印在入場券上。在我們多年的旅遊經驗中，這還是頭一遭遇到這樣有趣的經驗。

「吳哥窟」被舉世公認為是世界上最大的宗教建築，而且也是包括中國「長城」、印度「泰姬陵」和印度尼西亞的「婆羅浮屠」，世稱為東方四大奇蹟，其重要性不言而喻。而因為天災的禍害，世界的七大奇蹟名單也曾數度修改，「吳哥窟」的盛名現在已被列入為世界七大奇蹟之一。

無論是誰只要一走近這座輝煌的文化遺跡，無不為它的平衡結構，豐富的浮雕，以及秉承宗教傳承的規律而建造的這座史無前例的吳哥文化而讚嘆驚訝。之所以會驚訝，是它與當前的柬埔寨國力或是文化的發展令人唏噓。一個擁有兩千年歷史的文明古國，竟然頹廢成如今需要急起直追的局面，不僅是遺憾，更是民族的哀傷。

八百年前當時吳哥王朝的國王蘇利耶跋摩二世，為展現其權勢，開始興建這座供奉「毗濕奴」的聖殿。它最早的名稱是「毗濕奴的神殿」（Vrah Vishnulok），中國佛學中稱之為「桑香佛舍」，先後用了三十多年的時間才完成（1113-1150），一個文化宗教光輝燦爛的王朝從此達到極端。

那是正值中國有文藝復興之稱的北宋時代，然而當文化事業處於顛峰的時候，卻因為皇帝的昏庸，因「靖康之難」而滅亡。

這座神廟是按照印度教的規律建造的，在印度教所有的神祇裡，有三個地位最為崇高的就是「梵天」（Brahma）、「毗濕奴」（Vishnu）和「濕婆」（Shiva）。他們分別代表著「宇宙之主」、

「維護之神」和「毀滅之神」。「梵天」的地位相當於中國的「盤古」。而「濕婆」又被稱為具有三隻眼的「鬼眼王」。

所以吳哥王朝的國王蘇利耶跋摩二世，就是為了保護臣民，選擇尊崇「毗濕奴」神，興建了這座聖殿。

「吳哥窟」是一個建築群，佔地總面積為162.6公頃。在公元十二世紀初葉，位在中南半島上的小國，要興建如此規模的聖殿，不得不讚嘆當時國王的雄心勃勃。

它的造型是出現最早的高棉式建築，並根據高棉建築的兩個基本傳統佈局設計而成，也就是以「祭壇」和「迴廊」作為整個建築群的主體，從而勾畫出代表印度教中的崇拜規律。

「吳哥窟」的祭壇共有三層，呈長方型，周圍有迴廊環繞，一層高過一層，狀如金字塔，象徵著印度宗教神話中位於世界中心的「須彌山」。

祭壇的頂端建造有五座寶塔，周圍的四座較矮，中間一座最高，整個佈局是按照五點梅花式排列建造，代表著「須彌山」中的五座山峰。

建築群周圍有一道護城河，這代表著須彌山中的「鹹海」。而圍繞每一層祭壇的迴廊，則象徵著須彌山中的「風」、「土」和「水」。

在這座宏偉的宗教建築群中，最為突出的是豐富的浮雕，幾乎展現在迴廊中所有的牆壁和石柱上，其雕塑的技巧精美絕倫，神采各異，刻畫細膩。另外在祭壇的幾座神殿中，供奉著看似佛神的雕塑，實際上那是吳哥王朝歷代國王在去世後，安葬於祭壇中，這些雕塑就是化身為神主的國王人神合一的代表作了。

所以了解到「吳哥窟」中宗教的代表性後，參觀時就更容易和它的歷史文化及宗教傳統相溝通。由於其規模之龐大，世界上沒有任何一個宗教能與之相配比。因為「吳哥窟」並不是單一的宗教場

所，而是一座建築群，故世人一直稱其為「寺廟之城」。

整座的建築群是坐東朝西，這和當地的傳統喪葬禮節相符合，在吳哥王朝的習俗中，凡人死後，其墓葬方向必定是面向西方。

仰望著歷盡滄桑的「吳哥窟」，心情極端複雜。這個自公元一世紀即建立「扶南」王國的民族，在進入「真獵」的幾個世紀中，戰火連綿。從公元八世紀到十四世紀，「吳哥」王國的崛起，形成了當地富庶而文明的古國，是為鼎盛時代。

不幸的是在暹羅民族由被保護到叛變的逆反下，逼使「吳哥」王國放棄故土，遷徙到金邊。而原來的繁榮，由於連綿的戰爭和無情的疾病肆虐，「吳哥」原來的國都在熱帶雨林的擴展下，逐漸地在自然環境中淹沒而最終被遺忘。

雖然在十六世紀以還，經過歐洲傳教士和探險家的先後發現，始終未能引起世人的興趣和關注。直到1861年，法國生物學家亨利‧穆奧來到「吳哥」王國的遺址尋找發展藥物的植物，而在無意中發現了吳哥窟的蹤跡最終讓這座蓋世無雙的藝術珍品重見天日。

實際上在暹粒城市的周圍，除了這座曠世的藝術珍品外，還有好多處幾乎是同時代的歷史古蹟仍然值得參觀。其中聲譽較為著名的有「女王宮」（Banteay Srei）、塔布蘢寺（Ta Phrom）、巴

金邊杜斯連集中營的一角。

金邊王宮全貌。

戎寺（Bayon）、巴方寺（Baphuon），以及巴肯山神廟（Phrom Bakheng）等。只要時間允許，遊客都可憑入場券到所有的古蹟參觀。

這些寺廟在古代建造時，屋頂都是木質構造，經過逾千年風雨濕氣的交替侵蝕，木質屋頂都早已不復存在，僅留下殘垣斷壁，給後人留下帶著悲喜交集的追憶。

在離開柬埔寨之前，我們回到金邊，仍然在前一次下榻過的酒店過夜。我們利用剩餘的半天，在金邊作最後的巡禮。只見各主要街道都設立著西哈努克親王的遺像，周圍擺設著鮮花。他是在2012年10月15日病逝於北京醫院，遺體運回金邊後，安奉在王宮中供百姓瞻仰敬禮三個月，到2013年2月1日結束，按照他的遺願，遺體將在2月4日火化，然後將一部分骨灰灑在洞里薩湖中，其他骨灰則安葬在銀佛塔中。

西哈努克親王一生登基三次，皆是因為政治動亂所導致，每次政變後，他就被中國政府安排飛往北京暫避。中國政府特地在北京城裏東交民巷不遠處，給他提供了一座臨時行宮，反映出中國政府對他的悉心照顧，也因此中國獲得柬埔寨政府與百姓的尊重。

撫今思昔，親眼目睹高棉氣候的適宜，土地的肥沃，豐富的水產及農作物，善良的人民理應過著安詳靜宜的生活。然而自公元一世紀建國以來，鄰邦入侵，戰亂不斷，直至1970年代，紅色高棉的暴行，幾乎將這片寧靜的土地陷於絕境。

為了復興，為了發展，為了能使百姓長治久安，柬埔寨在無奈之下，必須接受並不是最理想的旅遊開發，從而引進有可能成為當地社會未來的負面效果。

「賭場」的引進也許能給予一時的繁榮，但這是否確能為當地經濟發展帶來繁榮值得商酌！西方的「垃圾食品」，搶佔了本土的食品市場，又是否當地百姓年輕一代之福令人憂心！

無論如何，一個久經戰火的民族，如今該是進入認真思考的境

遇。因為今天的柬埔寨在古老與現代的交替中，認清了民族沈淪幾
近毀滅的危機，正步履維艱走向浴火重生的未來！

（2020年6月1日完稿於溫哥華）

印尼的炒飯就是香！

　　到東南亞旅行，最大的享受就是當地的小吃，但也要防止燒喉嚨的辣椒。

　　記得上世紀六十年代，我第一次到泰國旅行。在曼谷欣賞當地廟宇王宮的節目後，感受到當地氣溫太高，於是想前往泰國人夏日度假避暑的清邁。原本計畫搭乘飛機，可就在那一個月，先後掉了兩架飛機，弄得心情七上八下。旅行社建議我搭乘火車。但是從曼谷到清邁690公里的路程，火車要行駛十五個小時。

　　在沒有任何選擇的條件下，我最終決定試一下泰國蝸牛式的「特快車」。傍晚上了火車，車上的工作人員帶我到頭等車廂，是一個四人座的包廂，裡面的裝飾確實讓我嚇了一跳。所謂的「頭等車廂」實際上就是沒有任何布置的木板座位，硬邦邦的，我不敢想如何支撐十五個小時的顛簸。

　　好在頭等車廂裡只有我一個旅客，沒人打擾，我獨自臨窗欣賞外面的樹林風光。火車的行駛速度有如臺灣阿里山的觀光火車。不一會，沈悶的旅程和慢條斯理的行駛速度，就如同安眠藥般地引我進入夢鄉。

　　不知過了多久，被車上服務員叫醒，給我送上一份菜單，也只是非常簡單而粗糙的單頁，他用令我似懂非懂的英語，介紹了菜單上的菜餚。

　　我將菜單反覆看了好幾遍，卻不知點什麼菜？菜單上每一道菜的解釋都是模稜兩可，看不出哪些菜裡有辣椒，哪些菜不辣。問了服務員好幾次，得到的答覆只是搖搖頭，或是泰國人獨有的笑容。

　　我只得用手指在菜單上點了一道有蝦仁的菜。他微笑地離開。

沒有多久，將菜送上，盤子裡只有一把小湯匙，連刀叉也沒有。等他離開後，我望著碗裡紅色的濃湯，心裏不免嘀咕，這道菜肯定會很辣。既然已經送來了，只能勉強先試一下。

我用小湯匙將湯往嘴裡送，那如火燒般的辣令我合不攏嘴，因為沒有餐巾紙，我只能將嘴裡剩餘的湯水吐到窗外，並立即按鈴請服務員給我送上一大瓶啤酒。用啤酒漱了口，但嘴裡辣的感覺很久都沒有散去。

服務員看到我的神情也不由哈哈地笑了起來，還用不成句的英語對我說，這道菜對泰國人而言，一點辣味都沒有。我也沒心情和他抬槓，就要他給我另外點一份牛肉炒飯。

過了一會，他將牛肉炒飯送上來，香味撲鼻，我吃了第一口，夾在飯粒中的牛肉丁，猶如皮鞋底一樣硬，我只得用飯匙在盤裡挑出那些被醬油混得黑漆漆的飯粒，再喝了半瓶啤酒，就打發了我在泰國頭等火車廂裡首次享用的「盛宴」。

事隔多年，這一令我哭笑不得的經驗，是我所有的旅遊記憶中難以忘懷的。它成為我日後重臨泰國時，必然會自動出現對辣椒的警覺。每到餐廳點菜，就會很自然而且小心翼翼地向服務人員打破沙鍋問到底。

那時候所有的泰國餐館裡，每張餐桌上都會擺設兩個玻璃茶杯，一個插著生青蔥，另一個則盛著一支支新鮮辣椒。我環顧四週，只見每張餐桌上的本地食客，都會從玻璃杯裡取出整支辣椒放在嘴裡，悠然自得地嚼著。

也不知從何時開始，泰國餐廳的餐桌上，這兩個「傳統」的玻璃杯都已經消聲匿跡。也許當地人開始欣賞美國人的「垃圾食品」了，取而代之的是那些又酸又甜的西紅柿醬。

說實話，我對泰國青澀的辣味一點興趣都沒有，它無法和中國烹調的「色香味」三要訣相匹配。可是到了南海諸國，就必須要有

隨時被辣味調侃的心理準備。

我曾經在馬來西亞吉隆坡參加一個國際旅遊會議，香格里拉集團舉行了一場沙灘上的酒會，招待來自世界各地的旅行商。在酒會中，馬來西亞一家旅行社的女主人，很熱情地為我遞上一盤沙茶牛肉串。我禮貌性地試了一下，只覺得香料加辣味的刺激，讓我無法掩飾催淚彈攻擊般的窘態，眼淚鼻涕流個不停。

那位好心的女主人看到我的神態，想笑又恐失禮，只是禮貌地問我是否吃不慣。我告知這沙茶牛肉串太辣了。她聽後才哈哈大笑了出來，並簡單地告訴我：「沙茶一點都不辣」。

我只能半開玩笑地作答：「如果你們馬來西亞人說不辣，那我的直接反應就應該是非常辣，如果你們說有一點辣，對我就是爆炸性的轟炸了。」

為避免再次出現尷尬場面，整個晚上我沒有膽量再作其他的嘗試，等離開酒會後，獨自到飯店餐廳裡，吃了一頓清淡的晚餐。

可能是地域和氣候的關係，或是烹調的方式差異，南海諸國的辣椒有一個共同點，就是那淡淡的辣味，對一個無法接受辣椒的食客，就是直衝腦門的折磨。

但當地也不乏鮮美的烹飪。如越南的牛肉米粉，如今已經是聞名全球。新加坡的肉骨頭湯，更是人見人愛的飲食。還有泰國的清蒸海鱸，可以說是價廉物美的上選。

在印度尼西亞，我就愛上了既簡單又上口的「炒飯」，印度尼西亞稱之為Nasi Goreng，雖然口味較重，仍脫不了中國烹調的影響。傳說最早從中國移民遷到當地後，炒飯就是他們的主食。經過年復一年的發展，中國人的炒飯就逐漸融入到印度尼西亞的飲食習慣中了。

這讓我想起，在南美洲祕魯旅遊時，看到街頭小巷中的中餐館門首，一定有一個西班牙字（Chifa），這是廣東話的諧音「食

飯」。日子一久，就成了祕魯的中餐館代名詞了。

諸如此類的文字，在祕魯的中餐館裡非常常見，如生薑在當地西班牙文中已經成為一個家喻戶曉的廣東發音名詞（Kion）。我在祕魯旅行時，特地到當地人經營的餐館嘗試了一份「蛋炒飯」，因為使用了中國醬油，味道和中國人炒出來的沒有什麼不同。

我對印尼或是祕魯的炒飯，都視作是異國文化融合的傑作，這裡面沒有武力的侵佔，也沒有殖民的意圖；所展現的是兩個不同的民族，共同享用著可口的「佳餚」。它簡單卻含有永恆的魅力，更是通過一粒粒的稻米，結合成持之以恆的異族「親情」。

印度尼西亞的炒飯，當地人一致認為是一道製作上非常複雜的菜餚，經過經年累月的發展，印度尼西亞炒飯，如今已經成為全球五星級大飯店餐廳的名菜了。

與中國大江南北的各式炒飯相較，印度尼西亞的炒飯，和中國的揚州炒飯從內容到味道最為接近。揚州炒飯裡配置的有肉丁蝦仁，各種蔬菜丁，也有加些臘腸的。

印度尼西亞的炒飯，基本上是將雞肉、胡蘿蔔、土豆、紅蔥等配料切成丁，然後加青豆及蒜頭和乾蝦或用鮮蝦，再配以蝦膏或魚露，還有黃薑粉、甜醬油等佐料。

在端上桌前，再煎一個單面煎熟的雞蛋放在炒飯上面，旁邊放幾片蝦片，還配有一兩支沙茶牛肉串。

整盤炒飯色澤比較深，但味道適中。一般印尼人在炒飯中都要加辣椒，但為了迎合國際旅客或是在全球星級飯店中供應的炒飯，基本上都將辣椒醬單獨放在一個小碟子裡，供食客選用。

多年前，在一個偶然的場合，我第一次嚐過印度尼西亞炒飯後，即愛上了這道極為誘人的餐食。但在後來的旅程中，始終未能讓我的味蕾獲得滿足感。直到有一次在郵輪上用餐的時候，為我夫婦餐桌服務的是印度尼西亞人。我突然心血來潮，給他出了個難

題，問他是否可以請廚房給我來一份印尼炒飯？

　　他未置可否，寫下我的要求，就直接去了廚房。等我們用畢頭道菜後，遞上主菜時，驚奇地看到放在我面前的，是一盤色香味俱全的印度尼西亞炒飯。

　　他的臉龐上展示出對這盤來自他「祖國」的炒飯所反映出來的無上自豪。而且很禮貌輕聲地對我說：「這盤炒飯是廚房裡一位來自印尼的助手，得到主廚的許可，親手為您做的。」由於味道的純正，我竟然將整盤炒飯吃到見了底，並成為日後久久不能忘記的生活中的小插曲，至今我仍可以用五顆鑽石來評估那一盤印度尼西亞炒飯。

　　這個南海最大的島國，除了「炒飯」外，該地也有一種非常特殊的咖啡。但名稱實在不敢恭維，它叫「貓屎咖啡」，印尼語言稱為Kopi Luwak。前一個字Kopi為「咖啡」，後一個字Luwak就是「椰子貓」的意思。

　　提起「貓屎咖啡」，就不得不承認，這是拜荷蘭殖民所賜。荷蘭殖民印尼後，一直處心積慮地壓榨當地農民，將稻田改種經濟作物，自1696年引進了阿拉比卡咖啡（Arabica）後，在當地發展成為大宗出口商品賺取利益。其動機和在印度洋上的毛里求斯小國殖民地上引進甘蔗製糖如出一轍。

　　貓屎咖啡是將當地的「椰子貓」，也稱為「麝香貓」的糞便處理而成的，對外人簡直就是天方夜譚。這種動物大部分生長在蘇門答臘及爪哇等幾個島嶼，他們是喜食植物的兩棲動物，尤其喜愛咖啡豆。但是他們在食用了咖啡豆後，咖啡豆並不能消化，經過胃裡發酵程序後，分解了蛋白質等化學變化，咖啡的苦味就降低了不少。

　　過去當地農民到咖啡林裡撿拾椰子貓排泄出來的糞便，拿回家清洗乾淨，再經過處理，就是至今被公論為世界上最珍貴的咖啡之

一。由於年產量約在500公斤左右，市場上每公斤價格高達一千美元上下。

在我還沒有認識貓屎咖啡之前，只從馬來西亞朋友那裡聽聞過不少稀奇古怪的傳記，當地人居然對這種貓屎咖啡上癮，定期搭乘飛機從他居住的城市，飛到印度尼西亞，為的就是滿足喝咖啡的慾望。

蘇門答臘島上咖啡林中椰子貓在採食咖啡豆的情景。

2013年，我和妻子為了參觀印度尼西亞的國寶級文化歷史遺產「婆羅浮屠」（Morobudur），在2月12日從峇里島搭乘印尼航空國內航班飛日惹（Yogyakarta），這是爪哇島中南部的日惹特區首都，是島上最古老的城市之一，1945年到1949年之間曾經是獨立戰爭時期的首都。它也是蘇丹國的首都，如今城內還有蘇丹家族王宮保存完好，供遊人參觀。

日惹城市不大，人口不到四十萬，但城中心的主要街道Marioboro，幾乎是一條不夜城的鬧市。因為三輪車充斥市區，顯得擁擠而雜亂。我們進入到一座高層的購物商場，冀望能找到當地的特產。

一家裝潢很精緻的「貓屎咖啡館」出現在我眼前，就那一瞬間，引起了我一嚐這怪異咖啡的意願。

在嚐遍全世界各地出產的咖啡後，義大利濃咖啡一直是我的首選。美國的咖啡則因為品質關係，早在我的咖啡名單中被排除。這次來到印尼，下定決心，要對風聞已久的「貓屎咖啡」體驗一下它風靡全球的道理。

站在這家布置及設備極其豪華的咖啡館前，感覺到它和整個

城市面貌有顯著的天淵之別。咖啡的醇香味道直撲而來，於是和妻子進入坐下。一看價目表，立即使我想起維也納的「沙荷咖啡館」（Sacher）。

那是一家頗有歷史淵源的咖啡館，1832年奧地利的梅特爾尼西王子（Prince Mitternich）要求其御用廚師，為他的宴會準備一道有特色的甜點。

因為御用廚師沒有意識到這道甜點的重要性，他的徒弟佛蘭茲・沙荷（Franz Sacher）卻不聲不響地製作了一道以杏子果醬為餡的雞蛋鬆糕，裹上幾種不同巧克力混合的外層，得到了王子的嘉許。

佛蘭茲・莎荷發跡後，就在維也納歌劇院旁開設了一家專門接待達官顯貴的酒店，取名為「沙荷大飯店」，裡面設有「沙荷咖啡館」，專出售他親手製作的「沙荷蛋糕」。迄今為止，這家酒店及咖啡館裡面仍然繼承著十九世紀的陳設布置，包括天花板上的水晶吊燈，牆面及地上的地毯均為傳統的紅色，凡是光臨飯店或是咖啡館的客人，都會不由自主地留戀在19世紀的幻覺中。

由於他們設計的服務是針對來自世界各地的高消費者，巧克力蛋糕不菲的價格已是意料之中，而提供的咖啡，一杯價格在八個歐元。所以與其說到這家咖啡館是品嚐與眾不同的咖啡，還不如視為通過一杯咖啡就可以建立起社會特殊地位的現實感！

當我和妻子進入到「貓屎咖啡館」，看到價格表上列明，一杯咖啡要價是83000印尼盾，約等於7美元（當時美元與印尼盾的兌換率是一美元換11360印尼盾），這和維也納的沙荷咖啡是屬於同一社會階層的消費標準。

既然已經來到，也就不必作「急流勇退」的逃避，就讓我的味蕾體驗一下這份聞名於世的「貓屎咖啡」。咖啡館的女服務員笑容可掬地給我擺好白瓷鑲金邊的咖啡杯等器皿，及一只盛了熱水的咖

啡壺。

　　接下來，她小心翼翼地將放在咖啡壺邊的咖啡袋打開，將裡面的咖啡粉倒進咖啡壺裡，再用小茶匙將咖啡粉壓了幾下，給我先斟上一杯。

　　同時她對「貓屎咖啡」的調製過程向我細細地解說，這可能是我自有喝咖啡的習慣以來，第一次要耐性地聽從如何調製咖啡。

　　她講完後，我先淺嚐了一口。由於多年來喝慣了義大利的濃咖啡（Espresso），對這價格不菲的印度尼西亞特產，似乎並未讓我激發出飄飄欲仙的感受。我也曾經有過被友人慫恿喝牙買加「藍山咖啡」的經歷，那也是被人為的炒作抬價，成為眾所周知最昂貴的咖啡之一。

　　於是維也納的沙荷咖啡也好，牙買加的藍山咖啡也罷，加上當前的「貓屎咖啡」，是否都真如宣傳上那樣地具有吸引力而且是「物有所值」，不由在我心裡畫上了一個「值得商酌」的大問號。

　　我曾在牙買加傻呼呼地買過一包八安士（即227克）的藍山咖啡，價格是當地貨幣JMD 1334元，約等於八美元。

　　牙買加的藍山咖啡出產量約為240萬公斤，由於種種原因，大部分藍山咖啡均被日本商界壟斷，所以在市面上見到的藍山咖啡，稍不留意，就有可能被「冒牌貨」所愚弄，也就是一般人美其名為「藍山式咖啡」（Blue Mountain Style）。

　　這和印度尼西亞的「貓屎咖啡」幾乎有異曲同工的市場功能。這種採自動物排泄物製作成的咖啡，根據官方網站統計，一年也只有五百公斤。和同樣被認為是奢侈飲料的「藍山咖啡」產量就無法相比了。

　　由於其產量極度稀少，而在高消費市場上又出現積極的宣傳，「貓屎咖啡」也就應運而生。這不由使我聯想起法國波爾多生產的著名紅酒，每年產量在二十萬瓶左右。但是過去幾年，出口到中

國的量竟然達到兩百萬瓶。這百分之九十的產量從何而來，一般嗜酒的人從不會去深入了解。他們只是因為酒價的高昂，一杯在手，就足以展現社會的特殊階級地位。這和「藍山咖啡」或是「貓屎咖啡」有著「殊途同歸」的功效。

儘管有些人品嘗「貓屎咖啡」目的除了體現心態上的滿足感之外，不外乎是要突出其社會地位的特殊。可是又有多少人知道，為了滿足人類的虛偽心態，印度尼西亞的「麝香貓」，一直遭受著非人的虐待。

為了增加產量，經銷商會和咖啡農場合作，人工飼養麝香貓，將咖啡豆強行灌入動物的胃中，經過內部的化學反應，排泄出來供生產商製作咖啡，儼然將動物作為生產機器來處理。麝香貓因為這殘忍的操作程序，會產生影響其健康等諸多的不良反應，甚至因出現反常現象而自殘傷害，這種手段極其殘忍而反人道。

為了滿足人類的需求，虐待動物的事例在世界各地此起彼落層出不窮，如曾經發生在中國大陸捕捉黑熊，定時攝取其膽汁作為醫藥用的殘忍事態。無情的商人將黑熊囚禁在狹窄的籠子裡，使其難以動彈，並不顧黑熊的痛苦在其身上搾取膽汁。

所以我品嚐了這人生第一杯「貓屎咖啡」後，不僅是由於價格的奇昂無比，更是因為得悉麝香貓因為人類的病態而遭受虐待的信息後，從此與其絕緣。

至今為止，我仍然是專注於義大利的濃咖啡而自得其樂。義大利是全歐洲咖啡價格由政府嚴格規定的唯一國家，無論是在高速公路上、在火車站、飛機場，以及街道上的咖啡吧，全國的咖啡價格是統一的。客人只要是站在吧檯旁引用，每杯只收取一個歐元，加上百分之十的小費，也就是一角錢，非常合理而且極富人情味。

滿足了所謂的味蕾享受，我和妻子利用最後的一天時間，從日惹前往「婆羅浮屠」欣賞這個充滿神祕的佛教建築。這是印度尼西

亞全國唯一絕無僅有吸引世界各國人士參觀的歷史文化遺跡，它和柬埔寨的「吳哥窟」，以及緬甸的「蒲甘寺廟」（Bagan Temples）是南海享有盛譽的三大佛教考古遺址。

其中緬甸蒲甘寺廟群為世界罕見，它共有寺廟、寶塔及修道院4446處，是從公元11世紀到13世紀之間建造而成的，至今緬甸政府仍保有3822處完好無損。

我和妻子到達日惹那天，陪同我們參觀的年輕人，特別提到就在前幾天，附近的活火山摩拉匹（Merbabu-Merapi）曾爆發過一次，整個城市的建築幾乎都被厚厚的一層火山灰覆蓋住。如果不是他的提起，我們還真沒有注意到，整個城市是灰茫茫的一片。

「婆羅浮屠」是在公元842年期間，由當時爪哇島的薩廉特拉（Saliendra）王朝統治者興建的偉大佛寺。它的名稱至今仍然是考古學界爭議的題目，只是有些歷史學家同意「婆羅浮屠」名稱來自梵語（Vihara Buddha），意思是「山頂的佛寺」。

由於建築的地方靠近兩座活火山，所以在受到火山爆發的影響後，整座佛塔群下沉，漸漸地被隱藏在茂密的熱帶叢林中近千年之久。而且在14世紀，因為穆斯林宗教興起，印度王朝的衰敗，佛教由此淡出人們的視野，「婆羅浮屠」也從此被人遺忘，直到19世紀才重見天日，經過印尼政府的搶救，成為該國首屈一指的觀光景點。

從日惹到「婆羅浮屠」的距離大約有四十公里的路程，由於道路條件差強人意，行車就需要一個小時。抵達後，購入場券每人二十美元。從售票處到佛塔群還

婆羅浮屠佛塔全貌。

有一段路程，為了節約時間，我們選用了當地提供的電瓶車進入園區。

剛一進入這個建築群，立刻有宛如走入「吳哥窟」中的感受，它共有九座佛壇，六座是方形，三座為圓形，最高層中央有一座穹頂建築。整個建築群中有2672座浮雕及504座佛雕，頂層的穹頂建築周圍有72座鏤空造型佛座雕像，神態莊嚴慈祥。

印度尼西亞政府對於保護這座曠世的佛教建築群的確是不遺餘力，但是隨時會噴發的火山灰，卻是該歷史遺產的巨大威脅。正如柬埔寨的「吳哥窟」，由於當地政府機構為了保護建築群周邊的生態環境，已經枯萎斷裂倒塌的樹木，仍然要留在原地，加上一些新成長的樹木根部的四處伸展，無形中成為白蟻繁殖的根源，卻直接威脅到古建築的安危。

「吳哥窟」另一大隱憂是附近暹粒城市的發展人口逐年增加，同時遊客人數成倍遞增，政府及旅遊業各界大量抽用地下水。一旦地下水枯竭，「吳哥窟」坍塌的危機極有可能發生，到時候這座逾千年的歷史古蹟就有可能成為一堆廢墟。

我和妻子在「婆羅浮屠」建築群中徘徊良久，在很有限的時間裡，只能走馬看花地觀賞那些千姿萬態的浮雕，一個個人物微妙微肖栩栩如生，頂端坐姿的佛雕給人的感覺不僅是威嚴，更是慈祥中感召給人「回頭是岸」的無窮力量。

結束了日惹的行程，我們搭乘航班先到首都雅加達。下榻在「婆羅浮屠大酒店」。這是一座五星級大酒店，落成於1974年。雅加達有兩座國家級的大酒店，第一座為「印度尼西亞大飯店」，我最後選擇了「婆羅浮屠大酒店」，是因為它用歷史名稱為這座酒店命名，再則是大飯店的地點適中，而且富有歷史背景。

1960年代，當時印度尼西亞蘇卡諾總統（1901-1970），為了展現獨立後國家的威力，曾下令建造了幾座標誌性的建築，「婆羅浮

屠大飯店」即為其中之一。他選擇了位在雅加達市中心的Lapangan Banteng作為大飯店的選址，是因為這裡曾經是荷蘭東印度公司的主要運作中心，而且興建了殖民時代軍人宿舍。

蘇卡諾總統下令購買了該宿舍舍址部分土地，於1963年破土開始興建。期間由於政治因素，工程中斷了一段時間，所以該飯店延至1974年方落成。但蘇卡諾總統已於1970年去世，所以落成典禮由繼任總統蘇哈托主持。

整座大飯店的設計目的，原本是作為印尼總統府（Istana Negara）接待國賓使用的。現今已改為接待遊客十二層高的綜合飯店，有客房695間，還有公寓客房設施。

整座飯店的裝潢設計以及庭院中的雕塑造型幾乎都是「婆羅浮屠」的翻版，所以客人下榻該酒店，就如同在「婆羅浮屠」而產生「身歷其境」的美感。

離開雅加達之前，我們特地去酒店附近的購物商場，希冀能找到一家印尼炒飯餐廳，但是我們失望了，幾乎所有的餐廳所供應的，就是美其名為融合食品（Fusion）的餐廳。這是一種風行全球的時髦改良食品，主要是針對年輕一代在選擇國際烹調時，適合他們的味蕾所喜歡的食材和佐料加以烹煮。我對這種「改良食品」沒有絲毫的好感。

不過在購物商場裡，注意到一個很特殊的現象，就是見到不少貌似炎黃子孫的面孔。印度尼西亞華人很多，而且印尼的華人生活水平較高。只是因為當地的政治動盪，華人遭殃的不在少數，那時候他們還被禁止前往中國大陸。

有一次我從北京搭乘夜車到上海，頭等車廂裡的臥鋪是四人一間，在自我介紹中得悉他們三位都來自印度尼西亞。一開始他們見到我時表情上有點拘謹，經過交談後，知道我是在加拿大生活，他們才開始輕鬆自如地和我交談。

原來他們不能從印度尼西亞直接到中國大陸，為了能返鄉探視親人，他們歷盡艱險，輾轉於地球上，只是想完成返鄉的心願。

印尼和中國在1950年即建立外交關係，印尼獨立後，首任總統蘇卡諾思想左傾，在1965年9月30日發生一次嚴重的政變，後來繼任總統的蘇哈托，是那次發動政變的策劃者。他們發現蘇卡諾和印尼共產黨有密切關係，並為此懷疑中國政府是印尼共產黨的幕後支持者。

於是在政變後，印尼的右翼份子發動軍警衝擊中國大使館，並焚燒使館，中國外交官多人受傷，從而導致兩國在1967年斷交。為此印尼當權新政府在各地大肆拘捕有嫌疑的共黨份子並殺戮無數，也因此當地華僑遭受到空前的劫難，一部分逃離到東南亞其他國家，留在印尼的則遭到迫害甚至死亡，那是印尼華僑所遭遇到最黑暗的日子。

聽了他們的敘述後，我開始了解為什麼一開始他們是那麼地緊張而且小心謹慎。直至知道大家都是旅居海外的華僑，方始解除對我的警惕性。其中一位還特地將他的護照取出，給我展示到中國的臨時簽證。那簽證不能註在護照上，因為回到印尼後，入境處看到中國的簽證，後果就非常淒慘了。

經歷了二十多年的冰凍期，中國和印尼最終在1990年復交，當地的華僑才得以回到正常的生活。

我和妻子是2013年到印尼旅遊，那時候中印兩國已經建立正常外交關係二十多年，華僑的社會地位也因此恢復而且享有經營各行各業的權力。更重要的是，他們繼承了前輩刻苦耐勞的傳統勤力工作，穩定了在印尼的經濟基礎。

我們看到的那幾個貌似華人的婦女，打扮和著裝都很高雅，卻掩飾不住舞弄闊綽的姿態。她們都是三幾個一群輕鬆自如地交談，後面跟著一個印尼本地年輕婦女，推著嬰兒車。顯然年輕的一代早

忘卻了他們祖輩曾經在反華的陰影中所遭受的迫害！而我夫婦目睹這些情境，唯一的反應就是格格不入。

在亞洲地區，經濟環境較為優越的家庭，都有僱用傭人的傳統，家庭主婦將家裡從烹飪、洗刷整理，甚至照料嬰兒等操作一股腦兒丟給傭人。自己則陶醉在養尊處優的環境裡，專注於應酬或是沈浸於如打麻將等娛樂中，要不就是邀約三幾個同齡人上餐館飽享佳餚。

歐美國家的家庭主婦不論優越的家境或是朝九晚五的階級，家庭中從沒有傭人伺候的習慣，幾乎是樣樣自己動手，如小至種花、鏟草，甚至爬上屋頂修修補補無所不能。彼此之間平等相待，她們對亞洲地區一些婦女的生活方式如自己的孩子都交給傭人照顧頗為不解。

我們從酒店僱車前往機場，搭乘印度尼西亞國家航空公司 Garuda GA890航班直飛北京。在飛行中，我對妻子說，印度尼西亞的人非常善良，又很憨厚，這是我們從歷次搭乘郵輪旅行時就得出的印象。

他們和蘇里南、南非、斯里蘭卡、加納、毛里求斯，還有臺灣及加勒比海的一些島嶼，同樣都經歷過荷蘭的殖民統治。當年荷蘭帝國向外擴張，和歐洲其他對外殖民國家一樣，無非就是掠奪財富，期間東印度公司扮演的角色最不光彩。雖然殖民主義已是明日黃花，但藏匿在曾被殖民的領土上的影響力，卻仍然若影若現地隨處可見。

我們在搭乘「荷蘭美國郵輪公司」（Holland America Cruises）的航程中，就明顯的看到高層工作人員，幾乎是清一色的西方白人，餐廳中、艙房中、酒吧裡，以及機房裡的工作人員，除了少數的菲律賓籍、泰國籍工人外，大部分都來自印尼。

他們給旅客的印象是工作認真，態度和藹，服務周到。迫於

白人的管理，他們必須在合同期間勤力工作，為的是爭取續約的機會。

這些在郵輪上工作的底層勞工，沒有中上層管理部門官員的優厚薪資，更枉論福利的享受。他們一般都是和郵輪公司簽訂六個月的工作季度合同，然後回家休息一到三個月的假期。在工作時沒有醫療保險，沒有額外的福利或補貼。賺取的所得除了郵輪公司的基本工資外，就是依靠旅客預先支付的每日小費，統由財務部門平均分配給這些底層勞工。

部分美洲的好心旅客，在結束航程上岸前，都會給清潔艙房及餐廳指定的餐桌服務員工支付額外的小費，表示對他們熱心服務的答謝，也是給他們微薄的收入增添一些補貼。

事實上迄今為止殖民思潮並未完全退出歷史舞台，一部分曾經在殖民主義統治下生活過的既得利益者，對已過時的外力仍抱有幻想。如印度人對英國的統治，經常會有意無意間，流露出往日的尊崇；巴西的老百姓，在沒有自貶身價的下意識裡，對葡萄牙的遺風仍保有幾分不經心的自豪感；曾在英國殖民教育薰陶下的香港人，不時會在自己同胞面前，表現出高人一等的姿態。

有趣的是在臺灣，幾乎沒有人會提起荷蘭的殖民，而將日本當成崇拜偶像卻隨處可見。

幾天的印度尼西亞之行，我最深刻的印象就是對印尼先民的尊崇，從那座被淹沒在歷史長河中重見天日的「婆羅浮屠」裡，體認到爪哇人延續了逾千年的燦爛歷史文化及精湛細膩的藝術雕塑，留給世人的超越智慧和完美的技藝。

然而從凡俗的角度審視，這次的旅程給予我的，是那不可思議的「貓屎咖啡」和豐富可口的印度尼西亞炒飯。

縱然在離境之前未再嚐到那一聞到香味就會有垂涎感覺的印尼炒飯，但我沒有任何的遺憾，因為我已經掌握了炒飯的程序和

要訣，隨時可以在自己家裡做上一盤雖不很正宗卻是可口的印尼炒飯。

　　因為它就是「香」！而且也是我對印度尼西亞最美而實在的回憶！

（2020年6月6日完稿於溫哥華）

猶太人和中國人真有共同點？

　　已經記不清到上海的具體時間，在一個偶然機會到提籃橋附近去參觀。走到一個老區，看到有一排兩層樓的聯排紅磚房，每家門首上面，都鑲嵌著一個猶太人的傳統「七燈燭台」。它是來自耶路撒冷聖殿黃金鑄造的長明燈的歷史象徵。歷史上記載當羅馬軍隊攻進耶路撒冷大肆殺戮後，這盞長明燈也不知蹤跡，但它一直是猶太人信仰的中心思想。

　　七燈燭台中間的一盞最高，代表著安息日，兩旁各三盞則代表著上帝創造的天地六合。沒有料到這個象徵著猶太人的宗教信仰中心思想標記，居然在上海猶太人遺留下的建築中保存著。

　　我佇立在那斑駁的老建築面前思考良久，將我的回憶帶回到童

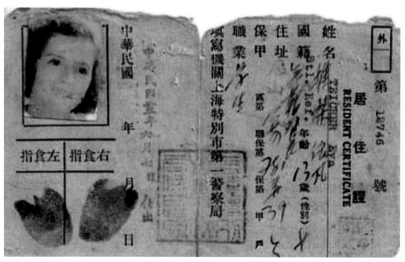

猶太人在上海的身分證。

年。那時候我家住在法國租界裡面，離商業熱鬧區霞飛路（現今已改為淮海中路）很近，母親常帶我去那裡買西式點心給我解饞，我們也因此見識到猶太人的生活情趣。

我常會指著路過的洋人問媽媽，他們頭上為什麼總帶著那麼小的帽子？長大後逐漸了解，當時母親對外國人頭上的小帽子也可能一無所知，所以對我幼時的好奇，也就隨意搪塞過去了。稍懂事後有了和猶太人的接觸，方知這是猶太人非常重要的一種頭飾，是男士們的必須。它的中文翻譯名稱是「基帕」（Kippah），是一種對待上帝敬畏和懼怕的象徵，因為頭上有天，人絕對不可以用光頭應對上天，所以就這樣出現了頭戴小白帽的代代相傳。

猶太人對天的敬畏，頗似中國人的傳統，早在三千年前，中華民族就已經形成崇拜敬畏天的思想傳統。所以我們經常看到歷史上將天奉為「天神」或是「天帝」，視天為主宰大地一切至高無上的力量。

在平凡人的心目中，天是崇尚善行，教導人類在處事為人方面必須要修正，賦予人類的是寬容和憐惜；製造了一個安詳的生存環境，作為人類安生立命的場所，從而使人對天產生感恩之心。

這種相互理解，彼此依存的自然哲學，造成了中華民族千古不變的天人合一生活習俗，也由此衍生出人與自然與生俱來相互依賴的傳統思維。

迄今為止，中華民族對天的敬畏最具代表性的歷史建築，就是已經有近六百年的北京天壇。然而如要從猶太人從宗教方面對天的詮釋，兩個不同文化傳統的理解就形成了南轅北轍。

許多人每一提起猶太人，立即會連帶出現一個問號？為什麼在過去兩千年裡，居然成為一個沒有國家的民族。如要從他們開山始祖裡去尋找根源，那就是一部地球上極其不幸的歷史演變。他們先祖的誕生，就是神與人之間的鬥爭摩擦，就成了猶太人必然經歷局

外人無法想像的磨難。

隨著年齡的增長，逐漸對猶太人上世紀流亡到中國的歷史產生了粗淺的興趣。我在1979年到上海外國語學院任教的時候，充分利用有限的週末或是假期到上海各地去尋找童年的回憶。

外灘的「和平飯店」就是我經常光臨的場所，目的只是去喝一杯較為夠水準的咖啡。當時飯店裡還有一組在戰爭年代演出了數十載的爵士音樂隊，在1980年由七位倖存年逾75歲老音樂師組成，繼續在該飯店爵士吧緬懷過去在猶太人經營下的光輝。

在和上海人交談時，經常會聽到當地人對過去生活中點點滴滴的思念和追憶。其中最多的就是對三位幾乎壟斷上海經濟命脈猶太人的懷念，這使我不由自主地將上海人經商的精明，和猶太人商業頭腦之間劃下一道等號。

這三位猶太人的祖先都是居住在巴格達的猶太後裔，隨著英國的發展，遷居到印度孟買，再到達上海進行他們的商業發展。和平飯店的主人維克多爾・沙遜（Victor Sassoon 1881-1961），看中了外灘1908年建成高三十米的「匯中飯店」，也就是現在的「和平飯店」南樓，在他的慘澹經營下，於1929年建成高77米的北樓「華懋飯店」（英文名稱為Cathay Hotel），也是當時尊稱為「沙遜大廈」的上海地標建築，成為沙遜的辦公總部。

哈同（Silas Aaron Hardoon 1851-1931）是在1873年抵達上海的，最初也是口袋羞澀，經過不懈的努力，在上海的地產業中嶄露頭角，開闢了自己的「哈同洋行」，後來加入「沙遜洋行」。

至於伊利士・嘉道理（Ellis Kadoorie 1865-1922）也是在上海發展成為當地的另一個猶太富商，1924年他在上海興建了一座富麗堂皇的宮殿式花園住宅，當時該豪宅中經常是冠蓋雲集，成為侵略中國殖民主義者的集會場所。

大陸解放後，三位猶太人巨賈的所有財產盡被收歸公有，位在

今天上海延安西路64號的嘉道理宮殿式的豪宅，成為中國福利會上海少年宮的會址。

　　我第一次去參觀的時候，應該是在八十年代初，當時並沒有人給我介紹整棟建築的歷史背景。稍後在1984年，美國白宮安排我，陪同當時美國總統雷根夫人南茜訪問少年宮時再度涉足該建築，才了解到它的歷史滄桑。上海小朋友為雷根夫人南茜在大禮堂進行了一台表演，這個大廳是當年嘉道理私宅的舞廳，可容納八百位賓客同時翩翩起舞。

　　從沙遜的外灘南北兩棟辦公大樓兼飯店的地標式建築，到嘉道理的私宅，以及佔據了整條南京東路一半的產業，就是這三位猶太人的半壁江山，按情理他們對在中國發橫財的獲得應該有所滿足。

　　在諸多的歷史資料中可以找到，因為他們從事慈善事業而受到表揚和尊敬。諷刺的是，他們加入了英國人向中國販賣鴉片的勾當，卻沒有任何譴責的紀錄。

　　當猶太人在歐洲受到納粹無情大屠殺的時候，中國駐維也納外交官何鳳山先生（1901-1997），對受難的猶太人伸出了正義的救援之手。

　　何鳳山當時在維也納擔任總領事外交職務，奧地利已經被納粹佔領，當地的猶太人如要避免被關入集中營，就必須獲得任何一國的簽證。向來以民主自居的美國、加拿大、澳大利亞、新西蘭等三十多國都用各種不同的理由予以拒簽。

　　何鳳山總領事出於正義救人的信念，從1938年到1940年5月期間，給沈浸在恐怖痛苦中的猶太人施以援手。由於戰爭期間的紀錄都殘缺不全難以統計，至今沒有完整的數字來說明何鳳山當時給猶太人共簽發了多少簽證，只是歷史記載著當時移居上海的猶太人共有三萬人之多。

　　由於何鳳山的義舉觸怒了納粹，於是他們借中國總領事館的館

址為猶太人的財產作為理由予以沒收。而另一邊廂國民政府又因為何鳳山沒有遵從大使的指令，違法為猶太人辦理簽證作為理由，拒絕撥款給總領事館另闢館址。

無奈之下，何鳳山只得自掏腰包，在維也納約翰內斯巷租賃一套公寓房作為中華民國駐維也納總領事館的館址，一直到何鳳山離任為止。當時猶太人能獲得一份簽證就是一條生命的重生。所以猶太人獲得中國簽證後，稱其為「生命簽證」。

為了此事，何鳳山於1939年回國後，外交部不僅沒有給予嘉獎，反而給予記過的處分。所幸後來何鳳山繼續他的外交生涯，其中1958年外交部任命他為駐墨西哥大使，接替離任的劉師舜大使。

在出任駐哥倫比亞大使期間，受到使館內的館員誣陷，僅僅是一筆300美元的公款，被指控虛報圖利，因此而慘遭離職退休，並且剝奪其享受終身俸祿的資格。

事隔多年，何鳳山大使在奧地利默默地忍辱負重，幫助成千上萬猶太人脫離納粹魔掌獲得新生的信息被透露了出來，才令世界得悉這位義薄雲天的中國外交官，面對納粹魔鬼，仍大義凜然地協助猶太人的義舉。

以色列政府在2000年給何鳳山授予「國際義人」（Righteous Among the Nations）最高榮譽。因為何鳳山已經故世，由他女兒代為接受了這份殊榮。

令人唏噓的是，猶太人不但政府給予了何鳳山最高榮譽，戰爭時代受到其協助的猶太人一直以感恩之情來讚頌何鳳山無私的義舉。然而在國民黨方面，卻對這位為國家爭取榮譽的外交官不僅沒有任何的表揚，還用「記過」的方式來懲治一位盡心盡力的外交官。

國民黨一貫的醬缸文化，始終不渝地用在諸多外交官身上。先後擔任墨西哥大使的劉師舜，以及駐義大利大使于焌吉，都是遭到

使館內部的官員誣陷，不僅被迫退休，連同其應得的終身俸祿都被剝奪。

在上海發跡的三位猶太人能在短時間內從一無所有的窮光蛋，一躍為富可敵國的財閥，足以證明盛傳猶太人有天生俱來的生意頭腦一點都不假。何況在那個複雜又多變的「十里洋場」裡，機會都在殖民主義的掌控中。

值得令人刮目相看的是，猶太人在經歷了兩千年的顛沛流離，從沒有國家的痛苦環境中掙扎求生，養成了他們紮實的團結精神。

記得我在西班牙求學時代，馬德里的主要商業區，可以看到兢兢業業的猶太人在那裡埋首苦幹。我住的公寓樓中，就有一個猶太人鄰居，非常謙和。經認識後，從他們那裡了解到，猶太人的社區內，相互幫助支持的力量非常強大。

他們也是在初抵馬德里後，缺乏資本開創事業。猶太社區主動提供一筆資金，協助他們發展業務。條件是一年內必須要打好經營的基礎，而且所借貸的資金也必須全數還清，社區就可以用這筆資金繼續支持另一個初臨斯境的年輕人。

有了這樣的團結精神，就不難看出戰爭年代造就了上海猶太三大鉅子獲得飛黃騰達成功的動力。而哈同和嘉道理能投奔沙遜麾下，也展現出因團結而凝固的無窮力量。這團結一致守望相助的精神，是中國人望塵莫及的。

記得在1980年代，為了籌劃邀請中國鐵道部雜技團到北美洲作巡迴演出，我邀請了溫哥華一家廣告公司一同到北京拍攝電視宣傳廣告。溫哥華的廣告公司是紐約公司的分支機構，所以他建議邀請總公司的攝影師同行，我同意了。在飛往北京的航程中，認識了這位胖嘟嘟的攝影師。

他是猶太人後裔，頭上還戴著小基帕，展示著猶太人身分的自豪感。我們是坐在經濟艙的第一排，因為他體型巨大，一個人需要

兩個座位還不時難以轉身。因此在飛行途中，我們其中一個就必須犧牲旅途上的睡眠。為此我們就打開話匣子天花亂墜地閒聊。

無意間我們談起了世界的經濟狀況，因為我是在上海出生的，所以就引起了這位名字叫大衛的猶太人極大興致。也不知怎麼突然話題又轉到蘇格蘭人、猶太人和上海人經商的精明和算計。我也即興地說：「也許有一天一個中國上海人，一個猶太人，加上一個蘇格蘭人，就可以控制整個世界的經濟命脈了。」

我剛說完，即引起機艙裡哄堂大笑，因為時至午夜，我們不經心的放肆，引起了隔座旅客的噓聲，才停止了我們的「國際經濟座談」！

實際上我在和妻子到訪以色列時，還真領教了猶太人精打細算的「生意經」。我和妻子是在2013年10月26日，從羅馬附近的港口登上義大利郵輪出發到土耳其、塞浦路斯、希臘等國暢遊，中間在以色列的海法（Haifa）停靠兩天，所以我們有足夠時間前往耶路撒冷等聖城參拜。

以色列的管制非常嚴格，外國旅客必須要參加旅遊團方能登岸。無奈之下，我們只得從郵輪上參加了前往耶路撒冷及伯利恆的一日遊。

這是一個宗教、政治及軍事極其複雜的地區，若是對當地的宗教背景一無所知，那參觀時肯定會產生莫名所以的感覺。身為天主教徒，我和妻子就帶著冷靜的思維參加了活動。帶領整車旅客的以色列導遊，是一位年近知天命的男士。

我們在上午六時半啟程，全部行程總共需要十三個小時，直到晚上七時半才回船。往返的路程各需要三小時，佔去了整個行程一半的時間，真正參觀的時間也只剩下六小時。於是在這兩個具有兩千年歷史的聖城，也就只能抱著「走馬看花」的心情去「聊勝於無」地領略一番了。

| 筆者夫婦在耶路撒冷哭牆廣場留影。

　　導遊一上車就向全體旅客自我介紹，隨即用帶有誇大的言詞，向旅客們介紹以色列。由於旅程很長，大家一開始就是儘量爭取時間透過車窗，瀏覽窗外的風光。

　　公路的路況非常先進，而且沿途景色宜人，只一瞬間三小時就過去了。我們抵達耶路撒冷後，只能跟著導遊的快速腳步，以蜻蜓點水的方式，穿梭在基督教、猶太教和穆斯林信仰的不同宗教場合，用「本人到此一遊」的本能，選擇其中的重點作腳步的停留。

　　導遊給我們在西牆安排了較長的參觀時間，這裡也就是猶太人稱之為「哭牆」的地方。我停足佇立在那裡，觀賞著以色列的信徒們面向牆壁，手執經文，在那裡虔誠地誦經祈禱，使我勾起對佛教寺廟內和尚誦經的場景。不期然地思考著，今天的佛教寺廟也好，

猶太教的哭牆也好，虔誠祈禱信仰已經被太多的商業利益所掩蓋。

　　導遊給我們分發了進入殿堂的參觀券，按照男女有別的規定，入口分布在殿堂的兩邊。不由得令我想起在中東地區的杜拜，搭乘地鐵時，有專門為婦女和兒童設置的車廂。我和妻子在旅途中沒有注意到，就上了一節車廂。等車開啟後，妻子用眼神向車廂內的一個告示望了下，我一看，原來這是專為婦女設置的車廂。

　　車廂中間鋪設了一條線一分為二，一半是專為婦女設置的，另外一半男女乘客皆可。我立即走向車廂的另一邊，妻子看到後對我做了個鬼臉。

　　地鐵在快速地行駛著，我注意到，在婦女專列那邊，居然有幾位男士，在那裡毫無顧忌地從容交談，還時不時地用眼神盯著車廂裡的女士。看上去是來自東南亞的外籍勞工，他們那帶有色瞇瞇的神情，給同車廂裡的女乘客臉上布滿了尷尬和無奈！

　　其實在月台邊緣地上，標有非常醒目的英語及阿拉伯語紅色提示：「閣下已進入婦女及兒童的專用車廂」。

　　在印度旅行參觀廟宇或是王宮遺跡景點時，外國旅客不僅要支付超越數倍於本地公民入場券的費用，男女旅客必須分開從不同的入口進場。

　　耶路撒冷「男女授受不親」的「傳統」的確讓我有意想不到的突然，也許這是民族文化的傳統習性，但是否帶有對女性的歧視就不得而知。

　　當我們進入一條狹長的街道時，路兩邊鱗比櫛次的小商戶的擁擠和雜亂令人眼花撩亂，從經營商戶的口音及操作的語言可以想像他們來自五湖四海的複雜背景。我和妻子對那些旅遊產品只讓眼睛享受一番，倒是導遊一句話引起了我的好奇。

　　他在一個有石柱的牆角邊停了下來，指著牆上的一個手印對我們語重心長地敘述著，那是耶穌的手印，是耶穌背著十字架步行前

往受刑時，因為太睏累，於是在這裡停留腳步，一隻手支撐在牆上稍微喘息片刻，而留下這個千古不變的手印。

旁邊還有一支十字架，周邊共有四個小十字架，代表著耶穌被釘在十字架上受難時釘他手腳的四個釘子。

對他龍飛鳳舞般的描述，除了我和妻子面面相覷做了個無奈的表情之外，原來的好奇瞬間消失殆盡。我只能用自己的信仰，相信他生活在聖城裡的不容易。既然是耶穌受難前經過的聖城，那麼在接待來自五湖四海的旅客們，至少要維繫最基本的宗教倫理道德態度。對耶穌這樣的描述，究竟是對宗教聖地的崇敬或是褻瀆，我得不出合適的答案。

唯一不變的道理，就是這個有著兩千年的基督聖地，如今已淪為政治角力和旅遊產品的推銷場所。

在結束匆忙的耶路撒冷巡禮後，我們期待的是前往巴勒斯坦控制下莊嚴的伯利恆，一睹其真實面貌。導遊在車上和我們道別前，特別提醒我們在進入巴勒斯坦之前，到以色列的旅遊產品商店購買紀念品。

他極其認真地介紹了以色列經濟的蓬勃發展，出售旅遊產品也是幫助提高巴勒斯坦人民的生活水平。他特別強調以色列的旅遊產品質量一流，進入巴勒斯坦後就再也無法買到類似的紀念品了。

說完後我們魚貫下車，在進入巴勒斯坦區域的關口，一家以色列商人開設的旅遊商品店出現在我們的眼前，我們必須穿過這家店鋪才能到達關口。無奈之下，只得佯裝成對產品的高度興趣。我們在店裡轉了一圈，基本上都是東正教的聖母像，天主教的《聖母經》念珠，及猶太教的微型七燈燭台等宗教產品。

我在妻子耳畔輕聲告知，進入巴勒斯坦後，肯定有相同的產品，而且我敢打賭，那邊的價格比這裡更為低廉。

穿過檢查哨站，我們進入了伯利恆聖地，映入眼簾的是貧窮和

落後一直在侵襲著巴勒斯坦人的心緒。街頭看不到任何繁華景象，當地人擁有的只是僅能糊口的基本要求。

　　街頭到處是出售旅遊產品的小販，他們出售的紀念品和一牆之隔的以色列旅遊商品店內的展示沒有任何差別。所不同的是一邊是帶有空調設備的店鋪，而另一邊則是街邊的小販而已。至於價格，果如我所預測，只以以色列那邊的一半甚至三分之一。

　　在街道上我們遇見兩位值勤的警察，我上前詢問是否可以和他們合影留念，他們非常親切地應允，還認真地整束了一下制服，和我一同拍了照。遺憾的是這張珍貴的照片，在北京生活時，家中遭到宵小光顧，將我的數碼相機竊走，存留在機內的照片也從此無影無蹤。

　　我們繼續進入聖誕教堂參拜，這座建造在馬槽廣場的古老教堂，相傳是耶穌出生的馬槽原址。教堂的地下室裡，就保留著原來耶穌誕生的馬槽。現在這座為全球億萬基督徒嚮往的聖地，由巴勒斯坦管理，成為聯合國世界文化遺產，也是巴勒斯坦擁有的第一座世界文化遺產。

　　可悲的是耶穌被釘上十字架，就是為了將人類從萬劫不復的困境中拯救出來，他用自己的生命換取人類的幸福。然而今天的巴勒斯坦，又是否曾意識到，和貌似兄弟的猶太人始終在水火不相容的境遇中針鋒相對。

　　因為受到時間的限制，無法實現一睹我一直嚮往的以色列基布茲農場（Kibbutz）。這被人形容為以色列的公社，或者稱為共產主義意識發展的「烏托邦」，是以色列特有的產物，我稱其為以色列式的「新疆建設兵團」。

　　它是由年輕人在沼澤地或者是荒漠中用自己的雙手建立起的一塊綠色樂園。第一個「基布茲」是1909年錫安主義（Tsiyonut）組織「Yishuv」中的12位（10男2女）成員，在以色列土地北部的加利

利湖畔沼澤地帶建立的，取名為「德加尼亞」（Degania），希伯來語為「穀物」的意思。它代表著猶太居民在自己土地上建立起獨有的生活方式，其中包含著「猶太家園」色彩和行為。

我將其和中國新疆兵團建立的墾荒精神相提並論，是因為他們都具有強烈的共產主義思維，而且擁有濃厚的民族主義色彩。時至今日，以色列的「基布茲」，仍然被認為是1948年復國之前生活在以色列土地上的猶太居民，反映出強烈的國家主義。

今天的新疆建設兵團用了七十年的時間，將新疆自治區從一個荒漠之地轉變成為一個堅實的經濟體，而以色列的「基布茲」也是在猶太居民的不懈努力下，今天，其農產品佔了全國生產量的三分之一，他們開創的沙漠灌溉系統也成為包括中國在內的許多國家寶

基布茲農場的景色。

貴借鏡，同時它的食品生產及一些輕工業品，也早已成為以色列的經濟作物。

由於以色列「基布茲」和新疆建設兵團在發展共同點上，反映的強烈民族思維及復國精神，使我想起1970年在加拿大多倫多大學深造的時候，從圖書館中找到一本有關猶太人在中國的歷史研究巨作，共兩大冊。

書中描述了早在北宋時代，猶太人就已經從巴格達、印度輾轉到中國的西北部伊斯蘭教地區再進入到河南開封，在那裡落地生根。這些在開封落戶的猶太人，經歷了歷史的變遷，都採用了中國的姓氏，共有趙、李、艾、石、白、金、高、張和章等十七個漢姓，都是按照希伯來文姓氏的拼音而改為中國姓氏。

北宋時代從巴格達到達開封的猶太人幾乎都是難民，從公元一世紀開始，猶太人就一直受到外族的欺凌壓迫，四處流浪，對猶太人在地球上不受歡迎的原因傳說不一。

也許他們與生俱來的斤斤計較思維，引起商業界的不滿，實際上最大的問題應該從宗教方面探討。猶太人從始祖開始，就一直是人與神之間的矛盾。直到猶大向羅馬官吏密報耶穌行蹤而加以逮捕，並釘上十字架。在兩千年的歷史潮流中，許多有基督信仰的人士，對殘害耶穌的猶太人一直視為罪大惡極的元兇。

我曾在西班牙、義大利和法國等地參觀過猶太人聚集生活的地方，他們幾乎都被看成是人類中的異類，使他們完全陷於顛沛流離、歧視甚至殘害的處境中。

西班牙在1492年發生了三件大事，一是哥倫布發現新大陸，一是統治了西班牙七個多世紀（公元711-1492）的摩爾人，最後一個格蘭納達王朝覆滅，另一個就是猶太人被信奉天主教國王下令驅逐出境。並且沒收他們的所有財產，猶太人被迫流離失所而遷移到今天的土耳其伊斯坦堡。

反之自北宋遷移到開封的巴格達猶太人難民，受到朝廷的聖恩在當地落戶，而且允許他們尊奉自己的宗教，並且在中國經商。經歷了數百年的歷史變化，猶太人漸漸地融入中華文化，直到完全被中華民族同化，改換成中國的姓氏。漸漸地，開封猶太人也逐漸失去了自己的文化認同感，以及對猶太教的信仰。

在結束多倫多大學的研究院學業後，我和妻子遷居到西海岸溫哥華城市，開始執教，工作中認識了當地猶太人區一份名為《溫哥華西區猶太人公報》（Jewish Western Bulletin Vancouver）的總編輯山姆・克普倫（Samuel Kaplan）先生。他在和我交談時，提及猶太人在中國受到禮遇的歷史，我也藉機告訴他在多倫多閱讀到有關猶太人在一千年前遷移到開封的歷史。他非常興奮地說，有機會一定要去開封作實地了解。

大約在一個月之後，他來找我，希望我能協助他安排到開封的行程。我被他的認真態度所感動，給他籌劃了一個兩週的行程。當時從北京到開封的航線闕如，所以他和夫人同意從北京搭乘火車去開封。

結束了開封之行回到溫哥華後，他和夫人邀請我夫婦到他們家共進晚餐，他想用較多的時間和我夫婦共享開封行程的收穫。我們也在他家第一次享受到最典型的猶太晚餐。席間他和夫人興致高昂地給我們細緻地講述在當地參觀猶太會堂遺跡，以及採訪了好幾位仍舊生活在開封的猶太後裔。

他風趣地給我們描述了從北京到開封二十七個小時的火車行程，我估計他們是搭乘了當時還在使用的蒸氣火車機頭牽引的綠皮火車，可以想像其速度之慢到了什麼程度，但克普倫先生認為那是他一生中最值得懷念的旅程。

他們在開封期間，與其說是和自己同胞會晤，還不如說是和中國人交流更為合適。因為他接觸到的猶太後裔，是已經經過了數百

年的同化而形成的典型中國人，一絲猶太人的痕跡都找不到。

後來他在自已經營的報刊上連續發表了幾篇文章，而且陸續地寄給我，從他的描述中，可以體會到他對開封猶太人後裔的深厚民族感情。

受到了他的啟發，我和妻子也曾經專程去過一次開封。在當地管理部門的協助下，我們進入到已經是殘壁斷垣的猶太會堂。除了一些留在牆上斑駁不清的圖案和文字之外，已經沒有了任何清晰的歷史遺跡。

我們途經第四人民醫院時，陪同人員告知，裡面有一口井，相傳為猶太人在當地用作生活所需的取水來源，我們走近探視，發現該井早已枯竭。若干年後，有人相告，這口有歷史淵源的枯井已被填埋而不知所蹤了。

我們曾拜訪一家已經被同化的猶太人後裔家庭，那是一座隱蔽在巷弄死角裡的小宅，而且已經破爛不堪，狹窄的小巷布滿了污水，地面上墊了些石頭作為過往踏腳之用。在進入他們的私宅前，我注意到門首邊釘著一塊頗有歷史痕跡的牌額，不由佇足觀望，陪同人員解釋稱，這是歷史上朝廷對生活在當地猶太人的認同紀錄。

由於無法考證其真偽，我也就只能抱著「信不信由你」的心態，接受了他的敘述。進去後，迎接我們的是一位看上去已是古稀之年的婦人，還有一位約莫三十左右的女士，經過介紹那是祖孫兩代。

見到我夫婦，立刻引起了他們的談興，滔滔不絕地向我們敘述著他們的猶太背景，還取出一本古老的經書，來證明他們的信仰。

有趣的是從我們一進入屋子，他們就一直展示自己是猶太人的後裔，而且還透露他們已經和以色列有關部門取得聯繫，話語中暗示他們有回到「祖國」去的深切願望。對他們的敘述，除了「洗耳恭聽」，我們也只能有點頭表示贊同的份兒。

　　結束了我們的探秘行程，我一直被這家猶太後裔的「回國」意願所困惑。究竟他們執著去以色列的動機是因為宗教的信仰，或是民族主義的驅使，還只是為了追求出國的夢想。

　　經歷了千年的同化，他們的外型早已失去猶太人的特徵，語言的隔閡，又如何重新融入猶太民族的大熔爐中？生活的習俗是否能完全再度脫胎換骨？更有甚者，猶太國在苦難的時候，得到何鳳山伸出援手，其慈悲之情猶如菩薩心腸，那麼今天的以色列又是否會向「落魄」在開封的後裔施以投桃報李的情懷？我沈思良久，卻找不出一個合理的答案。

　　從幼年在上海的猶太人鄰居，到二次世界大戰，中國駐維也納總領事何鳳山協助成千上萬猶太難民移居到上海重獲生機，在法國、義大利、西班牙的猶太人定居點裡看到猶太人沒有國家的蛛絲馬跡。歷史上對猶太人的驅趕殘殺，以及猶太人從始祖開始的兄弟鬩牆，神與人之間的矛盾，以至於將自己的同胞骨肉「耶穌」送上祭台，導致兩千年來猶太人在地球上顛沛流離，居無定所，成為世上唯一沒有國家的民族！

　　1948年復國後，似乎另一條「與鄰為壑」的鴻溝若隱若現。歷史上和巴勒斯坦曾經存在過的兄弟之情已蕩然無存，取而代之的是兵戎相見。那麼生活在開封已經被華夏同化的猶太人後裔，對自己的「祖國」依存的幻想能成為事實嗎？

　　就是因為以色列退隱的總理，曾經到中國有過「感恩」的表達，傳到上海一些人的腦海中，就難免出現飄飄欲仙的感覺。於是對在那裡發跡而掌控中國經濟命脈的三位猶太商人，仍然抱有膜拜頂禮的「寬容」姿態。就是因為他們曾在當地「捐資助學」等善舉，竟然忘卻了他們的發跡，原是來自毒害千百萬中國人生命的販賣鴉片醜惡嘴臉。

　　頭腦清醒的人都會理解，他們的慈善捐助，與興建會堂、廟宇

的奉獻相比，只是「滄海一粟」，其捐助的目的也無非是用來遮掩其低俗的罪行。

猶太人似乎在復國之後，一心埋首於自己的利益，卻忘記了兩千年來的無盡苦難。理應用佛家「放下屠刀立地成佛」的信念來塑造永恆的平安。然而近來發生的國際政治，不由令人對猶太民族擔憂。

現任總理內塔尼亞胡（Benjamin Netanyahu）宣布，將在戈蘭高地用現任美國總統名字為新建猶太人定居小區命名。就是這位總理，要將其國都從特拉維夫遷移到素有基督教、伊斯蘭教和猶太教相互理解容忍的耶路撒冷，而第一個將大使館遷到聖城的國家也是美國。以色列和美國的相互依存，至少在目前是佔盡優勢，然而中國人「十年河東十年河西」至理名言，是否會再度壓在智慧高超的猶太民族頭上？

美國因為警察將一名非裔黑人用跪頸酷刑而導致該男子死亡，不但引起全國抗議行動，還衍生到歐洲及亞洲等國家支持此一抗議行動，並譴責美國警察濫用職權。

2020年5月7日英國布里斯多城（Bristol）在支持美國抗議行動時，將當地歷史上一位商人及政治人物愛德華‧克爾斯頓（Edward Colston 1636-1721）豎立在城市的雕像拉倒，並扔進了河裡。

克爾斯頓是英國歷史上的富商，他在1680年時代曾經在非洲和拍檔設立公司作進出口，但是他致富的重要來源卻是販賣黑奴。從1680到1692年期間，經他手中販賣的黑奴，包括成年男女及兒童達84000人之多，其中有近19000名在運輸途中死亡。

布里斯多市始終視他為當地成功的商人及慈善家，是因為他不僅在商業上大放異彩，而且還捐資興學。所以在當地，有學校、重要街道、廣場，甚至著名的糕餅都用他的名字命名。

他的雕塑是在1843-1846年完成，豎立在布里斯多的重要廣場。5月7日憤怒的抗議群眾，將這座有逾百年的雕塑拉倒，並扔進

河中，就是因為他在生之時的種族歧視，將非裔作為商品販賣而獲利。

從種族歧視而獲得的利益中，他取出一些來建立學校，換取自身的榮耀。豈知經過了百年後，終於有人站了出來，為受盡剝削磨難的非裔主持了公道。

我用這個英國歷史上的事蹟，來印證上世紀三四十年代，從英國經印度而到達上海的三位猶太富商，雖然他們的經商內容和克爾斯頓不一樣，但是用販賣鴉片來毒害中國人，其惡劣行為和布爾斯頓並無二致。

開封的猶太人後裔，日思夜想地希望遠在天邊的「祖國」伸出援手，在現實的以色列無異是個「白日夢」，三位猶太鉅富的後裔，仍然活躍在香港的商界，享受著他們的富貴榮華。上海猶太人留下的會堂、建築，是否又得到這三位富商後裔的些微「善舉」？

我曾在羅馬、馬賽、馬德里等地參觀過猶太人的會堂，顯然這些在戰爭後的重建，無非是要展現猶太民族的復國權勢和經濟的強勁。中國人對猶太民族的善行，只能看成是過眼雲煙。

以色列要在中東地區存在，就必須得到美國的支撐，因為旅居新大陸的猶太人和美國之間的齒唇相依勝過任何的關係。幾個中國和以色列的合作關係，也都是在美國臺下的否定而終止。

這也是無可厚非的現實，因為他們還需要站穩腳跟，在阿拉伯國家虎視眈眈的眼皮下舒暢地呼吸。種種的「不得已」也就成為「理所當然」的了。

但我還是對基布茲有所渴望，期待的是每年從以色列基布茲運來的西柚和柿子。這兩種水果是我的最愛，而能在缺水的沙漠中健康成長的尤其甜美，這是以色列「公社」的貢獻，也是我們的口福。

（2020年6月16日 完稿於溫哥華）

世界賭場何其多（一）

2020年5月26日媒體報導了澳門「賭王」何鴻燊在香港養和醫院去世，享年98歲，可以說是一生不僅享受齊人之福，還擁有四個老婆都用不完的家產。

我對這樣的新聞向來不感興趣，理由很簡單，這都是和金錢有關的社會現象，何況還和中華民族具有千年歷史的賭博陋習有著千絲萬縷的糾結。

但我還是用了些時間去閱讀這些社會花邊新聞，是因為「賭王」伯父何東的兒子何世禮（1906-1998）在我記憶中留下正面的印象。

他年輕時就被父親送去英國進入軍校，一生服務於軍中，最早時還在張學良麾下服務，最後官階晉升到二級上將。為了繼承父親的遺產，他去了香港，還擔任了何東先生經營的《工商日報》董事長兼社長。

儘管社會上對「賭博」一直是從經濟發展的角度來詮釋，對沈迷於賭博甚至是傾家蕩產的悲劇卻從未給社會大眾提出警示。所以我對這個中華民族千年來最深入人心的罪惡，始終是持否定的態度，有時候還真想大加撻伐一番。

我伯父自離開外交界後，專注於翻譯中國的詩歌、散文及四書五經。其中有一本翻譯，就是滿清末年吳趼人（1866-1910）的著名章回小說《二十年目睹之怪現狀》。

在第二十九回「送出洋強盜讀西書，賣輪船局員造私貨」中，描寫父親對屢教不改的兒子因設計教唆人到家中搶劫，被識出的主使者居然是他親生兒子，於是在無奈之下，將其送出國讀洋書。

　　其中就有這麼一段生動的描寫：「這件事說出來，真是出人意外。舍親是在上海做買辦的，多了幾個錢，多討了幾房姬妾，生的兒子有七八個，從小都是驕縱的，所以沒有一個好好的學得成人。但是這一個最壞，才上了十三四歲，便學的吃喝嫖賭無所不為了。」

　　我特別留意到這段描寫中的「吃喝嫖賭」四個字，這可能是在中國文學中，首次出現對描寫人不長進角度生動描寫的成語。

　　然而在現實的人生中，若將這成語稍加修改為「煙酒嫖賭」似乎更為貼切，同時在描繪社會現象時，與其僅僅作為對人不長進的批評，應該有更深層次的意義。尤其是近代不論中外的社會，幾乎都被這些現象所困擾。

　　其實「吃喝嫖賭」並不是中國人的專利。美國在西部開發時就盡現其本色，上世紀六十年代在歐洲拍攝的西部武俠電影，就完整地體現了存在於社會中的罪惡。

　　1930年出生在舊金山的美國影星克林‧伊斯威特（Clint Eastwood，另譯：克林特‧伊斯特伍德），經歷了艱苦的電視發展，終於得到義大利導演瑟爾基奧‧雷沃內（Sergio Leone）的賞識，簽訂合同從1964到1966年三年中完成了西部武俠電影拍攝，影片名字的中文暫譯為：「一把鈔票」（A Fistful of Dollars），「再搏一把」（For a Few More Dollars），及「善惡與醜陋」（The Good, The Bad, The Ugly），當時稱為西部武俠電影三部曲。

　　美國西部電影的情節幾乎是大同小異，壞人作惡多端，最後是被消滅結束。整個情節中不乏雪茄菸、威斯忌烈酒、賭博和女人，與中國人的成語描寫恰如其分。

　　煙酒就是給劇情增加氣氛，賭博是好人與壞人的心理戰，也就是今天統稱為「博弈」，而女人幾乎都是沙龍裡賣弄風騷尤物型侍女，這四大人性的弱點在美國西部俠義影片中完整地展示了出來。

克林‧伊斯威特經過這三部影片後聲譽大振，從一個籍籍無名的電視小角色，一躍而為世界影壇武俠巨星，同時也為自己贏得滿缽滿盆。他主演的這三部曲，無論在內容或是拍攝技巧，都讓好萊塢過去的武俠電影黯然失色、望塵莫及，執導的義大利導演雷沃內也因此躋身於大導演的行列。

儘管電影裡的劇情刺激生動，終究是銀幕上的虛擬現實，現實中美國西部開發時留下的賭博產業，迄今已經有逾百年的歷史，而且還在蓬勃發展。

眾所周知的拉斯維加斯賭城，就是一個名不虛傳的賭博重鎮。自1903年開埠以來，先是因為發現金銀礦，大量淘金人蜂擁而入，形成一個畸形的繁榮。

但好景不常，金礦枯竭後，出現了人去樓空的現狀。再經受1931年經濟大蕭條的衝擊，內華達州議會只能通過了賭博合法的議案，來挽救經濟，從而成為美國的第一個賭城。

反觀賭博在中國的出現，在地球上其遙遙領先的地位應該是當之無愧，因為它幾乎和歷史的進展同步相行，賭博在中國歷史上的猖獗又和朝廷官吏息息相關。

早在公元三千年前的周朝，就已經出現了擲骰子的雛形賭博。而楚漢相爭霸權時，韓信統領軍隊，竟然設立賭局作為給軍士們休閒的活動場所。

由於賭風氾濫，漢武帝時代，不得不對沈迷於賭博的官吏重刑處罰，如鄜侯黃遂因為嗜賭被處以戴刑具服勞役。另外還有張拾及蘇辟，也因賭博而被削去爵位，這才緩解了賭風的瀰漫。

唐代是中國歷史上文化的黃金時代，但與此同時，因為唐玄宗和楊貴妃酷愛「葉子戲」，竟然傳宗接代地成為麻醉中華民族數百年之久的遊戲，到明代時發展成為風行的「馬吊」，再後來脫胎換骨變成民間的「麻將牌」。

今天在地球上的各個角落，凡是有中國人的地方，「麻將牌」也必然會應運而生。「葉子戲」和「麻將牌」的姻緣關係，形成了中國文化傳統中的賭博器。這些歷史悠久的賭具，證實了「葉子戲」在賭具發展史中的重要性。

「葉子戲」紙牌。

「葉子戲」在唐代的發展由來眾說紛紜，但為歷史學者所接受的應該是唐代的天文學家張遂（683-727）所發明的「葉子戲」而得名。張遂不但是著名的天文學家，而且入了佛門，法號是「一行禪師」。有趣的是，既然已經投入「四大皆空」的佛門，卻又給後人留下千夫所指的賭博法則。

就如同中國人發明了火藥，為的是方便工業發展，但誰能料到後來成了戰爭的禍端，那麼張遂在創造「葉子戲」時，是否也只是一時興之所至，只是發明了民間的遊戲，豈料到後來成了令人傾家蕩產的罪魁禍首！

北宋時的大文學家歐陽修（1007-1072）就曾在他的《歸田錄》中解釋稱，「葉子戲」其實就是骰小格的賭博遊戲。而且他自己還曾經藏有葉子的經歷，後來因為不慎遺失而感到無限遺憾，但是為「葉子戲」在北宋時期就已經有文字記載的歷史提供了有力的證據。

明清兩代的歷史紀錄，證實了「葉子戲」和「馬吊」之間的密切關係。明代萬曆年間潘之恆（1536-1622）撰寫的《葉子譜》及後來的《續葉子譜》就是現存有關賭博的最早文獻，但他和明代前輩陸容（1466-1494）留下的《菽園雜記》相差近一個世紀。

潘之恆在《葉子譜》裡曾有這樣的記載：謂馬四足失一，則不

可行，故為「馬掉」。這就是後來麻將牌裡經常聽到的「三缺一」的來源。

陸容的「菽園雜記」是明代一本紀錄發生在朝野中的掌故史料筆記。他記載著「葉子戲」是昆山流行的一種牌戲，一共有三十八葉分別是「一至九錢，一至九百，一至九萬，二十至九十萬萬，百萬貫，千萬貫，及萬萬貫。」

值得注意的是，陸容描述的「葉子戲」，究竟是「馬吊」的雛形，還是同一時代所產生的兩種不同的賭博產品，至今仍然是個還沒有得到解答的謎。不過後來麻將牌的革新，就必須要提及寧波的一位富商陳魚門。

他是個嗜賭如命的商人，感覺到玩「馬吊」紙牌很不方便。經過他潛心分析後，利用牌九及骰子的優勢，先將紙牌改變稱竹骨，保留了「馬吊」中的「萬」、「筒」和「索」，將原來的「紅花」改成「發」，「白花」改成「白板」，「老千」改成「紅中」。另外受到航海中的風向提示，發明了「東」、「南」、「西」、「北」四個分風，為今天風行全球的中國「麻將牌」，奠下了紮實的基礎。

眾所周知的是，賭博應該是人類除了飲酒之外，最容易上癮的行為和活動之一，從前往拉斯維加斯參觀的人群就可以證實這個定律，皆能適用於中外人士。在那燈紅酒綠的賭場裡，即使從未涉足的遊客，一旦進入，就很難拒絕那些五光十色賭具的誘惑。

早在漢代，許慎（約30年-124年）從公元100年開始撰寫《說文解字》，是中華文化中字典的鼻祖。他曾這樣紀錄了夏桀的臣子烏曹，在當時發展了「六博」的遊戲：「六博局戲也，六著十二棋也，古者烏曹作簿。」

從這個歷史上紀錄的資料，足以說明它和今日仍盛行於坊間的「麻將牌」之間的密切關係。若用美國拉斯維加斯的賭場歷史和中

國五千年的賭具相比，只能是相形見絀。

中國的賭具自古以來即已五花八門，無奇不有。如使用動物來作為賭博的工具可以分門別類地了解到包括：鬥雞、鬥鵪鶉、鬥畫眉、鬥鷦鷯、鬥蟋蟀，以及鬥鴨和鬥鵝。

早在英國殖民上海時，即引進了「賽馬」和「跑狗」等賭博從麻醉市民來賺取利益，今天香港的「賽馬」，幾乎是市民生活中必不可少的娛樂，也許應該說是英國從中國歷史中引進了麻醉中國人的工具。

至於賭博的棋牌有「六博」、「塞戲」、「彈棋」、「圍棋」、「馬吊」、「麻將」、「押寶」、「花會」、「字寶」及「樗蒲」等，不知就裡的肯定會看得眼花撩亂。

雖然賭博在中國有承先啟後的功力，但仍不失有識之士對賭博的讚賞，或是批評甚至是諷刺。如明朝的馮夢龍（1574-1646）就曾寫過《馬吊牌經》，細緻地介紹了「馬吊」的玩法。

然而在歷代朝廷的干預下，賭博的流行被禁，需要看皇帝的臉色。如明代朱元璋就有嚴禁賭博的法律規定，凡是平民百姓賭博者被逮著一律砍手，而為官者則還要罪加一等。

滿清順治時就嚴禁不准賭博，訂立的《大清律例》中就有明文規定：「凡賭博，不分民兵俱枷號兩月」。規定中進一步說明：「凡民人，開場誘行賭博經旬累月聚集無賴放頭，抽頭者，初犯杖一百徒三年。再犯杖一百，流三千里。」

到雍正繼位不久即規定如官員賭博一經察覺，即「革職治罪永不敘用。」到雍正七年更進一步在《大清律例》卷34中〈欽定大清會典事例〉卷131中規定：「有牧民之責的地方官，對其轄境開設賭博館或製造賭具時察，給予降罰，革職處分不等。」

直到光緒年間在《欽定六部處分則例》卷45中明文規定：「官員無論賭博，賭食，及開設聚賭，並上司屬員同賭者，均革職治

罪，永不敘用。」

　　然而諷刺的是，慈禧太后對「麻將」情有獨鍾。一邊是朝廷的嚴禁，另一邊廂卻是垂簾聽政中的作樂自娛。充分體現了「只准州官放火，不許百姓點燈」社會的不公允！

　　在文學作品中，也經常會流露出民間對賭博的雅興不淺。最經典的是中國四大文學名著中的《紅樓夢》第47回「呆霸王調情遭苦打，冷郎君懼禍走他鄉」中描寫賈母、薛姨媽、王熙鳳等碰和牌時有這麼一段精彩的描寫：

　　「鴛鴦見賈母的牌已十成，只等一張二餅，便遞了暗號與鳳姐兒。鳳姐正該發牌，便故意躊躇了半響，笑道：『我這一張牌是在薛姨媽手裡扣著呢，我若不發這一張牌，再頂不下來的。』」

　　這無異是對當時富貴人家內室婦女們平時作樂的諷刺抑或是平常心的描寫，也正應驗了胡適（1891-1962）在1926年7月搭乘西伯利亞火車前往英國出席會議時寫的《漫遊的感想》中對中國人賭博成癮的陋習痛加鞭策。

　　這是一部只有六篇雜記式的見聞，其中有一篇題為〈麻將〉，是他將旅途的所見所聞有感而發的記錄。將中國麻將的發展作了較詳細的敘述，然後抨擊中國人沈迷於賭博的自我麻痺：

　　「三百年來，四十張的馬吊逐漸演變，變成每樣五張的紙牌，近七八十年中又變為每樣四張的麻將牌。（馬吊三人對一人，故名『馬吊腳』，省稱『馬吊』；『麻將』稱『麻雀』的音變，『麻雀』為『馬腳』的音變。）越變越繁複巧妙了，所以更能迷惑人心，使國中的男男女女，無論富貴貧賤，不分日夜寒暑，把精力和光陰葬送在這一百三十六張牌上。」

　　胡適接著感嘆地描寫著：

　　「馬吊在當日風行一時，士大夫整日整夜的打馬吊，把正事都荒廢了。所以明亡之後，吳梅村作《綏寇紀略》說，明之亡是亡於

馬吊。」

　　在旅途中他見到英國人對板球（Cricket）的狂熱，美國人對棒球（Baseball）的普及，以及日本人對「角抵」的熱衷，都將運動當成「國戲」來普及，唯獨中國人的「國戲」就是「麻將」。

　　在文章的結尾處，胡適用不無感嘆的口吻講述這些民族的長進之處，緊接著用揶揄的語氣作了這樣的評述：

　　「只有咱們這種不長進的民族以『閒』為幸福，以『消閒』為急務，男人以打麻將為消閒，女人以打麻將為家常，老太婆以打麻將為下半生的大事業。」

　　胡適用簡單易懂的白話文，一語道破中國人的陋習，他語重心長地最後寫道：

　　「我們走遍世界，可曾看到哪一個長進動物民族，文明的國家肯這樣的荒時廢業的？」

　　在中國歷史上對待賭博最殘酷的處罰是太平天國洪秀全定都天京後，立即頒布了《太平刑律》，其中對賭博者立即在街頭執行絞刑。然而當王朝覆滅後，頒布的刑律也隨之消失。

　　清代吳文暉就曾寫過《賭徒》詩一首：

　　「相喚相呼日徵逐，野狐迷人無比酷，一場縱賭百家貧，後車難鑒前車覆。」

　　以《聊齋》聞名的蒲松齡（1640-1715）在他的短篇小說《賭符》中就給後人留下這樣的警語：

　　「天下之傾家者，莫速於博；天下之敗德者，亦莫甚於博。入其中者，入沉迷海，將不知所底矣！」

　　就連五四時代的文化鬥士魯迅，在他的《偽自由書》中有一篇名為〈觀鬥〉的短文，用嘲諷的口吻形容中國人表面愛和平，其實是最愛鬥爭的民族。文中他通過中國人好賭的陋習來比喻當時的現狀：

「最普通的是鬥雞，鬥蟋蟀，南方有鬥黃頭鳥，鬥畫眉鳥。北方有鬥鵪鶉，一群閒人圍著呆看，還因此賭輸贏。」

世界賭場何其多（二）

今天，在賭博泛濫成災的環境中，旅遊時稍有不慎就有墮入圈套的險境。我和妻子就曾在旅途中兩次巧遇「無心插柳柳成蔭」傳奇性的經歷。

一次是在維也納，我們選擇音樂之都，目的就是去領略充滿文藝氣息的音樂氛圍。其中曾去參觀位在我們下榻的酒店對面的歷代王朝陵寢，結束參觀後，徒步前往有百年歷史的莎赫咖啡館（Sacher Cafe），偶一抬頭，出現在眼簾的竟然是「維也納賭場」（Vien Casino），我和妻子相互目視了一番，對這個出現在音樂之都的賭場感覺到不可思議。

我們好奇地在門首佇足片刻，穿著燕尾服的服務人員立即走上前來，用帶著濃厚德語口吻的英語，臉上露著非常親切的神情，並顯耀地向我們介紹這座音樂之都的賭場，而且還主動地給我們每人發了二十歐元價值的籌碼。

帶著好奇探秘的心情，我們進入了賭場，第一感覺是場地很小而顯得擁擠。我們抱著一試好運的心情，分別在兩個老虎機前開始下注。那時候的傳統老虎機還是要用籌碼一個一個地往機器裡下注。

約莫十來分鐘後，突然聽到我下注的老虎機裡叮叮噹噹地響個不停，而且從老虎機的下方像母雞生蛋似地掉下一堆籌碼，我取出後整理一下，一共是四百歐元。

就在此時，只聽到妻子在隔壁老虎機前大叫了一聲，原來她的視屏上出現了幾個大紅的數字7，下來的籌碼一共是一千三百歐元。兩人在短短的十多分鐘內贏了一千七百歐元。

我立即同妻子說，凡事「見好就收」，現在可以去午餐了，我

們到兌換現金的櫃檯，拿到現金後即走出了賭場。那位原先接待我們的服務員，滿以為我們會好好地玩個半天，豈知前後只不過一刻鐘，我們就「逃之夭夭」了。

在這之前我們就只聽一些到賭場的友人講起，進入賭場後，必須要具備贏了就走的決心。因為老虎機一開始都會給玩家一點甜頭，到後來就是輸得血本無歸，這裡面摻有很多的心理因素。所以在我們的老虎機下了大蛋後，我們也就執行了「見好就收」的決心。

在附近的一家義大利餐廳裡，我們享受了一頓豐盛的午餐。我玩笑地說，這次到維也納的幾天旅遊，市長給我們結了帳。

另一次的奇遇發生在美國內華達沙漠中的小城內諾（Reno），那是我們在經營旅遊行業時，賭城的旅遊機構邀請我們前往該城作實地考察，目的是要我們組織客源到賭城「一遊」。

內諾的整體沒有拉斯維加斯那麼堂皇，規模很小，而且賭城裡可供旅客消閒的設施也屈指可數，所以對我們並沒有引起太大的興致。

在搭乘晚上航班回溫哥華前，見到機場候機樓裡到處是老虎機，就連公共衛生間裡都擺設了好幾台，似乎旅客到這裡就會對賭博變得「如醉如癡」。這時候離起飛還有不到一小時的時間，妻子一時興起，就在旁邊的一台老虎機前下注。

也許是鴻運高照，妻子的老虎機居然連續出現籌碼一大堆一大堆地往下瀉。這時候機場的保安見情不免起了疑竇而神經緊繃，立刻將他的主管請來了解實情。

經過一番檢查，他確定一切正常，就讓負責看管老虎機的工作人員，在每次妻子中了大注後即刻將籌碼兌換成現金。

這時候航空公司的地勤人員催促我們登機，經過了半個多小時的纏戰，妻子居然贏了一萬五千美元。在我們向老虎機管理人員道

別時，他臉上布滿了難以抑制的笑容，因為他也沒有料到，在快下班的半夜時分，居然還賺了一筆可觀的小費。

兩次「天上掉下的餡兒餅」，除了是「無心插柳」的奇蹟外，關鍵是我們強勁的自控力，給生活中增添了一些奇遇性的趣聞，僅此而已。而經歷了賭場「誘惑性」的巨大動力，成為我們往後在計畫旅遊時一個不可或缺的警惕性。

在我們的交往中，不論是親朋好友在涉足賭場後，沒有不折翼而歸的。在美國拉斯維加斯賭城，因賭博而傾家蕩產，導致「跳樓」、「舉槍自盡」等種種悲劇層出不窮。

然而在國際旅遊事業發展過程中，賭場早已被視為是吸引遊客最得力的工具。素有一聽賭博就不能自已的中國人，自然而然地成了世界各地開設賭場吸引的主力。

在環球旅程中，我和妻子驚奇地發現，賭場已經成為遍地開花的旅遊產品。東南亞的柬埔寨、馬來西亞、越南、菲律賓、緬甸等國家，已經有大約七十家賭場。泰國多年來一直為開設賭場與否不斷出現正反兩面意見的糾纏；馬來西亞雖然有奢華賭場的開設，卻遭到穆斯林宗教人士的反對，為避免當地人士進入，外國賭客就只能憑護照進入。

越南的賭場規模宏大，而且是不遺餘力地發展。在諸多的賭場中，距離海防約25公里的郊區塗山半島，原本是當地的避暑勝地。為了賺取外匯，當地的一棟法國式建築，就成為名聞遐邇的「塗山賭場」。

中國東北地區的北朝鮮也響起了向時尚賭博行業迎頭趕上的步伐。首都大同江上的羊角島，是一個四面環河的小島，澳門投資的「羊角飯店」，就建造在那裡，飯店裡有一個「平壤娛樂場」就是「賭場」的代名詞，將下榻在該酒店的外國旅客當成目標不言而喻。

　　無獨有偶，在中朝邊界吉林延邊州的羅先市，有一座「英皇娛樂酒店」，和羊角飯店的「平壤娛樂場」隔河遙遙相望。

　　韓國在這方面也不甘示弱，先後在首爾、仁川、釜山及濟州島等地開設了賭場，而且規模相當。韓國早在1960年代，就已經開始發展賭博業了。那是在朝鮮戰爭後，韓國經濟百業待舉，乃出此動機來激發經濟。

　　自2008年後，在推動國際旅遊的趨勢下，開始發展專為外國遊客設立的賭場，先後開設了16、7個賭場，單濟州島一地就佔了全國賭場的一半。

　　其中「七樂娛樂中心」（Seven Luck Casino）、「百樂達斯華克山莊」（Paradise Walker Hill）都是韓國人引以為榮的賭場。

　　我和妻子在歐洲旅遊時，見識了維也納的「維也納賭場」，也瀏覽了羅馬尼亞首都布加勒斯特的「哈瓦那公主賭場」（Havana Princess Casino）。

　　但這些在其本土揚威的賭場，和德國西南角的一座賭場相比就顯寒酸氣了。德國烏藤堡州（Wuttemberg）黑森林附近有一座小城市巴頓（Baden-Baden）是溫泉豐富的避暑勝地。早在十九世紀就有一間名叫「克爾豪斯」（The Kurhaus）的農村宴會廳，於1809年改裝為賭場。裡面金碧輝煌，豪華奢靡，是一座巴洛克造型宮殿式的賭場。

　　為了展示其氣勢的非凡，男士們在進入賭場時必須穿西服、繫領帶，極其嚴格，否則就無法登門而入。

　　但德國的巴頓賭場，在摩納哥蒙地卡羅賭場（Casino de Monte-Carlo）的奢靡豪華前就只有望塵莫及的分。它早在1858年開業，到1910年從新設計後，建造了如今仍然被視為豪華的劇場和賭場。

　　我在1960年代曾駕車在法國等地旅遊，途經摩納哥，本想進入賭場一窺究竟，由於時值炎夏，旅途中沒有攜帶正裝，就只能和這

座奢華的賭場「緣慳一面」了。

　　賭場的經營如同太空的衛星，密布在每一個角落。北半球的蜂擁而上，令到南半球的澳大利亞也不甘落後，從禁止賭博到遍地開花，成為澳大利亞旅遊業中的主要外匯收入。

　　位在雪梨寸土寸金的中心區匹爾蒙（Pyrmong）的星城賭場（The Star City Casino）在1995年開業後，已成為中國遊客必然光臨的一道風景線。而位在北極冰天雪地的格陵蘭（Greenland），因為人口稀少，交通不便，乾脆設立了更為先進的網上賭博。五湖四海的賭徒，不必有車舟的勞頓，只要具備一台小電腦穩坐家中，就能沉湎於享樂之中。

　　我和妻子生活了五十多年的溫哥華，如今整座城市賭場的分布也如雨後春筍。開設賭場的地點，幾乎都是原住民的保護區。法令中列明，賭場盈利中的一半，必須用來作為公益事務的經費。至於如何支配這些公益的經費，也根本沒有人去細心過問。

　　加拿大原來最大的賭場開設在多倫多附近的尼加拉瀑布遊覽區。二十多年前，溫哥華距離國際機場不遠處開設了「河石賭場」（River Rock Casino），其規模之大足以和東海岸的尼加拉賭場分庭抗禮。

　　它應該是全球唯一不准吸菸的賭場，進入後沒有嗆鼻子的感覺，所以深得賭徒喜愛。如細心觀察，可以發現在眾多的玩家中，不乏年長者和坐輪椅者，其中又以東方臉孔居多。經了解，這些年長者幾乎將每個月的退休金，給賭場做了貢獻。如再加觀察，這些年長者在離開賭場時，臉上幾乎都帶著一個模子裡塑出的「失落」神態。

　　在全球的賭業中接待賭客時，不外是分三個層次，一是出於好奇或是不經心隨遇而安玩票式的客人，他們的賭注一般都是小打小鬧。他們來去自由，沒有人對其表示特殊的關注；另一層次是較有

水平的賭客，他們幾乎是有備而來，一博好運；賭場最熱切期待的就是動輒賭注小至數十萬，大到百萬之數不等的「貴賓」，他們幾乎都是用專機接送，行蹤神祕，賭場中都是安排在隱蔽的場所，一般人均不得隨意進入。

　　航行於全球大洋中的國際郵輪上，賭場是必備的娛樂項目。郵輪上的賭場經營和郵輪沒有切身的利益關係，而是獨立的運作。不論在郵輪上或者是在拉斯維加斯的賭場，應該都是國際上的財團所擁有。

世界賭場何其多（三）

　　由於賭場幾乎和四、五星級酒店掛鉤，無形中一般旅客在為休閒旅遊時預定酒店，就成了難以預測的陷阱，我和妻子就遇到過類似的「險情」。

　　記得在2012年聖誕節前往柬埔寨參觀吳哥窟時，需要在首都金邊停留。到達預定的「金界大酒店」（Naga World Hotel），一進入大廳，幾乎被那煙霧彌漫的污濁空氣所窒息。只見大廳裡人頭顫動的情景，令我們不得不折服，原先的「周密計畫」，終究抵不過賭場的「滲透」，到了這個東南亞歷經戰亂的窮國家，居然還是預定了有賭場的酒店。

　　其實這已不是第一次遇到的無奈，就在同一年初，我們安排了去越南兩座富有歷史文化的古城順化（Hue）及會安（Hoi An），若從胡志明市出發，路途較遠，約有644公里的路程，而且山區路況較差。所以就選擇了先到峴港（Da Nang），下榻在濱海的「珍珠灣豪華峴港大飯店」（Vinpearl Luxury Da Nang Hotel）。

　　我們很喜歡這家越南財團經營的飯店，在確認這家酒店之前，幾乎預定了距離只有不到兩公里之遙的「皇冠大飯店」，那是美國假日連鎖酒店集團經營的高一個等級大飯店。我們入住了預定酒店後，前台的服務人員告知，原來皇冠大飯店是當地的賭場大本營，幾乎都是來自中國的旅客在那裡豪賭。

　　珍珠灣豪華峴港大飯店是由越南本國財團集資運作的連鎖飯店，地理位置極佳，背依大理石山，面對大海，環境優雅。最令我們舒心的是，餐廳裡供應的越南菜餚清新可口，而且服務人員彬彬有禮。

從峴港出發到順化距離約為130公里，公路大部分在山區，而且當天還有小雨，所以司機為謹慎起見，單程就開了兩個半小時。順化是越南歷史古城，當地的皇城完全按照北京的紫禁城建造，不幸大部分都被美軍炸燬。

| 峴港賭場。

我們抵達後，就只能從旅遊部門在一個小廳裡設置的視頻中了解到皇城建造的蛛絲馬跡。不過其規模和北京紫禁城相比，也只能得出「小巫見大巫」的感受。

但是從峴港到會安的旅程令我流連忘返，兩地距離很近，只有二十五分鐘的路程。走進小城，首先映入眼簾的是，整個城市是清一色的黃色，凸顯了它古樸的面貌。街道狹窄，仍然保留著自古以來的淳樸意境。作為中國旅客，第一感受到的就是中國移民對會安的影響力。

其中一條小街特別引人注目，兩旁幾乎都是華人的故居。我們進入到一間中藥舖裡，接待我們的故居主人已經是第七代了。在拜訪另外幾個家庭時，所有的建築都是在兩三百年前建造的。我和妻子感到驚訝的是建築的木料都完好無損，堅固如常。

舉目四望，似乎行走在廣東福建的小鎮，廣東會館、福建會館和海南會館等民間傳統建築櫛次鄰比，裡面香火鼎盛，供奉著先人的靈位，裊裊的香火味撲面而來。

在海南會館大門首，發現葉公超的題字，應該是南越吳廷琰和臺灣仍有外交關係時代的遺跡，而北越統一了越南後，仍然保留著這個歷史彌足珍貴。

因為會安的歷史面貌深深吸引了我們，所以在第二天，請同一位司機，驅車去作了「梅開二度」的行程，並在那裡享受了一頓簡單而道地的會安小吃。在回峴港前，特地去近在咫尺的印度教古蹟（My Son Sanctuary），瞻仰當地公認為東南亞最古老的印度教遺址。

離開峴港後，我和妻子深感越南政府，對最古老的歷史文化古蹟和傳統的完整保護。當然其中還是有無法釋懷的遺憾，那就是許多越南的歷史文化毀在美國的轟炸中。

當前新冠肺炎病毒肆虐全球，旅遊行業受到史無前例的嚴重衝擊，其中包括酒店、航空、餐飲、旅行社及旅遊巴士，幾乎全面陷入癱瘓。由於人流的往來受到限制，盛極一時的賭場也面臨「斷糧」的危機。

近些年來，全球發展賭場如雨後春筍，無容置疑的是其目標針對中國人，在他人帶著懷疑的眼光中，中國人就成了世界上當之無愧的「賭徒」。進入各地賭場的中國人如同狂潮一般，也成為「不打自招」的鐵證。世界各國瞄準中國人的賭博惡習，紛紛在其領土上開設賭場，形成一個新世紀的賭博「衝擊波」。從地球的南到北，或是東到西，組成了一張密不透風的「賭博網絡」。

由於這是一本萬利的行業，因勢利導的誘因，造成了賭博行業不分意識形態，也沒有了政治的衝突，一致地相向而行。共產主義在賭博面前只能俯首稱臣，資本主義的博弈市場更是錦上添花。是左派也好，或是右翼也罷，最終目標始終如一，讓中國人束手就擒！

也許這可以將「咎由自取」，看成今天國際上賭博如此猖獗的理由。從中華民族的五千年歷史上探索到，「賭博」是人性中與生俱來的邪惡基因。也因此形成華夏對賭博的熱衷，在代代的推波助瀾下，逐漸和西方的「賭博」結成聯姻，發展成青出於藍後來居上

的國際行業。

中國人待在家裡的麻將桌上已無法滿足賭博的癮頭，於是走出國門，尋求自我滿足的慾望也與日邊增。世界各國瞄準了這勢頭，就形成了今天地球上撒下的「賭博大網」，讓中國人「自投羅網」。

豈知新冠肺炎病毒的突如其來，全球的賭場遭受到空前的無情打擊，客人裹足不前，賭場空無一人，除了已經開業的賭場後繼無力之外，正在醞釀的新賭場也陷入到進退維谷的尷尬境地。

俄羅斯的「鑽石幸運財團」（Diamond Fortune）2017年在海參崴（俄國人稱之為符拉迪沃斯托克Vladiostock）破土興建龐大的賭場，計畫在2020年9月開幕，如今在病毒的肆虐下，這一計畫是否會延後不得而知。

無獨有偶，在柬埔寨首都金邊開設賭場的「金界財團」，也已在海參崴興建賭場，按照計畫應該在2020年底以「符拉迪沃斯托克金界賭場」的姿態開業，相信勢必要延後經營。

越南的峴港因為有賭場的支持，過往每週開通了自中國大陸往返的包機達二十五個班次，然而在政治方面，越南始終抱著一個親美疏中的政策。正符合當今許多國家在開關國際旅遊時，對華的政策是採取了「只要你的錢，不要你的人」的現實方針。

既然賭場的經營因為受到新冠肺炎病毒的侵蝕而蕭條，連帶的是開設賭場的飯店也是空蕩蕩的一片，應運而生的「色情行業」悄然隱退。酒吧餐廳無隙可乘，毒梟的行蹤也只能暫時退避。

這不由使我再次聯想起清末諷刺小說中首創的「吃喝嫖賭」成語，就如我設想的將其改為「煙酒嫖賭」應該是「名正言順」。因為風行在全球的賭博業，和煙酒色情的生存似乎是連體嬰兒，互為關聯！

在全球抗擊新冠肺炎的情勢下，中國在重振國際旅遊業時，是

否也能將中華民族有著五千年歷史的「賭博」基因予以重組？讓中國人的「賭博惡習」從世界上的黑名單中剔除？

　　「病毒不分國籍，疫情沒有種族」是抗擊新冠肺炎肆虐時的一句流行語。如果國際上的賭風不改，在疫情之後，仍由其繼續四下傳播，那只有將新冠肺炎時的流行語改為：「賭民不分國籍種族，賭場沒有意識形態」，使其成為「賭業」的經典之作了！

　　　　　　　　　　　　　（2020年6月23日完稿於溫哥華）

小樽「日本製」的玻璃瓶

　　去日本觀光或是公幹的外國人，應該有一個共同的經驗，就是
到商店購物，或是在餐廳點菜，日本服務人員在介紹產品或是遞送
餐飲時，前面都會冠以「日本」兩個字，強調這是日本本土生產的
器物。

　　1984年，因為一項中、美、日三國之間的文化交流項目，我前
往東京，下榻於帝國大飯店，因為美國代表團要很晚才抵達，所
以我就獨自到飯店的餐廳裡用膳。那是一間專提供「呷哺呷哺」
（Shabu Shabu）的餐廳，也就是中國人俗話稱為「涮涮鍋」。

　　我對一個人單獨坐在那裡涮鍋感到百般的無聊，然而既然已
經進入餐廳，也就不方便打退堂鼓，只得坐下來看菜單。餐廳裡的
服務員個個都是年輕貌美的少女，而且彬彬有禮。我看完菜單後問
到，一個人怎麼點shabu shabu？

　　她輕聲細語地告知，每張餐台都配有一位服務員伺候，對單個
客人也是一樣的服務。我不便再囉嗦，就等候涮涮鍋上桌。

　　就是這位女服務員，給我擺好日本傳統的餐具，然後涮涮鍋、
牛肉及一些配料都放置好。我還點了一壺熱清酒，正要自己動手
時，她站在餐桌旁，用帶著厚重日本口音的英語告訴我，她是專指
派為我服務的。

　　說真的，我一生從沒有經驗過被人服侍的習慣，此刻坐在日本
首都的大飯店裡，一個美貌的少女站在我餐桌旁，為我安排晚餐的
每一個細節，我如坐針氈般地不知所措。

　　然而她卻若無其事地忙著將生牛肉先放在熱湯裡涮幾下，隨
即在一個盛有調料的小碗裡醮了一下，就輕盈地放在我面前的小

碗裡。然後用清脆的口吻說：「日本牛肉」（Japanese Beef），接下來為我斟了一杯清酒，又是很禮貌地說道：「日本清酒」（Japanese Sake）。

接下來是「日本豆腐」、「日本菠菜」、「日本⋯⋯，到後來我已聽不清楚，只感到「日本」兩個字在我腦海裡旋轉，刺激得我神經緊繃，情緒忐忑不安，唯一的解決辦法就是趕緊結束這頓晚餐。於是她每一次將菜放進我的碗裡時，我就迅速地送進嘴裡，還沒等嚼爛，就囫圇吞棗地嚥了下去。

吃完最後一片牛肉後，正準備起身，她卻不緩不急地拿起一只小碗，在裡面放了一些調料，然後再加一小匙味精，用湯匙在涮涮鍋裡先將漂浮在麵上的泡沫撥到一邊，然後將清湯盛在小碗裡，再滴了幾滴麻油，就端正地放在我面前，嘴裡輕輕地說道：「日本牛肉湯」（Japanese Beef Soup）。

我道了聲謝後，就一口氣咕嚕嚕地將整碗湯喝得見了底，隨即請她將帳單給我簽字。我像一頭喪家之犬，一溜煙地離開了餐廳，才如釋重負地回到房裡，剛坐在沙發上，發現胃部似乎有痙攣地陣痛，意識到這是在緊張的氣氛中吃得太快而得出的惡果。

從這次單獨吃「呷哺呷哺」的痛苦經驗裡，我卻領教了日本人在宣揚「日本製」產品的執著精神，令人有過往不忘的積極效果。經過多次的日本之行後，對於「日本製」的口頭禪也就習以為常了。

不僅在日本本土有如此的體會，即使搭乘日本航空公司班機飛東京時，商務艙裡細聲細語的「日本製」常令旅客產生旅途中的驚喜和快慰。但是在飛行平穩後，空中小姐向每一位旅客點餐時，空中小姐的語氣裡就有了幾分變化。關鍵是航班上「日本餐」的配備量，經常會發生不足的尷尬情景，空中小姐只能給外國旅客表達歉意。

　　我和妻子每次搭乘日航班機，都會選擇「日本餐」，理由就是它的清淡量小，很適合長途飛行的健康考慮。然而在第一次遇到「日本餐」配量不夠的尷尬後，只能勉為其難地接受「日本製」的西餐。而在就餐時，注意到在「日本餐」不足量的情況下，他們將優先權給了日本旅客，所以日本乘客幾乎都享受著「日本餐」。

　　有了一次的經驗，我就在日後每次訂票時，要求航空公司為我們預定好航程中的「日本餐」。所以當空中小姐告知「日本餐」的配量不足時，我就能據理力爭，告訴她我們在事前已經預定好。實際上航班上的乘務長應該早有接獲公司給他們下達的服務指令，只是他們總是抱著日本旅客優先的心理狀態對待外國乘客。

　　其實日本有很多的產品源頭都是來自海外，而從古到今，產品的互動本就是天經地義的交流途徑。所不同的是日本人從不承認外來的影響，要強調的是他們的「創作」。

　　如日本的豆腐，原本就是來自中國。迄今在日本餐桌上見到的「油豆腐」，其質量仍處於中國油豆腐初創時的階段。而經過了他們經年累月的改造，日本豆腐質量上比中國豆腐更為軟嫩。但是他們對「日本豆腐」近乎洗腦式的宣傳，就如同仍流行於日本的和服來自於中國唐代一樣，來自五湖四海的旅客都會公認這就是「日本式豆腐」。甚至在上世紀八十年代，還出現過中國豆腐製造商，專程到日本訂購生產豆腐的機器設備，導致很多愛國的中國人哭笑不得。

　　提起日本的和服傳統，我在西安還遇到過頗為尷尬的場景。那時我組織了一個美國六百人的宗教團體訪問團，前往西安參觀兵馬俑。到了陝西博物館，美國訪問團中有兩位女士，佇立在一個玻璃陳列展台前，指著裡面幾個唐代婦女的陶器立像問我：為什麼在中國的博物館中會陳列著日本婦女？

　　我聽後立即理解到，他們是在看到玻璃陳列展台中的唐代婦女

穿著的服飾及髮型，誤以為是日本婦女。於是我簡略地將中國唐代對日本文化的巨大影響，給她們二位解釋，她們才恍然大悟。我更進一步告訴她們，日本的古都奈良，就是按照大唐長安的佈局建造的。如果要尋找中國唐代的歷史陳跡，日本奈良就能提供較為具體的線索。

我和妻子曾去過北海道兩次。前往北海道的旅客目的各有所好，很多人冬天去就是滑雪或是觀雪景。但是當地的歷史文物傳統，是對日本近代經濟科技發展不容忽視的泉源。

我們選擇了旭川（Asahikawa）、函館（Hakodate）和札幌（Sapporo）等富有歷史文化的城市，首要任務就是先品嚐函館附近三種不同的「拉麵」，是典型的北海道特色食品。

我們從東京先飛到札幌後，就迫不及待地經酒店的介紹，在附近找到一家較為具有特色的麵館。

日本的拉麵量非常大，札幌的拉麵湯頭是用豬大骨熬煮成的，有濃郁的味噌口味。一般都是用中粗捲麵製作，湯頭裡加豆芽。有的麵館在湯頭裡還加了甜蝦或者小魚乾。我們光顧的一家，就是加了甜蝦，所以口感非常鮮美。

從札幌乘坐火車前往函館時，途徑旭川，當地旅遊景點一般，我們去的目的就是為了感受一下那裡的拉麵味道。

旭川拉麵的湯頭是用豬大骨或是雞骨頭加海鮮及蔬菜熬製而成，有很濃的醬油味道，用中細捲麵製作。

最後我們到了函館，當地的拉麵湯頭比較清澈透明，具有鹽味的豬大骨熬製而成，看上去要清淡很多。餐館使用的都是以直麵為主，也就是中國人的傳統掛麵。

在品嚐三種不同的拉麵時，所有麵館都不約而同地會向我們這些外國旅客來一句：「日本拉麵」（Japanese Raman），習慣了這樣的表達，我和妻子立即相對地展現會心的一笑。

1 1 函館五稜郭堡壘鳥瞰全景。
2 2 函館令人垂涎的拉麵。

　　函館在日本近代史上佔有非常重要的地位。它結束了日本長期的封建制度，代之而起的是引領日本走向繁榮強盛的「明治維新」。也是美國海軍用砲艦政策逼使日本開放通商，並強制擁有「治外法權」，西方列強先後和日本締結貿易條約，日本從此大門洞開。

　　我對這座城市產生極濃厚的興趣，並不僅僅是它的拉麵可口，而是當時的日本和大清帝國的中國有著共同的命運，但最後的發展方向迥然不同。除此之外，我還發現當地一家咖啡館和加拿大的文學作品發生親密的聯繫。

　　旅途中，我們曾利用一天的時間在元町區步行瀏覽，這裡是除東京首府外，最具西洋建築群的城市，如英國在當地開埠後不久建立的領事館就在區內佔有顯著的位置。當我們在旁邊一條幽靜的街道上散步時，偶一抬頭，赫然發現一家極小的咖啡館名字是加拿大著名的兒童文學作品書名《綠色山寨的安妮》（Anne of Green Gable），引起了我的好奇，於是進入到這家非常狹小而擁擠的咖啡館。

　　原來這是由一位看上去年已古稀的老太太所經營，我很想進一步瞭解為什麼她會用加拿大的兒童作品名字來命名她的咖啡館，但是幾句話之後，老太太根本一句英語都不會講，只得掃興地離開了，前往當地的著名旅遊景點「五稜郭」（Goryokaku），也就是五芒星狀的要塞。

　　德川幕府在1857年開始建造五稜郭，是日本歷史上第一個參照歐洲建築造型所建造的宏偉堡壘。四周有護城河，並且有精心設計的花園等設施，歷經七年時間於1864年完成。

　　這是函館在江戶（Edo）統治時代所建造的一個重要堡壘，是江戶幕府最後垂死掙扎的據守點。江戶幕府（Edo Bakufu）也稱為德川幕府（Tokugawa Bakufu）是日本歷史上第三個也是最後一個幕府政權。

　　德川幕府一共執政了265年（1603-1868），和中國滿清時代的
「閉關自守」一樣，施行「鎖國政策」，排外的觀念非常嚴重，曾
將傳教士及外國人驅逐出境。當時只和荷蘭、中國及朝鮮有通商往
來，但也只侷限在長崎一地。這時候，美國已處心積慮有計畫地打
開日本作為貿易港口。

　　1852年，美國政府首先給海軍將領馬修・卡爾布萊・培里
（Matthew Calbraith Perry 1794-1858）授予「日本開國」的指令。意
思是賦予培里和日本談判的權力，但在指令中強調避免動用開砲等
武力行為。

　　第二年，培里攜帶總統親筆信抵達日本，德川幕府允許其登
岸，雙方互有溝通，但沒有談判兩國之間的任何協議。一直到1854
年美國艦隊進入函館港口並作勘查，強迫日本接受簽訂了《日美和
親條約》。

　　在這次的航程中，培里率艦隊途經臺灣，在基隆港滯留十多
天，除了勘查當地煤礦，還測量基隆港灣地勢。回國後，根據他的
所見所聞，居然將臺灣比作佛羅里達州外圍的古巴，認為其商業價
值潛力極大，主張應該考慮予以佔領。所以今天美國對臺灣始終視
為囊中之物，早在十九世紀就已經潛移默化地部署了其野心。

　　就在美國艦隊進入函館港口後不久，俄、英、美等國家先後
要求和日本締結友好條約，逐步對外開放的態勢因此一發而不可收
拾。德川幕府政權骨子裡縱有萬般無奈，也只能在1858年和美國等
西方國家締結了貿易條約，將函館開放為貿易港口，並參照歐洲將
函館改造成為城郭都市。

　　1867年德川幕府的勢力如日薄西山，次年（1868）進入五稜
郭，力圖挽救政權的延續。然而在1869年4月日本新政府軍隊開始
攻擊五稜郭，僅用了一個月的時間，就將德川幕府擊垮，戰爭終於
結束。

從1853年美國用砲艦打開了日本的國門，僅僅用了五年時間，到1858年日本締結《日米修好通商條約》（Amity and Commerce Between the United States and the Empire of Japan），從此成為西方國家的貿易港口。美國也因此獲得在日本的「治外法權」巨大利益，日本則失去關稅的自主權。

這一條約的簽訂，引起日本社會的對立，特別是保守派很不以為然，認為日本人應該到海外去談判貿易，而不是西方國家用壓頂的姿態在日本施壓，有違封建體制中的「鎖國政策」。然而德川幕府政權最終抵不住西方勢力進入日本，走上瓦解的末路，也澈底終結了日本的封建體制，開啟了「明治維新」時代，選擇了「脫亞入歐」的新政策，完全的西化，為日本走向世界經濟強國打下了堅不可摧的基礎。

日本大思想家和學者福澤諭吉（Fukuzawa Yukichi 1835-1901），對日本日後的發展居功厥偉，迄今為止仍然是日本社會始終奉為先賢的一個人物，他的頭像甚至出現在日本最大額一萬元紙幣上，足證其對日本民族的貢獻。

他在自傳和另一本作品《勸學》中對當時中國現狀有很深入的分析，其中不僅有尖銳的批評，更是細微末節地分析在滿清統治下，即使中國有一百個李鴻章，也無法引領中國發展成經濟文化強國。凡是讀過他文章的中國人，不僅感到汗顏，更多的是無地自容。

日本在美國船堅炮利的逼迫下向外開放，中國也正面臨極為相似的遭遇。然而中國卻沒有日本那麼幸運，雖然日本在船堅炮利脅迫下簽訂貿易條約，但中國在英國鴉片戰爭後簽訂一連串的不平等條約和割地賠款，日本加入了西方國家陣營開始了侵華的野心。

佇立在五稜郭瞭望塔上，極目遠眺，內心思潮起伏，感慨萬千。一個崇尚中國儒家思想逾千年的日本，在唐代的禮儀、教育及

宗教思想等影響下，建立了迄今仍然保留著這份遺風的奈良古城，留下了唐代傳統的蛛絲馬跡。

　　但是從明治維新以還，日本竟然在「脫亞入歐」全面西化的政策主導下，與西方陣營狼狽為奸，對中國肆意掠奪、侵略，甚至存有滅我中華民族的居心叵測。另一方面，為了發展其經濟，日本不惜用抄襲模仿等方法竊取他國的先進技術，作為提昇其戰後工商業的手段，增強其國民的自豪感。福澤諭吉就曾經留下這麼一句名言：「先有獨立人格的國民，才有強大安寧的國家。」

　　他還說過：「人人都想做官的國家無法強盛！」從日本紙幣的人物群即可瞭解，他們強調的是科技、文化、教育和經濟，從而奠下繁榮的基礎。

　　這使我憶及國父孫中山曾經說過：「青年人要立志做大事，不可做大官。」孫中山在進行革命事業時，多次生活在日本，我分析孫中山所以如此告誡青年人，是否受到日本福澤諭吉這句名言的啟發？

　　函館如今還保存著滿清時代建造的「中華會館」，這是一棟典型的清代中式建築，據說這裡也是日本的關帝廟，可能是唯一中日開埠通商的重要歷史佐證。它反映更多的是過去百年來，日本的向前邁進，和中國因衰落而受盡日本欺凌的教訓！

　　日本在二次大戰投降後，為了重振經濟，幾乎所有的行業都在奮力直追，企圖早日恢復其經濟面貌。上世紀六十年代，義大利的女性服裝設計在國際上享有聲譽，當時我正在義大利工作，經常遇到日本商界人士，身躅微型照相機出沒在大型高檔百貨公司，拍攝陳列的時裝。

　　後來和義大利服裝業的好友談及得知，這些日本人士，是想方設法將義大利及歐洲的服裝設計抄襲後，在日本生產促進其本國紡織業的國際競爭。

當我們在品嚐拉麵時，其中一家麵館餐桌上，放置著一個裝有醬油的小巧玲瓏玻璃瓶，引起我的注意。一眼看上去有點和義大利威尼斯附近出產的藝術玻璃器皿大同小異，然而質量卻相差甚遠。

在好奇心驅使下，我問服務員得知這是北海道小樽生產的玻璃小瓶。因為以前有過義大利服裝業的趣聞，使我產生了刨根問底的意願，去瞭解究竟小樽玻璃器皿和義大利威尼斯玻璃藝術品之間是否存在哪怕是些微的「姻親關係」。

從函館回到札幌後，第二天即搭乘火車前往小樽，兩地之間的距離只有三十多公里。小樽給我的印象是，小城市人口稀少別有一番風土民情。在歷史上為了開拓漁業和海上貿易，當地政府特地開鑿了一條千餘米長的運河，方便從海上抵達的貨物直接運到城中心，並在運河旁興建了好幾座倉庫。

由於人口的負增長，小樽海港往日的輝煌也被函館奪走，現在只能依靠旅遊業來維持市容的興旺。運河兩旁只見遊客往返穿梭，原來的倉庫也已經改裝成為遊客提供的餐飲業和小賣部。

離運河對面不遠處，有一家專門出售玻璃器皿的商店，內部擠滿了來自世界各地的旅客。之前，我經過另一家玻璃器皿商舖，標明專出售威尼斯玻璃藝術品，引起我一些疑竇，在這麼一個僅僅擁有數千人口的旅遊城

筆者妻子在運河邊留影。

市，會出售昂貴的威尼斯玻璃器皿？這究竟是威尼斯山寨產品還是貨真價實的藝術品？

　　要深入瞭解小樽的玻璃器皿製作，也許有必要先認識一下玻璃在人類史上的發展。實際上玻璃在人類史上的存在已經有五千年了，最早的發源地是在美索不達米亞（Mesopodamia）。不幸的是這個最受尊崇的人類文明發源地，今天卻仍在慘絕人寰的戰爭中掙扎。公元前三千年，玻璃的發現就從敘利亞開始。它發生在幼發拉底河（Euphrates）及底格里斯河（Tigris）之間，包括今天敘利亞的一部分、伊拉克的全境，和土耳其的東南角，所以將敘利亞尊稱為發現玻璃的鼻祖應是當之無愧。

　　玻璃的真正使用應該是在公元前1500年，埃及和腓尼基（Phoenicia）運用他們的智慧，創造了玻璃珠子及用來驅邪、遠離危險或是祛除疾病的玻璃護身符。

　　隨著年代的發展和人類智慧的進步，埃及人進一步為了發展玻璃首飾，小動物及盛行於當時的鑲嵌玻璃石等小型玻璃產品，而發明了玻璃核心形成的技術，為後來的吹玻璃打下了紮實的基礎。

　　吹玻璃的高超技術是在公元一世紀由羅馬人後來居上，埃及人早前的核心形成技術逐漸陷入衰退。

　　雖然在中國、非洲及歐洲都有玻璃使用的發展，威尼斯製作玻璃藝術品的技術人員，不斷地摸索求新，使其玻璃行業一直擁有世界上的龍頭地位。他們用高溫熔爐來處理從玻璃液到吹玻璃成形的工序。威尼斯的建築大都為木結構，將高溫熔爐設置在其中，極易引起火災的隱患。

　　於是在1291年，威尼斯當局下令將所有的玻璃工廠遷徙到距離不到兩公里瀉湖區的牧蘭洛（Murano）小島上落戶，這裡原來是產鹽的小漁港，玻璃業的進入促使當地經濟的發展。為了保護玻璃藝術的發展，政府責令所有製作玻璃的人員在落戶後一概不得隨意遷

徒，而且對製作的技術要做到滴水不漏的保密功夫。如有人違反而一旦發現輕則處罰，而屢教不改，甚至會有遭到暗殺的危機。

　　與此同時這些玻璃製作者也被賦予一些特權，如他們被允許外出時可以佩劍；女兒成年後，可以嫁給權貴家庭。經過不斷的發展，當地的玻璃產品技術日新月異，有搪瓷玻璃、玻璃製造的人造寶石，還有鑲嵌金絲的玻璃及多種顏色的玻璃，使得威尼斯的玻璃藝術聲譽大振。

　　之後又進一步在玻璃吊燈方面有了顯著的開拓，給歐洲各個皇族王宮裡平添許多點綴；還有彩色鑲嵌玻璃畫，也成為公元四世紀後，歐洲各大天主教堂內玻璃窗上燒製的帶有濃厚宗教傳統故事或寓言，成為教堂裡的藝術點綴。

　　實際上義大利威尼斯的玻璃藝術發展，得益於埃及及巴比倫的先進玻璃製作技術。直至今日，埃及仍然用勾有金絲的玻璃器皿作為旅遊產品，向來自世界各地遊客兜售。

　　我和妻子在埃及旅遊的時候，就購買了一只玻璃勾金絲的容器，工匠的高超技術令人歎為觀止，而且玻璃的厚度猶如一片薄薄的透明膠，稍一不慎就會令整個容器粉身碎骨。所以我從開羅搭載飛機時，一路上如同照顧嬰兒似地小心翼翼。

　　威尼斯的玻璃藝術從宮殿式的吊燈，進步到設計各種大建築中的巨型吊燈，如美國賭城拉斯維加斯的貝拉吉奧（Bellagio Casino）賭場大酒店的大廳前，就有一個2100平方英尺重四萬磅的巨型吊燈，取名為「空寞之花」（Fiori di Como），設計這座巨型吊燈的藝術家是出生在華盛頓州塔科馬（Tacoma）美國本土雕塑家狄爾‧齊琥琍（Dale Chihuly 1941-）。

　　為了學習製作玻璃技術，他曾在1960年代，先在中東地區學習過一段時間，後來又到威尼斯在當地歷史最悠久的玻璃工廠以學徒的方式，掌握了製作吹玻璃技術。

　　十三世紀時期，威尼斯的玻璃技術工人，對製作吹玻璃的技術有絕對遵守保密的法令，然而在利益驅使下，難免就會出現離經叛道的行為。齊琥琍在威尼斯期間，無論從學習的角度或是和義大利玻璃技術工人的交流，都給他日後的發展鋪上平坦的道路，義大利的吹玻璃技術也就不脛而走了。

　　拉斯維加斯的巨型吊燈雕塑，可稱之為世界之最，是由2000個人工吹玻璃製作而成的不同花卉造型而組成。1998年完成，當時整個製作的價格是一千萬美元，不僅成為貝拉吉奧賭場大酒店的鎮店之寶，也是舉世聞名的吹玻璃藝術不朽之作。

　　威尼斯的玻璃製作基地牧蘭洛，歷史上還曾和波蘭有過一段情結。十七世紀在該小島上出生的一位建築師名叫西蒙‧約瑟夫‧貝洛迪（Simone Giuseppe Bellotti），波蘭文的拼法是（Szymon Josef Bellotti）。從義大利到達波蘭，成為密契爾‧克力布特‧維斯尼奧威基（Michele Kerybut Wisniowiecki 1669-1673）和喬凡尼‧三世‧索比艾斯基（Giovanni III Sobieski 1674-1696）先後兩個王朝的御用建築師。

　　貝洛迪選擇了定居在波蘭，並且在1686年前後為自己建造了一座大廈，用他家鄉的名字牧蘭洛（Murano）為其大廈命名。牧蘭洛因為出產玻璃藝術品在歐洲享有很高的聲譽，華沙市當局就將他的大廈名字為他曾居住過的地區命名，波蘭文在義大利文的後面加了一個字母「W」成為Muranow一直沿用到今天。

　　華沙和威尼斯的這段情結，除了肇因於貝洛迪本人的成就外，該地區還有一段慘絕人寰的歷史。在納粹統治時代，牧蘭洛區是猶太人的貧民窟，留下了許多悲涼的血淚史，至今仍可從歷史博物館中尋找到該段歷史的來龍去脈。而「牧蘭洛」區在二次大戰時被夷為平地，貝洛迪的私人大廈也毀於戰火。

　　戰爭結束後，華沙當局將該大廈予以重建，整個地區也被劃為

住宅區，是從廢墟中重振雄風的地標性地區。也是因為威尼斯的建築師曾經留下不朽的藝術經典之作，促使華沙政府從歷史的角度將其完整地呈現在世人眼前，玻璃藝術中滲入了近代政治鬥爭的一段經歷由此可見一斑。

實際上自威尼斯開發了玻璃吊燈藝術後，歐洲各王室宮殿吊燈的推陳出新，幾乎都是當時玻璃藝匠嘔心瀝血的傑出創作。然而留名於青史的只是那些享盡榮華富貴的皇親貴族，又有多少人能從那些仍然懸掛在宮殿天花板上的玻璃吊燈裡尋找到藝匠的名字？

在小樽的玻璃器皿商舖裡，面對富有日本特色小巧玲瓏玲琅滿目的「迷你」手工，我的思路不時會追憶到前面所敘述的歷史往事。何況在威尼斯玻璃器皿先入為主的思維主導下，我注目四望仍然找不到稱心如意的選擇。

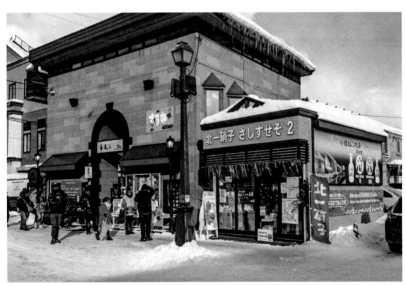

| 小樽玻璃器皿鋪子「北一哨子」。

　　既然已經來到小樽，總不能空手而回，即便是一些「迷你」玻璃器皿，也足以令我產生睹物思小樽的情誼。這就好似我擺設在家多年的埃及鑲嵌金絲玻璃容器，及牧蘭洛的彩色果盤，雖然那都是現代的旅遊產品，卻從中仍然可以窺視到埃及的古典藝術美感，還有威尼斯的玻璃藝術傑作。

　　當妻子找到了兩個她鍾意的淺藍色小玻璃瓶時，興奮地說，這兩個小瓶子放在餐桌上裝醬油和麻油是最恰當不過了。

　　付款後，售貨員給我們包裝好，一面遞給我們，一面笑著對我們說：「日本玻璃瓶」（Japanese Glass Bottle），我情不自禁地回給她一個帶有敬意的微笑，是因為日本人對自己的產物始終如一地充滿自信而表達的一種認可！

　　至於我自己，對這次拜訪小樽覺得「不虛此行」，因為我經過了懷疑、分析到最後的決心，證明了我買到了當地的玻璃瓶，而且是地道的「日本製」（Made in Japan）。

（2020年6月29日完稿於溫哥華）

掙扎在生命邊緣的緬甸長頸族

　　在新冠肺炎病毒肆虐全球之際，五月二十五日的光天化日下，美國米尼阿波利斯市，一個名叫狄雷克‧喬凡（Derek Chauvin）警察公然用跪頸的酷刑，將一名46歲的非裔美國人喬治‧佛洛伊德（George Floyd）死死地擠壓在地上導致死亡。

　　當這名警察跪在非裔公民的頸項時，他痛苦地吐出「我無法呼吸」字句二十多次，懇求警察足下留情。但是這個殘酷的「劊子手」卻置若罔聞，旁邊另三位警察除了注視著同事在那裡施以「酷刑」外，均無動於衷。

　　漸漸地，佛洛伊德失去了知覺，救護車抵達時，他已經停止了呼吸。就這麼短短的幾分鐘，一個活生生的人就在警察的無情折磨下失去了生命。

　　這起警察強行用跪頸手段導致非裔公民死亡的殘酷事件，引發美國全國的憤怒，一百多個城市掀起抗議遊行。甚至還得到歐亞地區響應支援這位無辜冤死的非裔美國人。

　　這是一起極端惡劣的種族主義案件，抗議的訴求是對待黑人的不公，然而在美國白人至上的社會裡，非裔公民受到的歧視和虐待這並不是個案，絕非第一遭，也不可能是最後一次。

　　無獨有偶，加拿大西海岸不列顛哥倫比亞省中部內陸城市克羅那（Kelowna），一位在該城市不列顛哥倫比亞大學分校就讀的20歲王姓華裔女學生Mona Wang，晚間在住所出現昏迷的問題，她男友即電緊急中心，隨即來了一位皇家騎警隊的女警蕾絲‧勃朗寧（Lacy Browning），不分青紅皂白，就將這位只穿著胸罩及內褲的女學生強行從公寓單元中拖出，穿過長廊，到電梯口時，該學生

擬抬頭，立即被女警用穿著皮靴的腳將其頭踩下，而且還用粗口訓斥。

這件侮辱華裔女學生的事件，原本無人知曉，可能是受到美國非裔公民被警察折磨致死案件的影響，到五月份才被揭露出來。一開始女警企圖抵賴，殊不知她的一舉一動都被公寓樓層的保安閉路電視紀錄了下來，對該女學生臉部受到嚴重傷害提供了有力證據。

該女學生特別憤怒的是，女警一開始即向上級報告稱，該女學生因神智模糊，有吸毒的嫌疑，然而經過醫院檢查，女學生體內根本沒有任何的吸毒物質。

為了維護自身的清白，同時要求對其曾遭到的侮辱及虐待公平賠償，華裔女學生已經向民事法庭提出告訴。克羅那，溫哥華等城市也掀起一股抗議潮，對警察用暴力對待公民的行徑表達憤慨。

為息事寧人計，皇家騎警隊目前暫時將該女警調配到內部行政單位。全案正在偵辦中。

由於美國政府對新冠肺炎病毒的甩鍋，一些政客無中生有地諉過中國，美國和加拿大華裔由此而受到牽連，不時要面對層出不窮的種族歧視辱罵甚至肢體傷害。許多華裔在搭乘公共交通，或是行走在馬路上，時刻都要提高警覺，防止任何突如其來的冷嘲熱諷，甚至肢體攻擊。

美國和加拿大一前一後發生因警察的偏見和種族歧視，導致一死一傷的不幸事件。表面看來似乎是個別案件，實質上，這已經是北美洲百年來警察界無休止的斑斑劣跡。

美國自立國以來，表面上看黑奴被解放有法律的依據，然而非裔美國公民，無論從社會地位，或者是就業等基本權利，並非和白人一樣受到保障。

加拿大的皇家騎警隊，是一支加拿大公民非常尊重的警力，他們的言行舉止深受公民愛戴，尤其是他們那一身顯眼的紅色制服，

是公共事務或慶典中的一個明亮點綴。

由於和美國緊鄰相隔，美國警察的粗暴行為，潛意識地感染到加拿大皇家騎警隊成員的心理因素。警察以不公平的態度對付少數族裔或原住民時有發生，這次克羅那城市女警對待華裔女學生案件的嚴重性實屬前所未見，才引起社會大眾的嚴重關注。

美國警察虐殺非裔公民的醜聞早已成為社會的慣例層出不窮，肇因於美國建國初期視黑奴如低等群體，三百多年以來，觀念中已產生根深蒂固的偏見。即使黑人奴隸制度早已廢棄，黑人的不平等地位一直是美國社會中難以割除的毒瘤。

華盛頓首都在上世紀七十年代，凸顯黑人人口比例超越白人的現象，現實中白人社區或是政府機構，非但未考慮如何協調黑白人口的融洽相處，反之，仇視的對立面卻有增無減。更有甚者，為保持白人的傲慢和自大，他們視首都為敝屣，搬遷到周邊的衛星城市，另起爐灶。

此次因為非裔公民喬治被警察跪頸身亡後，引起的抗議騷亂，除了沿途呼喊口號洩憤外，更為激烈的份子甚至將一些歷史人物的雕像拉倒並將其沉到河裡或是海中。美國白人尊重的開國總統華盛頓，以及解放黑奴的林肯等都未能倖免。為安全起見，白宮周圍也無奈拉起了兩米高的圍欄，防止抗議隊伍衝進去。

在這些被推倒的雕像中，美國社會拍案叫絕的是1492年發現新大陸的航海家哥倫布雕像，遭到了斬首的厄運。這位在航海歷史上享譽五百多年的「航海家」，居然在美國警察跪頸虐殺非裔後，被認為是罪該萬死的種族主義者。

從克里斯朵夫‧哥倫布（Cristoforo Colombo義大利文拼寫1451-1506）發現新大陸後，歷史學家即一直視其為開拓西方勢力的英雄，卻盡量隱蔽「殖民」，「販賣奴隸」，「掠奪」甚至是「搶劫」等骯髒劣跡。所以從他自1492年開始的四次橫渡大西洋航行

中的所作所為，給後人製造的印象是他為西方世界所創造的豐功偉績。

其實，早在哥倫布發現新大陸八十年前，中國明代的鄭和（1371-1433）就已經在朝廷的支持下曾經下西洋達七次，從東亞，途經印度，阿拉伯半島一直遠到東非。鄭和曾率領27000名船員，統領240多艘海船，出訪了三十多個國家及地區，陣容之大非哥倫布力所能及。

鄭和下西洋的目的歷史上眾說紛紜，然而真正載入史冊的是他高瞻遠矚拓展海外貿易，建立睦鄰友好關係的功勳。

哥倫布從一開始就迫不及待地展現出西方人典型的「佔有慾」，他剝削當地原住民，輕視他們的文化和經濟條件，甚至誇大其詞地吹噓，只要帶領五十個武裝海盜就足以佔領該地區。他還力爭將天主教傳入作為征服原住民的極端手段，為的是消滅他們的信仰。

哥倫布在所到之處，掠奪各島嶼上的產品，作為回程後呈現給西班牙王室的戰利品，表現其航海中的豐碩戰果。他甚至將原住民綁架到歐洲，開創了販賣奴隸的先聲，埋下殖民的種子，由此啟發了歐洲列強在南美，加勒比等地相互競爭掠奪，創建各自的「殖民領地」。

由於對原住民信仰傳統的蔑視並澈底毀滅，天主教堂在大小城市中無孔不入地興起，導致原住民的信仰蕩然無存。

我在祕魯庫斯科（Cuzco）訪問時，領略到印加（Inca）帝國遺留下來的燦爛文明。早在1963年西班牙首都馬德里舉辦過一次印加帝國文化的金飾展覽。在那次的參觀中，我被印加帝國的輝煌文化所震撼而留下深刻永難忘懷的記憶。

這個在公元1438年從一個游牧民族，以庫斯科為首都，建立發展成為強大的帝國。傳說當時的印加帝國人口高達三千七百萬之

眾，他們的經濟，文化，農業，曆法，數學，冶金等融合的文明成
為美洲三大文明之一，也成為印加文明的締造者。

　　隨著白人的殖民，不幸的厄運接踵而來，白人將天花，斑疹
傷寒，白喉及麻疹等瘟疫病菌傳入並蔓延，造成人口的大量死亡。
因為西班牙的入侵，印加帝國縱然有七八萬軍隊，卻因為武器的落
後，難以抵禦西班牙的長矛利劍，居然在入侵者佛朗西斯科・皮薩
羅（Francisco Pizarro 1476?-1541）僅帶領兩百軍人，就將一個繁榮
文明的印加帝國滅亡。

　　至今皮薩羅的征服南美事蹟還保存在祕魯首都利馬的天主教主
保堂裡，他消滅了印加帝國後，接著又創建了利馬城市。最關鍵的
是他開啟了西班牙政府殖民美洲的先例。

　　印加帝國的遺跡馬丘比丘（Machu Picchu）吸引了千萬來自世
界各地的探訪者，無不讚揚西班牙的文明頂禮膜拜，卻幾乎聽不到
印加帝國被西班牙侵略者消滅的些微指責。印加帝國首都庫斯科，
經歷了西班牙入侵者的澈底破壞，如今幾乎很難找到印加文化的真
實面貌。

　　我曾在旅途中乘坐出租車出入，從交談中得知司機是正統的印
加後裔司機，我用西班牙語問他，現在還有多少人可以使用他們的
母語克丘亞（Quechua），他無奈的搖了搖頭道：」我們的母語幾
乎被西班牙殖民者澈底毀滅掉了。」

　　最近通過一位當地教育界友人的介紹，瞭解到祕魯大學一位正
在修習博士學位的印加後裔女研究生，堅持用她的母語克丘亞文撰
寫博士論文。她毫不掩飾理直氣壯地表達對母語的尊重和懷念，希
望她的這一決定，能鼓勵更多的印加後裔挽救他們祖先遺留下來的
璀璨文明。

　　印加帝國的滅亡，印加文明的流失，就是哥倫布發現新大陸後
被凌辱的實證。其他如墨西哥的阿茲迪卡（Azteca）被消滅，中美

洲瑪雅（Mayan）文明的突然消聲匿跡，都拜哥倫布殖民政策的發揚所賜而造成的後果。整個拉丁美洲的被殖民悲劇罄竹難書。

但是歐洲諸國爭相在拉丁美洲及加勒比海諸島殖民，繼而掠奪財富，佔領土地，並安插自身利益，是哥倫布後的五百年內造成弱小民族無窮盡的悲劇。

然而哥倫布在西方國家中就是一個不折不扣的「偉大英雄」，在出征美洲之前，他就得到西班牙天主教王朝的寵愛。1492年西班牙自認在西洋文明史上留下三大不朽功績，首先是猶太人被整體驅逐出境，天主教王朝的另一豐功偉績就是將統治了西班牙達七個世紀的北非摩爾民族，盤據在南部格拉納達（Granada）的最後一個王國澈底消滅。天主教王朝就是夾著這勝者的餘威，賜給哥倫布遠航出征的榮譽。

天主教王朝還曾給哥倫布許下諸多諾言，他可以從征服的新領地上所掠奪的財富中，分享百分之十的權利，也可以隨意選擇喜愛的領地自封領袖的地位。西班牙天主教王朝會給哥倫布如此之多的允諾，是他們預見大洋遲早會成為哥倫布葬身之地。所以歷史上有記載稱，哥倫布和西班牙王朝還存在永不曾了結的訴訟案件，反映出西方社會中一脈象承的爾虞我詐傳統思維。

哥倫布的四次遠征大西洋，一直未弄清他究竟到達地球的那一邊，結果是將當地的土著誤認為是印度，加勒比海域也成為他心目中的「日本」。足證哥倫布是一個不學無術的「海盜」。他的發現新大陸和鄭和七次下西洋發展貿易及和睦親善訪問的國家地區，產生歷史的兩極效果。

鄭和下西洋在南海地區留下深遠的歷史形象，當地的紀念廟宇等設施，給後人提醒其到訪的文明影響。遺憾的是在西方世界裡，鄭和下西洋的威望卻始終沒有被認為是人類海洋航行歷史上的創舉。

　　而哥倫布的強悍殖民舉措，啟發了白人肆意奪取各地原住民的財富，不惜消滅其文化，踐踏其種族，殘殺其無辜人民。為歐美在後哥倫波時代的五百年裡，犯下了連串不可饒恕的罪行，但在白人眼裡，卻將這些罪行轉化成他們的「偉大成就」，更進而將人類納入白人至上的勢力範圍內。

　　就在北美洲地區，美國和加拿大對待當地的原住民無惡不作，早已引起土著的厭惡和不滿，繼而引起不斷的抗爭。委瑞內拉前總統胡果‧拉法埃爾‧查韋斯（Hugo Rafael Chavez 1954-2013）生前就曾這樣說：「哥倫布是人類歷史上最大侵略與種族滅絕的先鋒」。

　　對美洲地區的土著而言，1492年10月12日是他們歷史性的災難開始的一天，而在白人的心目中，那是他們掠奪土著財富，殘殺土著生命的起始點。他們將土著眼中的流氓，土匪，推崇為至高無上的英雄。

　　義大利始終不棄地宣稱哥倫布是他們的榜樣，因為熱那亞（Genoa）是他的出生地，西班牙則絕不謙讓，理由是哥倫布的遠征是得到他們的天主教王朝的支援，這份「殊榮」非西班牙莫屬；葡萄牙也不甘示弱宣布哥倫布是他們的國寶。

　　其實這些國家在五個多世紀以來，不斷地爭奪對哥倫布的擁有權，和哥倫布發現新大陸從一開始就是以奪取利益為目的的動機如出一轍。

　　美國更是後來居上，1792年哥倫布發現新大陸三百年時，正值美國打贏獨立戰爭之際，為了擺脫美洲殖民地對英國文化傳統的依賴性，特地突出哥倫布的歷史地位，藉此增強美國人對自己國家的認同感。俄亥俄州政府甚至選擇了「哥倫布」的名字為其州政府所在地命名。

　　1905年科羅拉多州首先將10月12日作為哥倫布紀念日，為美國開了先河。接下來其他州府相繼設立了類似的紀念日。到1937年羅

斯福總統宣布10月12日為國定紀念日。直到1971年美國聯邦政府最後正式確定每年10月第二個星期一作為公定假期。

　　期間旅居美國的義大利裔公民，對紀念哥倫布日始終是耿耿於懷。他們並不是從殖民主義方面作為爭議目標，而是自十九世紀移民到美洲的義大利人受盡當地人的歧視，所以強調紀念哥倫布，目的就是為了確保自身的社會地位及既得利益。

　　對推動美國對紀念哥倫布作為公定假期，當地的義大利裔有著推波助瀾的功效。所以定名為克里斯朵夫・哥倫布國家節日（Festa Nazionale di Cristoforo Colombo），義大利裔公民國家主義意識之濃可見一斑。

　　然而好景不常，由於美洲地區原住民的不斷抗議，漸漸地美國一些州政府，認為「哥倫布紀念日」已不合乎時代的要求。加利福尼亞州的柏克萊市（Berkeley）首先在1991年將「哥倫布日」改為「原住民日」（Indigenous People's Day），接下來有六十多個城市風起雲湧地將此節日改為「原住民日」。

　　拉丁美洲的反對聲浪更是一波接一波。一些國家先後宣布將「哥倫布日」改為「拉丁人種日」（Dia de la Raza），伯利茲（Berlize）及烏拉圭（Uruguay）則宣布改為「美洲人日」（Dia de las Americas）。哥斯達黎加（Costa Rica）選擇了「文化遭遇日」（Cultural Encounter Day）取代多年來的「哥倫布日」。

　　委瑞內拉（Venezuela）總統查韋斯的民族意識在拉丁美洲中尤為可貴，他嚴厲批評哥倫布給當地土著的種族屠殺長達150年之久。所以「哥倫布日」必須廢棄，並於2002年宣布為「土著人民抵抗日」（Indigenous People's Resistance Day）。

　　阿根廷的女總統克里斯蒂娜・伊莉莎貝特・費爾南德斯・威爾漢（Cristin Elisabet Fernandez Wilhem）在任職期間於2011年10月24日批准並公布「經濟，社會及文化權利國際公約」。其中也有對種

族歧視的論述。將「哥倫布日」修改為「尊重文化多樣性之日」（Dia del Respeto a la Diversidad Cultural）

　　這兩個國家除了將節日名稱澈底改變之外，阿根廷還將哥倫布的雕塑移走，而委瑞內拉進而將這位遺臭萬年的惡棍雕像予以拆除。

　　其實這些觸及的國家對哥倫布日的反感及改變，只是在整個美洲地區多個土著民族中的冰山一角而已。受到哥倫布的摧殘影響，西班牙在美洲的殖民，造成很多民族的澈底毀滅，礦產被掠奪，文化被斬斷，語言被割裂。

　　我多次的拉丁美洲旅途中，和祕魯印加，及墨西哥阿茲迪卡的後裔只能用西班牙語交流，他們對自己的語言被消滅，除了感到痛心，卻尋找不到更好的辦法來恢復其民族的自尊。

　　哥倫布的權威之所以能在過去五百年屹立不倒，完全是得益於白人至上的基因所賜。自西班牙征服了美洲後，英國，法國，荷蘭等歐洲國家，相繼循著哥倫布的路線，用強悍的手段公開掠奪和搶劫，獲取了難以估計的金銀財寶，土地，及海洋。他們的強盜行為，充分展示了在「弱肉強食」掠奪下少數民族的悲慘命運。

　　至於世界上其他弱小民族受到的欺壓，從未有人認真地過問或是主持正義。全球共有兩千個不同民族分布在地球各個角落上，亞洲地區就佔去了一半。

　　非洲的尼日利亞（Nigeria）在八千萬人口中有250少數民族，佔全球八分之一不同民族最多的國家。而亞洲地區的緬甸人口為五千兩百萬，共有135個不同民族。

　　在連番警察蓄意跪頸殺人，種族歧視紛爭接連發生之際，使我記憶起一次泰國行程中目睹的「長頸族」，一個小得幾乎不為人注意的弱小民族。那是在清邁的旅途中，我和妻子在陪同介紹下，驅車前往清萊（Chiang Rai）在一個極為偏僻的小村莊停了下來。

　　陪同簡單地向我們介紹，這裏有幾個出售旅遊產品的攤販。我們跟著她進入到一個村落中，只見擺設攤販的全是婦女，奇特的是每個女人脖子上都帶著黃鐙鐙的圓環，有的幾乎長達二十公分上下，看上去是非常沈重的金屬圓環。

　　帶著好奇心走近觀看，在陪同的翻譯下，得知那位中年婦女脖子上戴著的是銅質圓環，每一只大約重一公斤左右。「長頸族」的特殊稱謂也是由此而產生。

　　我大略地數了一下，她脖子上帶著的銅環約有二十個，不由吃驚地問道，她們的脖子承受得了這樣的重量嗎？得到的回答卻是脈脈地一笑。

　　原來她們都是來自緬甸東部山區的難民，到泰國謀求安定的生活。看完那些出售的手工藝品，在歸途中陪同給我們大略地介紹了「長頸族」的歷史背景。

　　她們在緬甸東部的深山密林中，已經生活了好幾個世紀，依靠耕種自給自足，一直相安無事。但是在上世紀八十和九十年代，因為緬甸軍政府的衝突，長頸族受到無辜牽連侵略和壓迫，被逼出逃，跋山涉水抵達泰國。就在邊境地區一個只有三萬人口的湄宏順鎮（Mae Hong Sung）先安頓下來，然後選擇了大約三十公里外的乃梭村，安度寧靜的農村生活。當時並沒有引起外界的注意，一直到公路修通後，她們才和外邊的世界有了接觸。

　　長頸族是緬甸只有佔7%人口比例的克倫族（Karen）中名為克耶（Kayan）的一個支族巴東族（Badaung）群體，佔人口比例僅為0.75%）。目前大約有十四萬多巴東族仍然生活在緬甸，逃往泰國的大約有兩千人，而作為旅遊景點吸引參觀者的村落只有五百人左右。

　　為了進一步瞭解長頸族婦女脖子上的銅環典故，陪同給我們作了更為詳細的解說。有關婦女戴銅環的傳說很多，但更為容易

被人接受的理由，被視為是為了博取男人對美感的欣賞。生活在這個小村莊中的「長頸族」婦女認為通過她們脖子上銅環的形象，能夠吸引遊人駐足的「景觀」而賺取收入，彌補生活的所需。至於傳說是否屬實並不重要，值得關注的是長頸族婦女在一生中，因為佩戴沈重的銅環所遭受的磨難是不爭的事實。

傳統上，女孩子到了五歲左右，即開始接受第一個銅環的配戴，在有經驗的長者幫助下，佩戴後要逐步適應銅環的收緊壓力。十歲開始每年增加一個，一直到二十五歲，要終身佩戴十五公斤左右的沈重銅環。

經過一段時間，金屬的重量逐漸將她們的頸步肌肉壓縮。外界以為是這些金屬銅環將婦女的頸部拉長了。實際上是通過鎖骨的壓力將肩膀往下壓，造成脖子拉長的錯覺。

每個婦女一生中只能有三次解開銅環的機會，即結婚，生子和死亡。如要清洗銅環後面的脖子，必須要家人幫助先將稻草塞進，然後上下拉鋸式地擦洗。每到炎熱夏天，由於銅環在烈日下的暴曬產生難忍的熱度，婦女們只有將身體泡在河裡，來消除銅環的酷熱。

經過了陪同的解釋，以及親眼目睹

1　泰國清萊克倫村的長頸族婦人。

2　筆者夫婦在泰國清萊小村莊參觀長頸族後與當地婦女合影。

長頸族婦女拉長的脖子，不由因感觸而產生同情。若沒有在清邁專程參觀了遠離塵世的村落，可能永遠都無法體會到長頸族婦女的悲哀人生，為了生活套上沈重的枷鎖，向世界展現的卻是最殘酷並令人落淚的「美感」。

在亞洲地區，仍有許多不為人知的少數民族遭受不同程度的排擠，歧視甚至趕盡殺絕，卻很少聽聞為他們呼籲的正義聲張。1971年6月，就曾有在菲律賓眾多的少數民族中，突然出現了一個生活在棉蘭島（Mindanao）原始森林中的塔薩代（Tasaday）民族，聲稱這是一個僅有24個人口的民族，生活在密林中衣不蔽體，也不諳烹調，僅依靠捕食青蛙等充飢。引起人類學界的高度關注。

熱鬧了多年後，終於在1986年一些有識之士認為那只是一場鬧劇。原因是經過深入調查後，發現所謂的衣不蔽體原始人，幾乎都穿著現代服裝，使用的是都市化的家庭用品。這個轟動一時的野林原始人的精彩故事，背後也許就是嘩眾取寵斂財手段的動機。

中國在1949年建立人民共和國後，雖然歷經政治動亂，或是民生的凋敝，56個民族的始終不渝地融洽相處，儼然是一個大家庭。除了漢人之外，其他55個少數民族全部佔中國總人口大約8-9%左右。人口最少的是赫哲族，僅有0.14萬人生活在黑龍江沿江一帶，以捕魚狩獵為生。其次為珞巴族，人口為0.4萬，生活在西藏地帶，以農業為主，但也有畜牧業和狩獵。

中國的少數民族政策，並不因為各族人口多寡而有所不同，所受到的待遇基本一致，也有一定的發言權。為保護少數民族，生育政策也優於漢人。多年來，漢人只允許一戶一胎，最近在生育政策上雖然作了調整，生育第二胎仍然有一定的條件。但是少數民族就沒有生育多寡的限制。這是為了保護少數民族人口的平衡和增長而設定的。

其他許多生活上的優惠政策及福利配備都比對待漢人超越許

多。與全球許多少數民族所遭受的不公平待遇真有天淵之別。

　　新冠肺炎病毒蔓延全球後，種族歧視更為突顯，美國警察跪頸扼殺非裔公民的不幸事件，只不過是三百多年來白人至高無上氣焰下的悲劇之一而已。由於美國政府的興風作浪，將全球病毒蔓延的公共衛生事件，詆毀中國人為始作俑者，凸顯另一種種族歧視的陰謀論。

　　不論是非裔公民一而再再而三的被欺凌扼殺，或是華裔被指責為病毒傳播源頭，始作俑者就是白人的優越感所導致。儘管非裔從黑奴開始，歷經滄桑艱險，華人在開築太平洋鐵路，到美國西部的淘金熱潮中，從來就是被視為低等公民的族群。

　　經歷了一個多世紀數代人的拼搏奮鬥，一直被自以為是的白人視為落後低等族群，已經一躍而為科技經濟發展中心的精英份子，因此被看成這是對白人優越生活的干預和挑釁，由此而產生心態的不平衡自是意料中。

　　一旦發生了如新冠肺炎的國際嚴重疫情，白人肯定如獲至寶地抓住機會展開抨擊，甚至詆毀。撫今思昔，白人的自大源自於哥倫布在美洲無情的打擊土著，掠奪他們的財富，佔領廣袤的土地，潛意識地令他的後繼者，在五百年中逐漸形成白人自我中心不可踰越的「霸道」行為，由此代代相傳，成為暫時的消聲匿跡，繼而又死灰復燃地惡性循環。這次華人在瘟疫肆虐的惡劣環境裡，遭受到異常的種族歧視，只是其中的一個典型現象而已。

　　在白人的心目中，哥倫布就是另一種宗教型態的創始者，給「白人至上」的信徒們立下了遵循的立論，也就是給後來的仰慕者提供了如何掠奪，搶劫和佔領的教義。直到現代，主張排斥天主教，信仰新教的美國三K黨，就是最忠實的追隨者。

　　槍枝的氾濫，毒品的流竄，隨意扼殺非裔，對少數族裔展現種族歧視，無非都是一脈相承的惡棍作風。因此有人會問，這些亂象

能有所改善嗎？答案可能是否定的。這個使許多人沮喪但又無法挺身而出的爭端，會在毫無懸念的情況下繼續存在。

最明顯的實例是香港一年多來，因為白人主義的幕後操縱，甚至暗中用金錢支援，造成社會上的打砸搶動盪亂象，白人卻美其名為「民主自由」的展現。中國政府一直採取容忍的態度，期望白人黑手能就此罷手，然而情勢的逆轉，迫使北京不得不出手干預，人民代表大會通過了「香港國安法」，目的只是安定社會環境，恢復市場運作。

然而白人群體搖身一變，又成了香港未來的「同情者」籲香港人避免被「迫害」，盡快「移民」，「留學」，「投資」，甚至將資產外移，儼然是香港人的「救世主」再世。稍有頭腦的人立即會意識到，這些不過都是他們為達到斂財目的所拋出的「煙幕彈」。實際作用就是一箭雙鵰的策略。以「同情者」的笑臉出現，達到其從香港謀取財富的目的。十足的哥倫布在新領地上掠奪財富的一貫伎倆。。

白人至上的傲氣仍然會在那裡肆虐，而少數民族的抗爭必須從「蝸牛」式的步履加快步伐。7月7日加拿大駐臺北的貿易辦事處代表喬丹・力弗斯（Jordan Reeves）在會見蔡英文時翹起二郎腿，不僅有失風度，更是白人高傲的十足醜態。

遺憾的是迄今為止，仍然有一些地區的民族，為了短暫的利益，甘願在優越感勝過一切的白人面前低聲下氣，進而造成白人唯我獨尊的自大。

當前新冠肺炎病毒仍在全球蔓延，航空停頓了，旅客裹足不前，一夕之間國際旅遊成了死水一潭。流亡在泰國清邁地區的緬甸「長頸族」，一直是依靠遊客觀賞而賺取微薄生活，如今遊客絕跡，他們何以為生卻無人問津。更從未聽到對他們有一絲同情的呼籲！

　　而這些在泰國生命邊緣掙扎的「長頸族」，已經不是些微的同情就能改變他們的命運。他們的生命遠不如美國掙扎了三百多年的非裔，更枉論和加拿大華裔相比擬。充分說明各民族在不同地域內所處的社會地位的差異。

　　地球的未來發展，究竟是繼續選擇哥倫布遺留下來的種族歧視，成為永無寧日的鬥爭摩擦，還是借鑑中國「和為貴」的哲理，將56個民族融合為一個大家庭的「和諧共處」。明智的抉擇就是整個人類福祉的基石。

　　我無法忘懷長頸族的婦女戴著如枷鎖般的沈重銅環，更關心的是他們今後生活的何去何從！但不論他們未來的命運如何，至少亞洲人絕對不能步白人的後塵，表面上給予虛偽的關注，實質上卻將他們置於旅遊的買賣模式，成為有利可圖的商品！

（2020年7月10日完稿於溫哥華）

疫情更應喚醒人類善待動物！

　　新冠肺炎病毒肆虐三數個月後，日本古都奈良突然發現大量鹿群蜂擁到市區，當地人士感覺到，這些鹿群可能是為尋找食物而來。

　　與此同時，距離泰國首都北方150公里的城市華富里（Lopburi），自新冠肺炎病毒蔓延後，當地的猴群因為飢餓而奔入市區掠奪食物。

　　人類的禍患，似乎迫使無辜的動物遭遇到史無前例的無妄之災。

　　這兩則新聞還只是病毒蔓延後直接影響動物生存的冰山一角，北美洲和日本盛極一時的水族館，也因病毒的蔓延導致水族館餵食動物的飼料不足。無不引起關心動物界人士的憂慮。

　　鹿群在奈良被視為是上天恩賜的動物，所以一直受到當地百姓的愛護，牠們生活在奈良市區不遠的一個公園裡。

　　我和妻子在2016年11月前往大阪，京都和奈良領略日本的傳統歷史文化。特別是京都和奈良兩座城市，保留著濃厚的唐代遺風，而奈良城更是參照了大唐時代的城市佈局。身歷其境，深感這兩座城市的獨特風格。

　　一到達奈良就對它產生濃厚的興趣，尤其是和那些群聚在公園裡的鹿群近距離的接觸，使我們對奈良有著不一樣的觀感。

　　我們是11月6日從大阪抵達奈良的，第二天一大早先後參觀了當地兩座擁有悠久歷史的寺廟興福寺（Kofuku-ji）和東大寺（Dodai-ji），接著就步行到鄰近的公園「拜訪」久仰大名的鹿群。

　　到了公園，即被那三五成群的鹿群所驚嘆。牠們對人類不僅毫無懼色，還一味地選擇公園裡的人群追逐。我們注意到，遊客手中

幾乎都是人手一包餅乾似的食物，餵給鹿群食用。我們找到一位能說英語的旅客，瞭解到這是當地政府指定餵鹿的食物，公園裡設有幾個小攤販售賣。

小餅乾150日圓一小包。我們先買了一包，剛一轉身就見到幾隻可愛的鹿群已經擠在我們身邊，兩眼緊盯住妻子手中的餅乾包。就那麼幾下，一包餅乾迅速餵完了。我們接著再買了幾包。

這是由當地政府指定的一家工廠專門生產餵鹿的餅乾，名字叫「鹿仙貝」，是用米或米糠及小麥粉調製而成的。我們在餵食的時候，有的鹿性子很急，還沒有輪到牠的配額時，就會毫不客氣地用嘴頂你的臀部，或者將嘴張開作咬人狀。其實牠們的性情很溫順，只是感覺到對牠不公平時，就會擺擺架勢來顯一下威風而已。

我們手中的餅乾分完後，舉起雙手向牠們揮動幾下，機靈的鹿群知道再等也沒有機會，迅即離開去另闢途徑了。

奈良的鹿群被當地人稱之為「神仙下凡」的神聖動物，是當地人心目中十足的「寵兒」。新冠肺炎病毒蔓延後，再也尋找不到旅客的蹤跡，給鹿群餵食也因此而中斷。不過奈良的鹿群還是幸運的，他們集體進入到市區，得以向當地人傳遞牠們飢餓的信息。

泰國華富里市（Lopburi）的獼猴（Macaque）就比較蠻橫不講理了，這是一座暱稱「猴城」的城市，當地人對待牠們，就如同日本奈良對待鹿群一樣，慈祥而細心。

也許是當地人的慣寵，養成了他們膽大妄為的性情。華富里是有著千年歷史受印度文化影響極深的古城。馬哥波羅在他的遊記中，將這座城市稱之為Locach，誤以為是印尼的爪哇而混為一談。

因為華富里有著根深蒂固的印度影響，在眾多版本的印度史詩羅摩衍那（Ramayana）中，也就出現了有關華富里獼猴的歷史源頭。

相傳印度神拉瑪（Rama）在創立華富里時，得到其好友哈努曼（Hanuman）不少的幫助，擊敗了邪惡魔鬼。哈努曼在史詩中是

生活在森林中的人群，實際上就是長尾猴的祖先。

　　有了這段歷史傳說，華富里自是對這些猴子因史詩的宗教意識而生敬畏之心，只要牠們出現，當地居民必定會細心照顧。

　　1980年當地一位商人，感恩於這些獼猴吸引了成千上萬的世界各國旅客，促進當地旅遊事業的發展，給華富里帶來可觀的外匯收入，因此特地給獼猴創建了「自助餐宴會」供猴子們享受。也是因為當地人視哈努曼為獼猴的世祖，所以對牠的後代表達最虔誠的崇敬。

　　這位商人選擇了每年十一月的最後一個週日，在市區裡為獼猴舉行一場盛大的水果自助餐宴會，讓所有的獼猴盡情享受各種鮮美水果和飲料。當然這些獼猴決不會有任何的客套，個個大搖大擺地出席這個盛會。

　　經過二十多年的發展，獼猴自助餐節日成了一年一度吸引更多旅客的特別節目。世界各地的遊客也因為這個猴子的節日聞風而來。為避免旅客們遭受獼猴的無禮，地方機構會提出警告，要注意防範獼猴在貪得無厭的個性驅使下，除了飽食宴會上的水果外，會進一步掠奪旅客攜帶的手提包，一旦得手，牠們必定會在物主面前堂而皇之地打開手中戰利品，掠取喜愛的物品。

　　華富里的獼猴群主要集中棲息在當地的高棉寺（Khmer Temple）周圍，但在華富里的其他地區也散居不少獼猴。除了一年一度的自助宴會外，平時到訪的旅客幾乎都會不約而同地給獼猴群提供各種不同的美味，使牠們養成了等候「貴賓」來「施捨」的習慣。

　　新冠肺炎病毒氾濫後，一夜之間，遊客們消失得無影無蹤，當然成千上萬的獼猴群，因為失落感的作祟，只得群起而出，將心裡的積怨全部甩在當地人的頭上，居民們已經遭受病毒的困擾，卻還要抵禦獼猴群的騷擾。

　　不論是日本奈良的鹿群或是泰國華富里的獼猴群，都是天使般的寵兒，得到和他們共生又富有愛心的人群的呵護。

　　然而很多動物就沒有這樣的幸運了。加拿大溫哥華水族館名列世界前列。1995年7月23日，第一頭出生在水族館中的白鯨（Beluga）奇拉（Qila）突然去世，悲哀的是十天後，祂的母親「極光」（Aurora）也相繼亡故，引起了社會的極大關注。

　　2017年，聯邦政府最後通過立法禁止任何水族館繼續飼養白鯨，並逐步停止白鯨作為娛樂大眾的表演。加拿大的水族館只得將餘下的白鯨出售給西班牙等國家。

　　然而他們並沒有停止虎鯨（又稱殺人鯨）的表演，虎鯨在人的控制下，每天要為成千上萬的遊客表演八場，一週七天從無喘息的機會，為水族館帶來鉅額的收益。

　　2017年1月6日，美國佛羅里達州奧蘭多「海洋世界」（Sea World）水族館的虎鯨「迪力昆」（Tilikum 1983-2017）在年僅34歲時因肺部細菌感染而去世。公認為被捕獲的巨鯨生存時間最長的鯨魚。但祂的死牽動了全球千萬人的心。

　　迪力昆的一生不僅有傳奇性的故事，更為重要的是祂改變了人類對鯨魚虐待的行為。牠於1983年出生在北大西洋的大洋中，鯨魚是群體生活的海洋哺乳動物，所以在祂出生後就隨著母親及其他家庭成員快活地游弋在深海中。

　　不幸在兩歲的時候，被獵捕者運到冰島，可憐的母親和家屬一直在祂被捕的海域中游弋尋找，期盼牠能安然歸來。卻不知

| 美國奧蘭多水族館虎鯨迪力昆生前表演的雄姿

幼小的迪力昆如同囚犯似地被禁錮在狹窄的水泥池中達一年之久。

　　一年後，冰島的捕鯨商人將牠出售給加拿大維多利亞島上的「太平洋海洋世界」（Sea World of the Pacific），從此開始了牠不幸的一生。

　　加拿大的水族館從冰島人手中同時購入三條巨鯨。其他兩條均為體型較大的雌性逆戟鯨（Orca），迪力昆和牠們生活在同一個水池中，經常受到兩條雌鯨的欺負。造成牠性格上的變化。

　　終於在1991年悲劇發生了。迪力昆將年僅21歲的助理訓練員克爾蒂‧拜恩（Keltie Byrne）拖入水中溺斃。這所座落在維多利亞的水族館自1969年開業以來，先後有多頭鯨魚死亡，引起社會震盪。自虎鯨殺人案發生後，水族館只得將其轉售給美國佛羅里達州奧蘭多的「海洋世界水族館」（Sea World of Orlando）後即告歇業。

　　迪力昆並不因為換了「新家」而在性格上稍有好轉，反之牠對人類的敵視有增無減。實際上鯨魚性情非常溫順，從沒有攻擊人類的傾向。迪力昆之所以產生對人類的反感，肇因於一波接一波同類的欺凌和過度的體力折磨。

　　1999年和2010年迪力昆先後重犯其「殺人」故技，尤其是2010年，訓練員波蘭切（Brancheau）不慎滑落入水中。迪力昆以為是對牠的攻擊，直接將其拖入水底，並撕裂她的軀體，成為世界爆炸性的「鯨魚殺人悲劇」。

　　悲劇發生後，水族館將迪力昆予以隔離，直到2011年才讓牠出場表演。牠需要一天數次按照訓練員的指揮，用重達12000磅的身軀，使勁地從水底躍起去碰觸懸於十多米高的氣球，激起水池周圍觀眾的歡呼和掌聲。然而坐在池子邊上的觀眾，又有哪一個會理解到，那些歡呼和掌聲純然是人類將自己的快樂建立在動物痛苦上的反應。

　　素來自喻為高智慧動物的人類，無法體會動物對人類的理解，

牠們沒有表述的方式，卻具備通性的能力，在歲月的蹉跎中，虎鯨逐漸培養出對人類憎恨的叛逆。

在經年累月的過度疲勞折磨下，迪力昆在2017年1月6日病逝。祂的死亡可說是對人類的「鞠躬盡瘁」。鯨魚的平均壽命應該是50-60歲之間。迄今為止，有紀錄表明最長壽的鯨魚曾經活到105歲，那是因為祂從未遭受到人類的摧殘自由自在地生活在海洋中。迪力昆實際上只活了34歲。科學分析稱凡是遭到捕獵的鯨魚，平均壽命要短20年左右。

不僅因為人類的惡劣對待而折了壽，祂在世時，還被利用為人工授精的種子。祂先後被人工採取精子，生殖了十四隻幼崽，仍有十頭在海洋世界水族館中生活。同時還延續了29只孫輩，至今在海洋世界水族館中仍可見到13頭的身影。這代表著世界上54%的虎鯨都有迪力昆的基因。

虎鯨迪力昆留給世人心目中的是，海洋哺乳動物中極其悲哀而不平凡的一生，但也因此澈底改變了人類捕獵鯨魚的歷史。這個有近六十年歷史的人類劣跡，因為迪力昆數度造成全球轟動的鯨魚殺人事件，人類對虎鯨開始有了較理性的認識。奧蘭多的世界海洋水族館已經宣布，目前仍然存活的迪力昆後代，將是他們照顧的最後一批鯨魚。往後將不再舉辦任何娛人獲利的表演活動。

雖然海洋世界對待虎鯨的手段缺乏人道精神，但是和日本每年聚集殺鯨的行為相比，在利益為重的西方人眼裡，已經算是對待虎鯨的「文明」態度了。

直至目前，全球最為殘忍濫殺鯨魚的國家是挪威，冰島和日本。自1986年頒布「全球禁止捕鯨公約」後，這三國每年仍肆無忌憚地捕殺鯨魚數量達三萬多頭。韓國也不甘落後，每年捕獵鯨魚達一千頭。挪威標榜因捕鯨有千年歷史而引以為榮，稱之為他們的傳統生活方式。他們捕殺鯨魚後，將數十萬噸的肉冷凍後再出口到冰

日本每年大肆捕殺鯨魚血染海面的殘酷場景

島，日本，令人費解的是當地人對有害人體含汞量的鯨魚肉卻不以為意。

日本每年都是用「科學研究」為藉口，大量的捕獵鯨魚飽享口福，日本政府對這些行為視若無睹。更為諷刺的是，日本自「明治維新」以來澈底執行「脫亞入歐」的政策，唯西方文明馬首是瞻，由此而自喻為「優秀民族」。然而在接受西方文明之際，卻擺脫不了大和民族基因中的「好鬥」行為，當捕殺鯨魚血流成河時，漁民們的「無動於衷」令外人感到詫異不解。

吃狗肉是亞洲民族的獨特行為，其中朝鮮民族位居第一應是當之無愧。中國東北的吉林和廣西的少數民族，將狗肉當成冬令補品已有相當的歷史。近期中國人民代表大會立法，將狗肉摒除在食用肉類的名單之外，有可能在一定時間後，食用狗肉將是非法的勾當。

2014年1月我和妻子前往泰國清邁，原本只是計畫參觀當地的著名寺院如大佛塔，清曼寺等，結束參觀後送我們回酒店的女司機，用簡單的英語和我們溝通，她問我們是否有興趣參觀老虎園和大象自然公園。

於是在午餐後，她來接我們先到離酒店約57公里的大象自然公園（Elephant Nature Park），那是一座專為身心受過創傷的大象治療中心。數十頭大象都是經過熱心人士從各地的馬戲團送來接受照料，其中不乏在山區裡被迫搬運木材和其他超體力勞作後受到嚴重傷害的。

　　這些大象在與人類交流的時候，會遵循飼養他們的工人各種手勢，表現出非常溫順的性格。公園裡還有大象繪畫的表演，牠們用鼻子鉤住畫筆，然後醮著不同色彩的顏料，有次序地在畫布上描下頗為精彩的圖案。這些畫作出售給參觀旅客，收入作為公園保護大象的經費。

　　我們在園內工作人員的遊說下，參加騎象遊園活動，他們向客人收取的費用，用來充作維護象群健康的經費。既然是慈善的安排，我們就欣然坐在象背上的竹椅中，由一位工作人員坐在象的頸部駕馭著大象在崎嶇不平的山路中徐徐前行。

　　在行程中，我注意到這隻大象應該是中年了。也許是常年背負著遊客行走在坑窪不平的泥路上，給牠造成另一種的傷害。那張沈重的竹椅，將牠的背脊壓得凹了進去。

　　我坐在牠背上，感到有如參與摧殘牠們的健康一般，罪惡感油然而生。牠每向前踏一步，就如同懲罰的利劍刺進我的胸膛。結束「遊覽」，我和妻子下到地面後，走上前去，輕輕地撫摸著牠的鼻樑，向牠表示感謝，牠似乎領略到我們的親切感，順勢揚起長長的鼻子，朝著天空溫和地叫了一聲，卻仍無法卸除我對牠們遭受折磨的歉疚之心。

　　即便有許多不盡如人意的安排，但和許多其他仍然遭受到人類殘殺虐待的動物相比，這些大象的生活環境應該算得上是幸運的了。尤其是在看到離那裡不遠的「虎王國」中的虎群後，更是為牠們慶幸。

　　接下來，司機送我們到

筆者夫婦在泰國清邁大象自然公園中騎象遊覽。

「虎王國」去參觀。途中她告
訴我們，觀眾可以進入虎籠裡
和虎群拍照，並且和老虎近距
離相處。起初我還以為她誇大
其詞。

筆者在泰國清邁虎王國老虎的近距離接觸

抵達園地後，買了入場
券，服務人員先領我們到服務
台，遞給我們一張同意書，內
容是觀眾自行負責進入虎園後
的一切後果，我看完之後，用半開玩笑的口吻向服務人員說，這就
好比病人到醫院接受手術前所簽的「手術同意書」是一個道理。然
後我假裝很認真地問道：假如我們被老虎咬了，你們是沒有責任
的？他沒有置可否，就等著我們簽妥，即可進入參觀。

園中，用鋼架圈成不同的老虎活動場所，有的是一隻老虎獨
居，有的是兩隻，只有一個較大的場所裡有四隻共處，總共大約有
二十多隻。一位管理人員手執如藤條般的桿子，領著我們從一個籠
子到另一個。在每個籠子裡，我們都稍作停留，也可以請管理人員
給我們拍照。

管理人員告訴我們可以和老虎作近距離的接觸，妻子開始有些
顧慮兼膽怯，我鼓勵她在觸摸祂的時候，心裡告訴自己，撫摸的就
是自己家裡的小狗。

妻子先在老虎身邊坐了下來，只見祂並沒有感應到周邊的異常
情況，一味地似在沉睡。祂四足朝天地仰臥著。妻子用手撫摸著祂
的腹部，也沒有任何的反應。

接下來我坐在另一隻老虎的身邊，用同樣的姿態撫摸著祂的腹
部，也沒有反應。只是偶然伸出舌頭喘息一下，再回復到祂之前半
睡眠狀態。

　　工作人員給我們拍了好些照片後，我們在進入虎園之前帶著幾分忐忑、甚至恐懼的好奇與幻想，這時候只化成「無聊」的感覺。面對的百獸之王，此刻卻成了一堆病貓。

　　歸途中，司機問我們對「虎王國」的感受，我只是詼諧地說，這些老虎每天服用的鎮靜劑量就好像人喝多了酒一樣。我們在家裡摸小狗的肚子時，牠們必定會顯出興奮的情緒。但是這些平時在人類心目中雄姿英發的老虎，竟然和我們如此地溫順。

　　虎王國裡的短短半小時，給予我的不僅是吃驚，更不安的是為這些「弱不禁風」的老虎抱屈。牠們應該生活在無憂無慮的曠野中，餓了就可以獵取大自然準備好的餐食，倦了就在濃蔭密布的森林中酣睡。

　　然而牠們不僅被人類奴役，更無奈地成為人類自私獲取利益的「表演者」。呈現在我們面前的，只是保留著毫無作用的威猛形象，失去了健康的軀體，還在被人類榨取牠們的剩餘價值。

　　在途中不由想起多年前，我們在美國賭城拉斯維加斯曾觀看過的「白虎」表演。白虎是因為基因變化而孕育出來的白毛老虎，體型雄偉，英姿煥發。但是在舞台上的十多隻白虎，表情木然，動作遲緩。牠們只能在馴師鞭子的劈啪聲下進行著每一步設計好的動作。

　　因為抗議用動物作表演工具的聲浪越發壯大，世界上各地的馬戲團早已先後偃旗息鼓。水族館的鯨魚也因為多次的事故，向公眾表演的節目逐步消失。愛護動物的呼聲已成為此起彼伏的社會力量。

　　近期的新冠肺炎病毒全球肆虐，各地動物園因遊客的斷絕，造成資金短缺而無法生存導致關閉的信息也不斷傳出。和中國簽署合作的熊貓計畫，因為空中航線的中斷，餵食熊貓的特定竹子無法從中國如期運至，有些動物園已有面臨斷糧的危機。日本及加拿大更

傳出有意提早結束和中國簽訂的熊貓出借合同，將熊貓運返中國。

　　其實從一開始，人類開啟動物園也好，建造水族館也罷，美其名為造福人類，瞭解動物世界。骨子裡無非是利益驅使下的商業行為，漠視動物的健康和生態平衡。

　　在疫情仍然威脅著全人類的壓力下，人類應該清楚地認識到，是改變對待動物的時候了。美國佛羅里達州奧蘭多水族館的虎鯨迪力昆之死，使千萬個曾經對其表演發出歡呼的人群，共同奏響哀悼之聲，從而杜絕了鯨魚表演的拙劣行為。

　　馬戲團和拉斯維加斯迫使動物表演的卑劣傳統也從此消聲匿跡。日本和加拿大動物園感受到獲取熊貓食用竹子的困局，促使他們考慮提早熊貓計畫的結束，這一切都在告訴人類，利用動物獲取豐厚利益的無恥之尤的舉措應該從此不再出現。

　　疫情給人類敲響警鐘，生態缺乏平衡，疾病由此而生。為自身健康著想，為動物繁衍思考。人與動物的和諧共生勢在必行。

　　讓所有的動物回歸大自然的時候已然來到，期待的是飛禽將自由地翱翔於天空，水禽將悠閒地在水中暢遊，陸上的走獸也將無憂無愁地在森林荒野中奔跑！

　　這也許是疫情的啟發，更是人類良知的覺醒。

　　　　　　　　　　　　　　　　（2020年7月6日完稿於溫哥華）

萊比錫的音樂文化改變了德國的命運

　　凡是到過任何一個火車站的旅行者，印象中都會產生不相上下的共同點，那就是擁擠，繁雜，亂哄哄，還得小心扒手盜竊。尤其在人口眾多的國家搭乘火車，更要處處提防，步步為營。

　　1986年，我和妻子帶著兩個孩子在歐洲旅遊，結束法國巴黎的行程後，準備搭乘火車前往布魯塞爾。上了火車將行李放置在車廂進口旁邊的行李架上，然後進入車廂尋找預定的座位對號入座。

　　等我出來取放在行李包裡的書籍時，卻讓我目瞪口呆，四件行李中居然有兩件不翼而飛！我立即前往車站警察局報案。見到一位只穿著汗衫短褲，腳上拖了一對膠拖鞋的日本年輕旅客，愁眉苦臉地坐在那裡顯得很無奈，彼此點頭互相打了個招呼。

　　我向值班的警官陳述了行李失竊的情況，他隨即遞給我一張表格要我填寫。我填妥後又交還給警官，他即在那裡好像認真地在瞭解我寫的內容。

　　這時候，站在旁邊的日本旅客用訴苦的口吻告訴我，他不僅失竊了全部行李，連護照及現金等均被偷竊一空，不知如何返回日本。他的訴苦給我的感覺是，在法國火車站旅客丟失行李似乎是家常便飯。

　　正在思索是否能找回行李時，坐在我對面的警官面無表情地，用如同夾生飯似的英語敷衍了我一陣，我也理解到這張表格的填寫根本於事無補。由於開車時間快到了，妻子和兩個孩子都在車上等我，只得自認晦氣地走回車廂。

　　在那個失竊的皮箱中，有一幅前一天在巴黎畫廊中購買的西班牙藝術家達利作品的限額複製品，價格是五百美元。氣憤不平的

是，我還沒有仔細欣賞這幅作品，就從此無影無蹤了。當然兩個孩子更為失落，第一次興高采烈地到歐洲旅行，一路上購買了喜歡的小紀念品，還小心翼翼地包好放在行李箱裡，卻全部落入賊手。

　　無獨有偶，去年我夫婦籌劃了在歐洲四個月的旅程，從加拿大啟程直飛法國里昂，抵達後即直接從機場乘火車到里昂市中心的火車站，再轉搭前往笛詠（Dijon）的直達車。別以為法國自我標榜是個文明大國，殖民地遍佈全球，但來自世界各地的旅客，無不對法國火車站的秩序搖頭嘆息。即以頭等車廂的結構來說，還維持著上世紀八十年代的水平。

　　從月台上車時，要先登上車廂門首的三個台階，而且還要小心，因為月台和車廂上車台階之間有一個寬約十多公分的空隙，稍有不慎就有可能將腳卡在這空隙裡。上車後，狹窄的通道旁就是給乘客放置行李的架子，分上下兩層。

　　在進入車廂內尋找座位前，要先下兩個台階，法國人沒有排隊的良好習慣，上車的旅客往裡面擠，而要下車的旅客堵在裡面出不來，於是你推我擠地互不相讓。

　　一位衣著頗為時尚的年輕女士，看到妻子費勁地將行李往架子上托，就滿面笑容地幫助妻子將行李放好後即匆匆下了車。妻子也向她表示了感謝。

　　抵達笛詠瓊後，我們雇了計程車前往預定好的酒店，妻子打開錢包正要給司機結帳時，驚慌地發現她原先放在小錢包裡的一千五百歐元紙幣全部失了蹤影。思索了好一會，終於理出一個失竊的環節。

　　在火車上幫妻子搬行李的妙齡女郎，極有可能是扒竊的同夥。在擁擠的旅客叢裡，用好心幫忙來轉移妻子的注意力，在一同將行李托起來的時候，另一個扒手就趁勢將妻子繫在胸前的錢包打開，迅速地將裡面的紙幣竊走了。這是歐洲吉普賽女郎在公共交通上行

竊的通用手法，在義大利尤其猖獗。

　　義大利是火車站、市區地鐵及公共汽車上扒竊最為嚴重的國家，羅馬的扒手幾乎都是來自沒有國家的吉普賽女郎，以三人為一組，其中一人經常裝扮成孕婦或者是推著嬰兒車的母親。這種三人小組的行竊手法，卻在素有文明自居的法國有後來居上之勢。

　　在羅馬，我曾經有過一次當場抓獲扒手的經歷。那是一個夏夜，大約九點前後，我和妻子在地鐵月台上候車回飯店。當車抵達停穩後，跟著妻子上車時，感到後面有人在擠推，我回頭一看，是一個婦女推著嬰兒車，車頭正好頂在我的腰際。

　　每次在羅馬旅行，我習慣將錢包放在左邊的褲袋裡，將手插在褲袋裡小心保護。當那個女郎用嬰兒車頂我時，為了平衡，我伸出左手抓住車門旁邊的扶手桿，待進入車廂立即將手放回褲袋。

　　就那短短的幾秒鐘，褲袋裡的錢包不見了。經驗告訴我，正是那個推著嬰兒車的女人開始了扒竊的前奏曲，我用銳利的眼神瞄了她一眼，她立即將嬰兒車倒退到月台上，滿以為我會繼續盯著她。

　　很快地我將視線在車廂門邊掃了一圈，發現一個單身女郎站在車廂門的另一邊，臉上顯露出忐忑不安的神情，第六感告訴我，這個女人肯定是同夥。在她毫無心理準備下，我用雙手突然抓住她兩隻上臂，並且使勁掐得她喊痛。我用義大利語高聲命令她將錢包拿出來，沒等她回答，一位女乘客對我朝著地板使了個眼神，並輕聲向我說：「你的錢包在地上」。

　　順著她的眼神，我朝車廂地面一看，只見我的錢包躺在那個扒手的腳邊。為了防止她的逃脫，我一只手繼續緊緊地掐住她的胳膊，彎下腰用另一隻手去檢拾起我的錢包。這時候車廂門正在自動關閉，她使盡全身力氣掙脫了我的控制，快速地跳下月台。

　　就那麼一瞬間，我精彩地完成了一幕現場抓扒手、錢包失而復得的表演，但車廂裡的義大利乘客對我的「英勇表現」竟視而不

見，也許這些扒手的公開行竊，在他們心目中只是習以為常的生活小插曲而已。

由於我曾向小兒子和他妻子講述過這番經歷，所以後來他們去羅馬旅遊時，在地鐵裡遇到和我同樣的情節。只是當女扒手剛將手伸進兒子後面的褲袋時，立即被兒子緊緊抓住，他的錢包這時正握在扒手的手掌心。

現在，歐洲的扒手行竊範圍已經擴張到西班牙馬德里的地鐵裡。歐洲各國的警察機構，對這些猖狂的扒手集團束手無策。前往歐洲旅遊的各國人士，只能提高警覺來保護自己。但只要隨時警惕，這些盜竊販子的雕蟲小技仍然是在可控範圍中的。

德國的火車就幾乎看不到這些令旅客尷尬的情景，扒手盜竊的機會微乎其微。我夫婦在2018年到德國旅遊時，幾乎全以乘坐火車為交通工具。首先德國的火車準時，而且車廂裡整潔安靜，非常舒適。唯一的缺陷就是德國火車站鮮少能用英語和外國旅客交談的工作人員。日耳曼民族的高傲，視他人如無物，往往造成外國旅客對德國的負面印象。

德國統一前，我曾經數度訪問過西德，但大部分集中在法蘭克福及慕尼黑幾個較為發達的城市。所以這次的旅程我們選擇了東德曾經管轄的城市，主要是萊比錫（Leipzig）和德累斯頓（Dresden），想體驗一下曾在德國民主共和國統治下的城市，這些年來究竟發生了哪些變化。

說實在的，在到訪之前，我對萊比錫的認識僅限於它的音樂歷史。因為浪漫派音樂家的成就，萊比錫成為至高無上的音樂之都。在眾多的音樂家中，我比較喜愛的兩位音樂作曲家是約翰‧塞巴斯迪安‧巴赫（Johann Sebastian Bach 1685-1750）及孟德爾遜（Jacob Ludwig Felix Mendelssohn Barthody 1809-1847），還有另外一位天才鋼琴作曲家修曼（Robert Alexander Schumann 1810-1856）都在萊比

錫城市留下不朽的音樂遺產。

從柏林乘坐火車前往萊比錫，全程只需要一小時零十九分鐘。萊比錫火車站是一棟有百年歷史的建築，1915年建成後，車站分東西兩個出入口，分別由皇家薩克森鐵路及普魯士國營鐵路經營使用。二次大戰時和德國其他城市一樣，遭到轟炸的厄運，火車站的中央屋頂遭嚴重損毀。1998年經過重新裝修後，重現一片現代化的面貌。它佔地三萬平方米，上下三層，擁有140間商舖，儼然是一座頗受大眾歡迎的購物商場。

我們抵達時，第一印象就如同進入到極為古典氣氛的商場。和其他車站迥然不同的是，那裡聽不到喧鬧的通俗音樂，只輕輕地播放著安詳的古典音樂，令旅途中的匆忙急迫旅客立即變得悠閒平靜，在還沒有進入到市區前，火車站就已經引領旅客對這座城市產生了迷戀的感覺。

我們預定的酒店就在歷史城區的中心點，所有早已計畫的參觀點，都是在步行的距離中。首先我們去參觀了巴赫一生獻身音樂的聖湯瑪斯教堂（Thomaskerche）。巴赫從1723年在教堂裡擔任兒童合唱團的指揮，一直到1750年他去世結束。在他擔任指揮時，還在教堂主持下的學校教課。如今該教堂是巴赫的長眠之所。

聖湯瑪斯教堂的兒童合唱團是在1212年開始組成的，是德國享有聲譽的音樂團體，歷史上曾有好多位著名音樂家擔任過該樂團的指揮，但巴赫是任期最長的一位。

從巴赫之後，這座古老的教堂就和音樂家結下了不解之緣。巴赫在德國甚至全球音樂界的地位是和貝多芬等齊名的。甚至在創作上較貝多芬更為多元化，涉及清唱劇，歌劇，彌撒曲，聖詠，及受難曲等，還使用各種不同樂器創作了獨奏曲，組曲，室內樂及協奏曲等。從紀念他的博物館中所陳列的不同樂器就可以領會出，這位德國十八世紀的音樂家，所展現的巴洛克時代音樂風格和精隨，以

及深邃的思維，是將德國，義大利和法國的創作手法融合在一起的結晶，影響後世頗深。

然而在他去世後不久，其創作曾經被人視為落後保守，幾乎遭到消聲匿跡的命運。直到1829年年僅19歲的孟德爾頌，不顧眾人的反對，毅然在這座教堂親自指揮了巴赫的「馬太受難曲」。這是在巴赫去世79年後，第一次公開演奏了他的作品。

教堂裡巴赫的墓碑。

孟德爾頌是我一生心儀的音樂家，尤其是他在17歲時（1826年）創作的「仲夏夜之夢」，因為和我大學時選修的莎士比亞（William Shakspeare 1564-1616）戲劇有關聯，更增加我對這首樂曲的偏愛。孟德爾頌是在十七歲時讀了莎士比亞劇本「仲夏夜之夢」的德文翻譯本，頓生靈感，完成了他的「仲夏夜之夢序曲」。

1835年孟德爾頌遷居到萊比錫，出任萊比錫格萬豪斯管絃樂團（Gewandhausorchester Lepzig）指揮和配樂。但在1841年，他去了柏林，當時德國劇作家約翰・魯德維希・狄克（Johann Ludwig Tieck 1773-1853）正在執導音樂劇「仲夏夜之夢」，孟德爾頌受到普魯士國王菲利浦・威廉四世的重託，成為宮廷御用音樂創作人，除了創作其他音樂之外，最重要的是為該劇創作了整套音樂「Ein Sommernachtsgtraum op・61」共五幕13首樂曲。其中就有時至今日仍膾炙人口的「結婚進行曲」等樂章。與此同時繼續兼任萊比錫樂團的客座指揮。

由於從一開始，孟德爾頌對這份差事並不熱衷，同時王室對他的諸多承諾也未有兌現，所以在1844年，他決定辭去柏林的工作，

回到萊比錫，次年舉家搬遷到這座他最喜愛的城市，就在當地一棟公寓樓二層住下，並在那裡誕生了他的女兒伊莉莎白。

通過孟德爾頌的大膽指揮，巴赫的樂曲從此名揚四海。他自己也和萊比錫結下深厚的音樂情誼。孟德爾頌之所以會對巴赫的作品如此專注，完全是他老師卡爾‧佛雷德力克‧哲爾特爾（Carl Frederic Zelter 1758-1832）的精心栽培。在他的心目中，孟德爾頌是他最得意的學生，通過他的安排，介紹了孟德爾頌和歌德結識。

孟德爾頌和歌德第一次的見面是在1821年，當時孟德爾頌才十二歲，而歌德已經是古稀之年，稱得上是一對文學音樂界的忘年之交。在孟德爾頌日後創作的許多作品中，都來自於歌德詩歌的靈感。歌德在第一次見到這個兒童時，就對他讚不絕口。

早在孟德爾頌創作「仲夏夜之夢」前，年僅16歲的他，受到德國大文豪歌德作品「浮士德」的影響，就已經譜寫了第一部成熟的音樂作品「弦樂八重奏（op 20）」。

歌德（Johann Wolfgang von Goethe 1749-1832）是德國的大文豪，他窮其一生完成舉世聞名的不朽名著中文譯為「浮士德與魔鬼」的巨作。

該書共分上下兩部，1808年歌德完成了第一部「浮士德悲劇第一部」（Faust, Der Tragödie Erster Teil），時隔二十多年直到1831年才完成下集，「浮士德悲劇第二部」（Faust, Der Tragödie Zweiter Teil）。

歌德不僅影響了孟德爾頌的音樂創作，在萊比錫也有深厚的文學影響力。

1835年孟德爾頌再度到達萊比錫，擔任當地的格萬豪斯管弦樂隊指揮。同時和在萊比錫擔任「新音樂雜誌」編輯的音樂家舒曼（Robert Alexander Schumann 1810-1856）成為莫逆之交。

他在1842年邀請舒曼共同創建了「萊比錫音樂學院」

（Hochschule fur Musik und Theater），而且成為首任校長，當時孟德爾頌僅33歲。舒曼和孟德爾頌之間有著深厚的友情。早在1839年舒曼將他發現的舒伯特（Franz Schubert 1797-1828）第九交響樂交給孟德爾頌後，他義無反顧地立即在3月25日在萊比錫作了首場公演。

他的聖樂創作「聖保羅」（Paulus）於1836年在德國杜塞爾多夫（Dusseldorf）作首場公演後，被公認為是他最傑出的作品，同時為其奠定了歐洲的崇高音樂地位。

孟德爾頌在二次大戰期間因為猶太人的家世，曾經遭到納粹的抵制。萊比錫在納粹佔領期間，原來豎立在歷史地區的雕塑也被拆除，所有的作品均被禁止公開演奏。直到大戰結束，地方上才重新塑造了一座銅像，豎立在聖湯瑪斯教堂旁邊的廣場上。

如果用「音樂之都」來形容萊比錫一點都不過分。上述幾位音樂創作家給當地留下不朽的影響，孟德爾頌除了創作及指揮音樂之外，還不遺餘力推薦巴赫及舒伯特的音樂。如巴赫的耶穌受難聖樂「聖約翰的受難」（St. John Passion）就先後於1724年，1728年，1732年及1749年耶穌受難日演奏過。

還有許多音樂家都先後慕名而造訪過萊比錫。其中有莫札特（Wolfgang Amadeus Mozart 1756-1791）於1789年5月12日曾經到過萊比錫，並在聖湯瑪斯教堂演奏管風琴。19世紀音樂家華格納（Richard Wagner 1813-1883）出生後於8月16日在同一座教堂裡接受洗禮。

在濃郁的文化境界裡，萊比錫的因為音樂造就了長久屹立不倒的地位。與此同時，也因為文學領域的不斷發展，成就了萊比錫的文學風氣。行走在街上，不僅可以欣賞到教堂旁邊廣場上的露天四重奏，也能在街邊隨時駐足聆聽小提琴的獨奏。這些演奏者雖然一時還不能躋身於著名音樂家的行列，但是他們為一座城市造就音樂氣氛的貢獻有其不可磨滅的價值。

德國大文豪歌德，在他青年時代，就曾因為在萊比錫就讀，給這座文化城市更增添一抹燦爛奪目的文學光芒。

最特別深入人心的就是歌德和當地一家酒吧的淵源。從1765年到1768年，歌德在萊比錫就讀大學時，常光顧一家自1438年即已開設的酒吧。酒吧裡有兩幅畫對其影響甚鉅：一張是當地著名的魔術師及天文學家浮士德（Johann Georg Faust）和學生痛飲的場景，另一張是浮士德在魔鬼Mephistopheles的助力下，跨著酒桶駕馭而去的趣味性主題。

歌德自年輕時，對德國的民間傳奇故事不僅知之甚詳，而且有過深入的研究以致衍生出他的名著「浮士德與魔鬼」，講述醫生浮士德最終將靈魂出賣給了魔鬼的悲劇。

這家中古時期創建的酒吧原址在1530年被拆除後，改建為商貿展覽會址。再後來又在1912-1914年之間興建了一座美輪美奐的通道，實際上就是一個購物商場，名叫Maderpassage，至今仍然是萊比錫居民或是旅客喜愛光顧的地方。

委託興建這座商場的是當地的一位大夫，名叫亨利‧斯特洛墨爾（Heinrich Stromer 1482-1542），也是當地的市議員。因為他是好幾位皇親國戚和教會總主教的私人醫生，所以名望甚高。

斯特洛墨爾大夫出生在奧爾巴赫小鎮（Auerbach），日子一久，社會上就稱呼他為奧爾巴赫大夫。而在他將那間富有歷史背景的酒吧重新開張後，即用其出身地名為之命名，成為風行海內外的餐館酒吧「奧爾巴赫酒吧」（Auerbach's Keller）。

如今有兩座特殊的雕塑陳列在酒吧的進口處，一座是「魔鬼與浮士德」（Mephisto and Faust），另一座為「迷惑的學生」（Bewitched Student）。其內容都和歌德的文學名著有著千絲萬縷的關係。因為歌德在學生時代從酒吧裡兩幅油畫的感受中得到的啟發，最終都在他的作品中成為精彩的章節。而餐館裡面也擺設了一

尊「浮士德在魔鬼指引下跨騎酒桶揚長而去的」雕塑，讓客人們在酒醉飯飽之餘，重溫歌德在那酒吧中飲酒時培養靈感的場景。

實際上奧爾巴赫餐館不僅因為保留著許多和文學有關的風雅軼事名聞全球，還有他烹調的野豬肉更是德國人的摯愛。野豬肉在德國人心目中是一道佳餚，所以光臨該餐館的客人幾乎都會不約而同地點這道名菜佐酒。漸漸地凡是到萊比錫旅遊的外國客人也聞風而至，享受這道菜的風味。

我和妻子到萊比錫旅遊時，正好與旅居美國的摯友尹浩鏐大夫伉儷同行，四人在那裡飽享了一頓德國人的佳餚。說實話，如果用中國人的紅燒牛肉來相比，那麼德國野豬肉的色香味還是稍遜一籌。

烹製的方法是廚師將野豬肉切成小塊，用紅酒調配，在西餐中的確屬上乘。配上紅捲心菜（rotkohl）及土豆，不失為日後頗為值得的追憶。

後來得知，德國薩克斯州森林裡的野豬，幾乎每三隻裡就有一只受到放射性感染。這是因為在俄羅斯的切爾諾貝尼（Chernoby）核電站發生洩漏案件後所造成的危害，至今在德國薩克斯的森林土壤裡，仍然存有很多的放射性物質。野豬在林中深挖土壤下受到污染的蘑菇或是松露作為食物，就間接地攝入體內。

根據德國的衛生部門分析，假如每一公斤野豬肉裡含有超過600貝克（becquerels）放射物質時，這些野豬肉就必須要被銷毀。因為它會導致嚴重的癌症。遺憾的是，森林裡的野豬每三隻就有一隻體內出現含有放射性毒素。而且這個嚴重的問題，大約要經過五十年的逐步稀釋後才得以消失。

得到此信息時，已經是離我們品嘗了萊比錫野豬肉有好幾個月的時間了。也只能一笑置之。

萊比錫留給我們的是音樂的溫馨，文學的陶醉，走在路上，看

到很多街道名字都是用音樂家及文學家的名字命名的。在那溫馨的氛圍中，即便是容易焦躁的人，也會立即如同沈浸在優雅的洗禮中而變得心平氣和。

寬敞的歌德大道東邊，歷史悠久的歌劇院日夜靜靜地佇立在那裡，注視著萊比錫人每天的安詳生活，對面則是各界嚮往的在1165年建造的聖尼古拉教堂（Nikolaikiorche）。教堂旁邊的廣場上，豎立著一根白色石柱吸引著過往的行人，似乎要向每個人傾訴它在1989年為德國統一所做出的默默奉獻。

這根石柱的造型，就是聖尼可拉教堂內部柱子的複製。石柱頂端的設計別出心裁，幾乎在所有歐洲教堂中絕無僅有，每一根柱子都設計成盛開的棕櫚葉造型，所以又被稱為棕櫚柱，成為萊比錫教堂中的一大特點。

教堂的南邊就是著名的萊比錫最高學府，萊比錫大學（Universitat Leipzig），教堂就位在當地文化，教育的中心點。

萊比錫東南邊與波蘭和捷克接鄰，所以在東德統治期間，這裏曾是重要的交通樞紐，也是重工業區，整個音樂文化歷史悠久的古老城市，轉化為從事生產機械的工業城市。也許是長期以來受到音樂文化的薰陶，當地人對統治階級的對抗，也是用平和的方式來表達。

東西德的矛盾，東西柏林的被強制執行，實際上就是美俄兩大陣營的擺弄所製造出來的不幸。生活在東柏林的青年人，為了獲得不同生活方式，想方設法地越牆或其他方法出走。結果幾乎都是流血的結局。

至於萊比錫，自1980年開始，其東

筆者在聖尼古拉教堂前欣賞棕櫚柱。

部的一個青年組織，發起了一個每週一次的和平祈禱，在每週五下午五點開始舉行。當時東西德兩邊都分別有對軍備競賽的抗議示威，及擴充軍備的計畫。然而在萊比錫的這群青年人卻以在教堂裡靜坐的方式，醞釀思考國家的危急問題。

經過數年的周折，終於在1989年的10月9日那天，所有在教堂裡參與祈禱的人，都預感到一場腥風血雨的即將到來。兩天前的10月7日，德意志民主共和國建國40週年的慶典節日，身穿制服的軍警及特工人員，在教堂的周遭連續十個小時不斷毆打手裡沒有武器，也不具任何抵抗能力的人群，並有數以百計的民眾被逮捕關進馬棚。

緊接著地方新聞刊發了一篇含有警告性質的文章宣稱：「終於，反革命必須被中止的時間到了，在需要的情況下，適當的武力是必要的。」

但這篇報導並沒有嚇倒參加和平祈禱的群眾。東德政權也安排了德國統一社會黨逾千名的黨員前往教堂參加「和平祈禱」活動。目的不言而喻，他們和每週出席「和平祈禱」活動的安全人員一樣，參與在人群中，監視並瞭解活動的實情。

10月9日這天晚上，負責教堂的牧師C. Fuhrer在參與的群眾，以及東德政黨黨員和不計其數的安全人員面前，反覆高聲宣揚耶穌的福音，這些福音正是東德政黨黨員和安全人員極感陌生的事物。如：

耶穌道：「窮人有福，天國是他們的。」這意味著金錢並不代表有福。耶穌道：「將愛給予你的敵人。」這告訴我們沒有必要擊敗對手。

當晚的和平祈禱就是在這樣祥和的寧靜下，參與者聚精會神地氣氛下進行著。一直到結束前，主教向全體與會者施以祝福，格萬豪斯管弦樂團的指揮克爾·馬蘇（Kurl Masur）教授等一班人馬朗誦了支持非暴力的號召後，所有的與會者在教堂和藝術，音樂及福

音的相輔相成下，一場動人的情景發生了。

　　教堂裡擁擠著兩千多位與會者，教堂外的廣場上也聚集著上萬名群眾。他們手中都持著蠟燭，他們手無寸鐵，只是為了守護燭光，每人一隻手持著蠟燭，而另一隻手護著燭光。

　　在場的軍警人員及安全人員，目睹所有與會者手裡沒有石頭或木棍。展現的只有耶穌的非暴力精神，以及由此而衍生出來的和平力量。這時候所有的軍隊，警察，防暴組織及安全人員都被這情景所震撼，居然無聲無息地悄然撤退。

　　在耶穌的感召下，這一晚，分不出誰是勝利者，誰是失敗者，沒有戰勝者，也沒有被征服者。他們的合作無間彼此諒解，促成了後來的獨裁政權崩潰瓦解。就這麼一點星星之火，燃燒到全德國，完成了德國的統一，也擊垮了中東歐的共產政權。

　　當上百萬人走上大街的時候，沒有絲毫的暴力，唯有因群眾對耶穌的信仰所換來的和平。德國統一社會黨一位中央委員Sindermann先生在臨終前曾不無遺憾地說道：「我們什麼都計畫好了，為任何事情做好了準備，就是沒想到會面對蠟燭和祈禱。」

　　德國統一後，這個和平祈禱組織並沒有終止他們的社會活動，該教堂的本堂神父C. Fuhrer頗感欣慰地告訴世人，至今這個組織仍然在教堂裡，繼續為失業人群提供服務，貫徹聖尼古拉教堂一貫的宗旨：

耶穌基督之家

希望之家

希望啟程之所。

　　為紀念聖尼古拉教堂對德國統一所做出的貢獻，雕塑家安德烈安・斯托茲勒（Andreas Stotzner 1965- ）特地參照了聖尼古拉教堂裡的棕櫚柱，設計了一根石柱陳列在教堂旁邊的廣場上，作為德國現代歷史轉變的象徵。

德國的夜總會歌舞廳演出者波恩‧魯茲‧蘭格（Bernd-Lutz Lange 1944-）就曾這樣描述過萊比錫那晚和平祈禱的勝利：「這次的革命沒有首領，唯一的首領就是聖尼古拉教堂和市中心的群眾。唯一的領導非『聖尼古拉教堂的星期五下午五點』莫屬。」

既然聖尼古拉教堂在德國統一的聖神任務中扮演了功不可沒的角色，萊比錫這座城市自然得以在歐洲再度發揮其強大的動力。作為個人，我對萊比錫的感懷卻仍然處於音樂和文學的境界裡，就如同聖尼古拉教堂，因為有和平祈禱，成就了它在國家統一的豐功偉業。

但我的懷念還是侷限在大音樂家巴赫分別在1723年和1759年兩次擔任音樂總監的平凡工作上。他一生專注於創作，也因為他許多作品在該教堂首演而為後人所知。他被稱為多產作家是當之無愧的，就連國際樂壇都公認，他創作的基督聖曲作品數量多過韓德爾（George Frederic Handel 1685-1759）。

我更懷念浪漫派的孟德爾頌，是他的作品引領我啟發寫作的靈感。我的兩本以義大利為背景的小說，就是在他那不朽名作〈交響曲第四號A大調（義大利作品op 90）〉的感染下完成的。我曾經在義大利生活過近十年，因此孟德爾頌在四個樂章中所描述的義大利明媚陽光，義大利人的熱情樂觀，從清新高雅的音符中展現無遺。即便他自己對這首在旅途中完成的樂章也做過如是的自況：「這首交響曲是我曾經寫過最圓滿成熟的作品。」

幾位浪漫派的音樂家，因為他們的卓越成就，將萊比錫提升到國際音樂至高無上的地位，歌德的文學造就，不僅令萊比錫的奧爾巴赫餐館成為世界級的聚集場所，更將這位德國文豪的不朽名著和烹飪結合在一起，為後人提供了享受野豬肉的機會。

在離開萊比錫之前，專程前往孟德爾頌的紀念館參觀。那是一棟公寓樓，孟德爾頌和妻子遷居到這個音樂之都時，就是生活在二

樓的一個單元裡，也是這位盛名不衰的浪漫派音樂作曲家最後的歸宿。他曾在住宅裡幾乎每日不停地舉行家庭式的音樂會，同時由家人及同好作舞台劇的表演。

1991年時任萊比錫當地交響樂團的指揮克爾・馬蘇創建了「國際孟德爾頌基金會」，他擔任主席，目標是為了能將這倖存的公寓保留下來，供後人瞻仰並研究孟德爾頌的音樂成就。經過了不懈的努力，孟德爾頌紀念館終於在1997年對外開放。

離開這座標誌著音樂天才的紀念館時，充滿不捨，更多的是無窮盡的遺憾和感嘆。孟德爾頌短短的一生，不僅展現了音樂的天賦，還留給後人他在繪畫上的才華，以及與生俱來的編製舞台劇的天分。所以這座紀念館的二樓，就是按照他曾經生活的方式，使參觀者進入後，如同和他在一起開音樂會，在油墨中交流，或是在小舞台上進行對白。

更為感嘆的是，和他同時代的幾位音樂家幾乎都是英年早逝。除了孟德爾頌在短短38年的歲月裡，給我們留下了無盡的樂章之外，莫札特也是在35年的短暫光陰裡，為千萬人譜寫了不朽的音符，舒伯特只有31年的歲月。雖然舒曼的生命較他們幾位都稍長，也只不過是46個春夏秋冬。

在細嚼著他們短暫生命歷程中成就的同時，我的思維飛馳到羅馬的生活記憶，那是上世紀六十年代，我在羅馬求學工作。義大利的盛夏炎熱非常，尤其是八月。當地人就前往海灘避暑，將羅馬留給來自世界各地的遊客。

我就借此機會，留在羅馬享受那難得沒有喧嘩的時光，而且在公元一世紀的金字塔旁邊一座異教徒公墓，尋找到幽靜的角落讓我無憂無慮地讀書。

英國浪漫派的兩位年輕詩人就在那裡長眠，年僅30歲的雪萊（Percy Bysshe Shelley 1792-1822），在義大利西北角乘坐他的帆船歸

途中，遇到暴風雨而身亡，當他的遺體被沖上岸後，在他的衣袋裡發現還帶著一本基茲的詩集。他的遺體被火化後安葬在羅馬的異教徒公墓的一個牆角處。

另一位浪漫派詩人基茲（John Keats 1795-1821），年僅26歲即與世長辭，我在盛夏讀書的地方就是他墓園的草地上。偶然除了幾聲鳥鳴劃破晴空之外，就是一片寧靜，使我心無旁鶩的專注在書本上。我也不時定下神來，注視著草地上的墓碑和牆上的石牌，上面刻著基茲對自己死亡後的安排。他不希望將出生及死亡的時間以及自己的名字刻在上面，僅留下一句令人刻骨銘心的感嘆：

「一個名字刻在水上的人在這裡長眠」（Here lies one whose name was write in water）。

我已記不清去過那裡多少次，只是每次躺在那裡看書之前，都會對著這塊石碑注視良久，從而賦予我寫作的靈感。也因此笑我自己，大學時代，教授在課堂裡講述雪萊，基茲和拜倫時，從未出現過像在墓園裡如此專心一致地注視著詩人的石碑，而細細地琢磨著他們詩歌裡對愛情的激情描寫。

同時代的拜倫則在1824年，帶著浪漫的情緒前往希臘，參加了當地的獨立革命。因病死於戰場。時為36歲。

他們和德國浪漫派音樂界的代表人物一樣，都是在青春風華之年而消逝，這令我聯想起中國在二十世紀初葉的幾位作曲家。撰寫了抗日歌曲「起來，不願做奴隸的人們」的聶耳（1912-1935），離世時年僅23歲，而創作「黃河大合唱」等名曲的冼星海（1905-1945），去世時只有40歲，以發揚國樂二胡為己責的劉天華（1895-1932）也未及不惑之年。

不論是德國的音樂創作者，或是英國的詩人，抑或是中國的作曲家，他們用有限的生命給後世留下無價而永恆的作品，感染著一代又一代的千萬世人。我不禁發出這樣一個顯得相當笨拙的疑問：

究竟生命的長短重要，還是為人類留下不朽的作品更為崇高？

　　孟德爾頌去世前在遭受了數度中風的折磨後，留下了一句無懼於面對死亡的話，或是最懇切的真理。他這樣寫道：「希望在即將去到的地方仍有音樂，不再有悲哀或是離別！」（Where it is to be hoped there is still music, but no more sorrow or partings!）

　　至於我這個凡人，經歷了在萊比錫短暫的洗禮，感受到幾位音樂家給後世留下的文化藝術遺產，真正豐富了一代又一代人的生活。我更為德國人感到欣慰，因著耶穌的福音，配合著音樂家創造的高尚而雅緻的社會環境，改變了企圖以武力作為手段的政治群體，促使他們和樸實無華的人民團結站在一起，給日耳曼民族重新創造出一個統一光輝的明天。

　　在眾多傑出音樂家的故鄉，我還是忘不掉販夫走卒的嗜好，品嚐了德國人心目中的佳餚野豬肉，留下值得玩味的回憶。只是不知道，巴赫，孟德爾頌，或是舒曼，或是舒伯特，還有大文豪歌德是否對這道「名菜」曾經有過濃厚的興趣，或是不屑一顧？

　　　　　　　　　　（2020年7月18日完稿於溫哥華）

沙丁魚的懷念

　　普羅大眾在日常生活中，應該都有過不同程度的擁擠經驗，有的是在上下班高峰時段，擠在公共汽車或是電車內動彈不得的尷尬，有的是在摩肩接踵的市場裡，尤其是在年節期間，為了搶到新鮮可口的食品不惜你推我擠。在這些水泄不通的場景中，幾乎都會不約而同地驚呼：這簡直就是「擠得像沙丁魚罐頭！」

　　其實這樣的感歎也好，抱怨也罷，在人口稠密的都市或是國家，幾乎就是家常便飯。我就有身歷其境的經驗，在日本東京地鐵站裡經歷過的擁擠場面令我終身難忘。車廂裡早已沒有了一絲的空間，而月台上的車站員工們還是使出渾身解數，將乘客當成貨物般地向車裡塞，直到車門關閉才鬆手。車廂裡的乘客早已不顧人性的尊嚴，只是面無表情地隨著車速儘量保持身體的平衡。這就是最典型的「沙丁魚罐頭」。

　　六十年代，馬德里的地鐵也不亞於日本的東京。上下班都會擠得如同沙丁魚罐頭。而在西班牙這樣的比喻是最適合不過的。因為西班牙的沙丁魚產量在全世界數一數二，而且沙丁魚在西班牙人的日常生活中，幾乎是家常便飯。

　　年輕人光顧的迪斯科或者夜總會，經常是摩肩接踵，於是將其形容成如同「沙丁魚罐頭」也就應運而生。

　　其實，中國人將擁擠的地方形容成為「沙丁魚罐頭」的這個成語，是自歐洲引入。歐洲出現這句成語，最早應該是在1845年。將人類擁擠的地方形容為「Packed together like sardines in a tin-box」，後來又發展成其他成語如：「packed like sardines in a tin」，或是：「packed like sardines in a can」……

　　所以只要打開沙丁魚罐頭，就立即明白為什麼英國人會構思出這樣一句極具形象的成語。因為沙丁魚罐頭裡的魚肉塞得非常緊實而沒有一點空隙。

　　從語言學上探討沙丁魚英語名稱「Sardines」的來源應是希臘字「Sardo」，繼而又不知是歷史上那位的傑出人物，將沙丁魚和義大利的沙甸亞島「Sardegna」摻和在一起。

　　沙甸亞島位在地中海法屬科西嘉島的南邊，希臘歷史學家何羅多圖斯（Herodotus公元前484-425年）稱這座島嶼為Sardegna，意即「島嶼中最大的島」。羅馬共和時代的著名政治演說家馬爾庫斯·圖利烏斯·西塞羅（Marcus Tullius Cicero公元前146-43年）曾讚譽何羅多圖斯為「歷史之父」。

　　實際上沙甸亞島在各個島嶼中，僅能被認為是繼西西里島後的第二大島。而它和沙丁魚的淵源至今仍然存疑。因為希臘歷史上曾有傳言稱，沙丁魚是來自沙甸亞島，因而得名。然而從沙甸亞島到希臘距離有1700公里之遙。古代航行工具的缺乏，如何能令希臘漁民到千里之外去捕撈沙丁魚實在是天方夜譚。

　　其實沙丁魚的產地分布全球，漁業界就有記載，遍及加拿大，英國，美國，克羅地亞，法國，希臘，印度，義大利，日本，摩洛哥，挪威，祕魯，葡萄牙，西班牙及土耳其等國。

　　可見沙丁魚的產量遍佈三大海洋。因為沙丁魚的相貌特殊，它的體積又小，所以一直以來漁業界始終將沙丁魚作為飼料來處理。而且在海洋中也是其他生物的主要食物來源。

　　沙丁魚是鯡魚屬類的魚種。它在歐洲經常被人誤解為Pilchard，中文翻譯也稱為「沙丁魚」。實際上在歐洲的區別是，體積一般在15公分以下的稱為「Sardines」，大過15公分的則稱為「Pilchard」。

　　別小看了這些貌不驚人一直不被看好的小魚，其實它一身都是

寶。沙丁魚含有極其豐富的Omega-3脂肪酸，對心血管病症有高效
的保護作用。它還含有多種如鈣，磷，鉀等礦物質，以及適量的鐵
和硒。而且有豐富的維生素D，B及蛋白質。它的油脂可以用來製
作油漆，塗料及油布等工業產品。

　　更值得欣慰的是，沙丁魚幾乎沒有任何的海洋污染，在大氣層
中污染情況急遽惡化的現狀下，海洋中極其珍貴的三文魚以及深海
魚類，都嚴重受到海洋污染的侵蝕。沙丁魚則由於體積小，潛水深
度低，幸運地成為當今海洋中的稀世珍寶了。

　　美國有一位企業家格雷‧庫伯爾（Craig Cooper）從五歲開始
就對沙丁魚有特殊的愛好，他一直深信沙丁魚是最好的健康食物。
不久前在檢查身體時，為他測檢的醫生對他的優良健康條件感到震
驚，經過溝通，得悉這位企業家每天要消耗五罐沙丁魚。而且他自
喻為是宣傳沙丁魚的福音使節，逢人即告知食用沙丁魚的好處。

　　他還精細地將沙丁魚中的養分列出細表供人參考，特別是對
男士們的腦，心，肌肉，骨骼，前列腺，甚至是性器官的勃起有
顯著的功效。他分析出每一罐3.2盎司（約90克）沙丁魚中含有的
養分百分比如下：

　　　維生素B12——337.9

　　　硒——87.9

　　　磷——86

　　　歐米加3——60.8

　　　蛋白質——44.6

　　　維生素D——43.7

　　　鈣——34.6

　　　維生素B3——29.7

　　　碘——24

　　　銅——18.6

美國癡迷沙丁魚的企業家庫伯爾在遊艇上自
得其樂。

維生素B2——16.1

膽鹼——16

綜合這些養分，庫伯爾深信沙丁魚是他飲食中的超級食物，而且他一再強調，沙丁魚已經是他日常生活中不可或缺的食品。有一次他去了希臘十多天，幾乎每天就是以沙丁魚為主食。

當然他對沙丁魚的偏愛有其個人的理由，但是他認為一天消耗五罐沙丁魚的說法似乎有些誇張的意味。

沙丁魚的烹調方法很簡單，除了常見的罐頭之外，不外乎是煎，烤，醋浸或是水煮。一年前，我和妻子到葡萄牙旅遊時，在里斯本的中心區廣場邊，參觀了一所專賣沙丁魚的商鋪，顯然那是為吸引旅客而開設的。其中有在沙丁魚罐頭上印有不同年份的標誌，是旅遊者的最佳選擇。幾乎每人都會情不自禁地買回去作為餽贈親友的生日禮物。

由於沙丁魚其貌不揚，無法作為上乘餐飲端上桌。從十幾個國家的發展，到今天的急遽萎縮，沙丁魚在世界上的分布已屈指可數。其中以葡萄牙，希臘，西班牙和墨西哥為重要產地。

西班牙的沙丁魚產地主要在西北角葡萄牙上方的卡里希亞（Galicia），那裡的海產除了沙丁魚之外，還有爽口的青口，章魚及鰻魚。所以那裡的沙丁魚，青口，章魚及鰻魚罐頭仍然是一枝獨秀，風靡歐美。

1960年時代，我正在馬德里求學，利用暑假在卡里希亞的維果（Vigo）城市渡假一個月，飽享各種海鮮的美味。尤其是青口和鰻魚，夾在麵包中別有風味。

我還利用假期參觀了當地的「沙丁魚節日」，不僅享受了西班牙人的熱情奔放，還品嚐了別有風味的Ribeiro葡萄酒，當地人不用玻璃杯喝這種葡萄酒，而是用專製的傳統陶製小碗。它略大於日本人的清酒杯子，但我的感覺是更像我家鄉喝羅酒（一種自家釀製的

糯米酒）的傳統瓷碗。

　　西班牙的鯷魚和義大利的品種略有不同。西班牙大多數的是白色，用醋或者用橄欖油浸炮製成罐頭，因為它不是很鹹，所以可用來夾麵包吃，或者是喝飯前酒的佐料，尤其是西班牙著名的小吃（Tapas）中，經常可以看到和其他小吃一同供應。而義大利的鯷魚呈粉紅色。製作方式大同小異，但是很鹹，無法如同西班牙般地小吃，而是多半用來製作麵食的調味品。

　　因為長期生活在西班牙和義大利，使我對沙丁魚「情有獨鍾」。記得在求學時代，每天上完最早的兩節課之後，十點鐘有十五分鐘的休息。學生們就會利用這一時間，一窩蜂地快步到文學院地下層咖啡館中填一下肚子。

　　我也不例外，一週五天，都會買一個夾沙丁魚的三明治（西班

1 2 | 1 沙丁魚全貌。
　　2 筆者夫婦在葡萄牙首都里斯本沙丁魚罐頭專賣店裡留影。

牙文叫Bocadillo）充飢。因為它的價格最低廉，裡面還帶有番茄汁的營養價值，作為窮留學生，必須要考慮口袋的花費物有所值，來吸取用腦過度的營養需求。

數十年來，我對沙丁魚始終是「舊情難忘」。每次到歐洲或是墨西哥，必定要飽餐一頓沙丁魚方能滿足久違的懸念。而且在離開前，必定會前往超市「滿載而歸」作為解饞的準備。

我對沙丁魚的鍾愛，雖然沒有美國企業家庫伯爾那樣的「深情和執著」，卻深信它對人體的益處。它就像是無處不生被人視為雜草的蒲公英，卻對人類有著功德無量的健康功效。兩者都是我的喜愛，更是我尊敬的大自然恩賜。

直至現在，我還是循例每週至少開一罐沙丁魚佐酒，視為是人生的一大享受。這小小的自我陶醉，往往會勾起馬德里求學時代生活的點點滴滴。

其中最值得回味的，就是在文學院地下層的咖啡館中，短短的十五分鐘有限時間裡，擠滿了學生在那裡搶購三明治和牛奶咖啡，不由令我聯想起英國人的成語：「像沙丁魚罐頭一樣」！每憶及此，總不禁泛起一絲微笑！

（2020年8月31日完稿於溫哥華）

穿越在維也納的音樂時光隧道中

──我的音樂經歷和維也納感受

　　第一次接觸歐洲古典音樂，應該是在我大學剛畢業後不久，許多同學不是進入大公司當白領，就是在自己家庭的行業順手當上主管。我既沒有家庭的恆產作為後盾，更沒有堅實的人事背景。幸好有中學時代的國文老師黃克佐在淡水初中擔任校長一職。他來自大陸山東，家屬均在大陸，孑然一身。

| 維也納地標聖斯蒂芬大教堂

　　因為我喜歡中國古典文化，所以上他課的時候會比較聚精會神，深得老師的關愛。大學畢業後，我特地去拜訪他，感恩於他的教誨。在交談中，老師用關心的口吻問我求職上有無眉目。

　　我告訴老師，正申請了一家旅行社導遊工作，據告知，他們只提供基本薪水，其他收入就要靠遊客的小費了。公司老闆誇口說，如果我勤奮些，一個月應該有上千的收入。對這樣的數字我很懷疑，心想這可能不是一份很穩定的工作。

　　黃老師吸了口煙後問我是否願意到他那裡擔任英語老師。原來任職的老師剛辭去工作，正好有個空缺。至於薪水就和旅行社相差很懸殊了，月薪只有新台幣160元。在工作毫無頭緒的壓力下，既然老師賜予這份厚愛，我也就在毫無懸念下欣然接受了。每天天剛亮，從台北萬華搭乘區間火車到淡水上班，中午下課後可以選擇留在學校批改學生作業，或是提早下班回家。

　　我放棄了旅行社的「豐厚工資」，雖然從未涉足其間，但第一感覺就是難以忍受的銅臭味。反之在中學任職，雖然薪資不高，卻有充足的空餘時間鍛鍊我最感興趣的寫作。

　　我的居家環境是一座有十多家人雜居的公家宿舍。雖自小就喜歡古典音樂的習性，卻因為生活起居的空間有限，一位堂叔給我的手搖留聲機和一大疊唱片都沒有「用武之地」。所以我的活動範圍除了教書的中學辦公室外，就只有位在館前街的省立圖書館了。

　　突然有一天，從一位同學口中得知，在市中心區的重慶南路夾衡陽街角，有一家古典音樂咖啡館。求學期間他深知我的嗜好，所以給我傳遞了這個喜訊。

　　在好奇心驅使下，我在下班後的一個下午，從台北火車站漫步到他所說的地方，果然從沿街的窗戶傳出悅耳的音樂。這座咖啡館是開設在臨衡陽街的一個賣冷飲的大新小舖，還兼賣大冰磚。那時大多數的家庭還在用傳統的老式冰箱，每天要在冰箱裡放一大塊人造冰，冰箱下面還要放一個盆，冰箱裡融化的水就流到盆裡，第二天售賣冰塊的小舖將新冰塊放進冰箱後，就幫忙將水倒掉。

　　這個咖啡館是一位比我高一班的校友開設的。他父母在樓下經營冷飲生意，在學校是出了名的音樂愛好者，大學畢業後，可能徵得父母的同意，就將整個二樓騰出來，讓他經營古典音樂咖啡館。還取了一個非常詩情畫意的名字，叫做「田園」。是否來自貝多芬的「田園交響曲」不得而知，但這個咖啡館對當時生活在台北的年輕寫作者，應該是一個集會的好去處。

　　穿過冷飲店，樓梯間漆黑一團，上到二樓，昏暗的燈光並沒有體現任何浪漫的情調，一看便知是二手貨的沙發，分別擺設在不同的角落裡，一坐下去整個身子就塌陷下去，我找了個只有兩個單座沙發的一角坐下，每次要起身，必得先將身子向前挪動到沙發邊沿才能挺直身子站起來。

正在播放的音樂引領著客人進入虛擬的幻想意境，我也受到感染，瞬間就將這裡的擺設拋諸腦後了。學長一個人跑前忙後，既要招呼顧客，又要管理唱片的更換。見到我後，仍然駐足和我聊了幾句。

看了一下餐單，我選擇了最低廉的飲食，一杯清茶和兩個素菜包子。總共是新台幣十元，我核算了一下，那是我教書生涯160元月薪的十六分之一，也是一筆可觀的開銷。

我在那裡消磨了整整兩小時，第一次如此心無旁鶩地沈浸在無邊的音樂世界裡，要不是點的飲食過於寒酸，我幾乎可以賴著不走。在離開之前，向四周環顧了一下，咖啡間裡散落地坐著幾乎全是男性的顧客，其中還有三兩張熟臉孔，都是活躍在詩歌裡的「追夢人」，後來才知道名詩人余光中等都是當時的座上客。因為我不寫詩，就單獨地躲在角落裡絞腦汁創作我的小說稿。

在回家的路上，沿途店鋪裡低俗的喧囂「音樂」和刺眼的五彩燈光絲毫引不起我的注意，兀自回味著剛才在咖啡館裡的「享受」。不由憶及在參加「聯考」的時候，我單獨在師範學院音樂系報了名，居然我還曾擁有過追尋「音樂家」美夢的野心。

因家境的清寒，雖然不允許我對音樂有太多的奢想，卻仍然在沒有任何經濟壓力的範疇中尋找自己的樂趣。我曾鼓足勇氣，被中山北路一座天主教堂的聖詩班接納。第一次出席時，見到連我總共有十六個團員，分四個聲部，每一聲部四人。我被安排在男中低音的部分。只記得女高音聲部中有沈愫之，男中音以林寬為主角，都是當時臺灣音樂界裡響噹噹的人物。我以一個藉藉無名的小伙子參與其中，難免產生自慚形穢的感覺。

幸運的是，林寬先生為人憨厚，每週兩個晚上的排練，他都會自動給與我額外的幫助，使得我在合唱團中還能尸位素餐佔有一席之地。

　　因為參加了合唱團，越發引起我向音樂界衝刺的興趣。所以在報考省立師範學院音樂系的時候，我還真對未來有過「偉大」抱負的憧憬。

　　筆試及樂理居然出乎意料之外地順利通過，增加了我對被錄取的幻覺。但是要通過生死攸關的面試，就不是那麼輕鬆了。當時的系主任是戴粹倫先生，最後一關的樂器考試要通過他和其他幾位考官的面試。

　　輪到我站上舞台時，我戰戰兢兢地先向台下老師們行了一鞠躬，戴主任即問我選擇鋼琴或是小提琴，我毫不掩飾地告訴他，兩種樂器都不會。他接著問我會什麼樂器。我因為在中學時代，曾經是校際的軍樂隊成員，主要是吹奏伸縮喇叭，水平一般。所以只好如實告知，這是我唯一經歷過的樂器。

　　戴主任笑了笑說：「長號不屬於古典樂器的範疇。」

　　我知道再繼續下去，除了徒勞，更增加不少尷尬，因為我連這個樂器的學名都說不上來，只好向台下再次深深地鞠了一躬，我的音樂夢想就這樣澈底粉碎！

　　不知什麼原因，天主教堂的聖詩班突然解散，享受了半年多的「音樂癮」跟著結束。回想參加考音樂系那天，戴粹倫主任沒有直接趕我下台的紳士風度，一直讓我感恩不已。撫今思昔，我深深感到「塞翁失馬」確實是人生的一個重要哲理。

　　也因此日後的生命中，我沒有音樂家勞碌奔波日夜顛倒的生活異常，更不必為了「聲譽」或是為了「掌聲」而必須要作生命的額外支付。在音樂的領域裡，注定了我只能是一個坐在台下的鼓掌者，但實踐也證明，這個定位在後半生賦予我多方欣賞音樂悠然自得的無比樂趣。

　　我學會了在醉心於世界名樂章的思潮中時，就隨心所欲地沖好一杯咖啡，閉上雙眼在音符中緊跟著樂章的起伏，讓我的靈感在不

同的境界中蕩漾。只要有機會到各個傑出音樂家故居瞻仰或是墓園憑弔，我絕對不會輕易放棄，在那裡跟隨著他們的成就步伐，引領我追求人生的滿足感。

上世紀六十年代，我先後在西班牙和義大利讀書工作，幾乎所有的閒暇時間，都陶醉在音樂中。不顧長途跋涉，我曾經去到西班牙南部摩爾族王國的最後根據地格拉納達（Granada），去參觀他們興建的阿爾罕勃納（La Alhambra），這個在1492年被滅亡的穆斯林王國，給世人留下的是一個奢靡的歷史遺跡。

但我更大的心思是參訪西班牙二十世紀偉大吉他音樂作曲家馬魯艾爾‧迪‧法雅（Manuel de Falla 1876-1946）的故居，從1921年到1939年他在這座城市裡執教和創作。留下來的兩部作曲分別是「藝術大師彼得的木偶曲」（El Retablo de Maese Pedro）及「大鍵琴及五種樂器協奏曲」（Concierto para Clave y 5 Instrumentos），成為傳世之作。

這位國寶級的西班牙作曲家，在格拉納達生活時，結識了不少當地文學，藝術及音樂界的傑出人士，其中就有一位我在大學研究院學習時，曾深入研究的一位當地文學音樂繪畫的多面手：卡爾西亞‧洛爾加（Federico Garcia Lorca 1898-1936）。這位二十世紀前半段的著名文學家所留下的劇作幾乎都是描寫西班牙農村中婦女在沒有任何社會地位的環境裡，默默地承受無情壓迫和歧視的悲劇。

由於政治的因素，洛爾加在內戰中，因過激的左傾言論，不幸被法西斯政權謀殺。引起整個西班牙社會的震動。法雅也因此在1939年離開了他生活近二十年的故土，遠走阿根廷，1946年在那裡去世。

法雅在格拉納達的舊居依然保持著他離開時的原樣，珍藏著許多私人物品，其中保留著洛爾加贈送的素描等珍貴文物，還有他的家俬甚至廚房用具。他去到阿根廷後原先計畫在一旦內戰結束就啟

程回國，繼續在這座舊居中安享晚年。殊不知最後左傾的共和軍澈底被瓦解，右翼的法西斯一直掌權到70年代。

經過佛朗哥的批准，法雅的遺體最終被運回西班牙安葬，倒也體現出統治階層的寬容大度，並沒有因為音樂家的異見而予以阻止。

為了紀念法雅的音樂成就，西班牙政府特地在最高票額的100貝塞達（Peseta）紙幣上印了他的頭像，象徵著他的崇高地位。

法雅一生未婚，沒有子女，畢生專注於音樂創作和培養人才。他和後起之秀霍厄金‧洛德立果（Joaquin Rodrigo 1901-1999）之間的友情，突顯出法雅對後者音樂造詣的重視。

洛德立果三歲時，因傳染病白喉而失明，導致終身為盲人。後來進入盲人學校，在一次接觸到義大利歌劇作曲家威爾第（Giuseppe Verdi 1813-1901）作品「弄臣」（Rigoletto）後，直接成為引導他進入音樂界的媒介。

洛德立果並沒有因為是盲人而有任何的退縮，他意志堅定不斷創作，一生留下170首經典名曲。他的創作過程非常艱鉅，有趣的是，他並不會彈奏吉他，但是許多作品中吉他竟是主導樂器。一旦他的靈感出現，就需要有人協助寫下，再和他一同潤飾，最後完成。

他對自己進入音樂創作的世界，曾經留下這樣一句至理名言：「失明增強了我的精神生活！」

我自學生時代開始直到現在，始終是這位西班牙作曲家的崇拜者。他的作品「阿藍湖愛斯協奏曲」（Concierto de Aranjuez）一直是我的最愛。在他所有的作品中，幾乎都傾注了濃郁的西班牙鄉村韻味和他故土的泥土芳香，表現出熱情樂觀，樸素坦率的民族性格。

「阿藍湖愛斯協奏曲」是在1939年創作。1940年在巴塞羅那首演的時候，吉他獨奏家馬沙（Regino Sainz de la Masa）特地為這首新曲擔任獨奏，為表達對馬沙的尊重，洛德立果在演奏會時宣布，這首曲子是專門獻給這位西班牙家喻戶曉的吉他手。

　　對我而言，這個曾經是我度過學生時代的國家，雖然闊別已久，始終是我記憶中最為熱衷的一環。所以每次聽到這首以吉他為主旋律的樂曲時，我必然會情不自禁地隨著那動聽的音符，回憶起那個時代的點點滴滴。

　　洛德立果為人謙虛，從他墓碑上刻著的自述就可見一斑。他寫道：「我的杯子可能很小，不過我還是用自己的杯子喝水。」（My cup may be small, but I drink from my cup）。從字面上看只是一句非常簡樸的語言，然而這意味著作曲家始終追尋他簡樸的人生觀，和他獨有的民族音樂風格。

　　從兩代的音樂家來看，洛德立果和法雅之間雖然沒有直接的師生關係，卻有著「青出於藍」的顯著差別，而且洛德立果獲得的殊榮高出法雅許多。他在1950-1951年間，為馬德里聖費爾南多皇家美術學院（Real Academia de Bellas Artes de San Fernando）的落成而專門譜寫了「卡斯迪亞奏鳴曲」（Sonatas de Castilla）。

　　為了表彰洛德立果音樂上的成就，西班牙國王胡安・卡洛斯（Juan Carlos）特地在1991年給他封綬皇家的最高榮譽，阿藍湖愛斯花園侯爵（Marques de los Jardines de Aranjuez）勳章。到1996年，西班牙藝術界組織「阿斯圖里亞王子基金會」為洛德立果頒發了藝術界的最高榮譽「阿斯圖里亞王子文藝獎（Premio del Princes de Asturias）。

　　因為工作的關係，我從馬德里遷居到羅馬，和音樂界的接觸更形頻繁。其中有羅馬歌劇院和梵蒂岡音樂廳的直接聯繫，我也就順理成章地成為這兩個音樂聖地的常客。

　　為協助我每個月寫歌劇報導，羅馬歌劇院的藝術部主任，每一年歌劇季節期間，都為我在劇院二樓的一個小包廂裡預留座位，只要每一齣歌劇在首演時，我都會按時收到入場券。梵蒂岡音樂廳在音樂季節時，也幾乎讓我飽享每場音樂會的盛況。

從欣賞歌劇或是音樂會中被典雅的氛圍所熏陶，漸漸地對歐洲文化，特別是歌劇音樂方面，產生了濃厚入迷的感覺，從而萌生尋訪歌劇作曲家的生活點滴。

除了羅馬的歌劇院是我固定的出沒場所，我會不辭勞苦地從羅馬開五個小時的車到威尼斯，只是為了在那座1792年落成的「費尼切歌劇院」（La Fenice）裡欣賞一場動人的歌劇。有時候也會驅車到五百公里外羅密歐與茱麗葉殉情的維羅納（Verona），坐在公元一世紀的古羅馬露天劇院廢墟裡，在閃耀的星星下，迎著夏日夜間的微風，沈醉在悠揚的音樂中。

雖然建造於1776年的米蘭斯卡拉歌劇院（La Scala）舉世聞名，我也曾在那裡欣賞過幾齣好戲，但我還是偏愛位在南邊拿波里（Napoli）於1737年落成的「聖卡洛皇家劇院」（Teatro Reale di San Carlo）。每次結束了回味無窮的歌劇演出後，拿波里的「披薩」餅是必不可少的晚餐。

可是在諸多的回憶中，最難以忘懷的是西西里島上的達奧密納（Taomina）在公元前三世紀建造的古羅馬劇院遺跡，它已有兩千多年的歷史，聰明的義大利人，將這座廢墟裝扮成依然令人讚嘆的露天劇場。西西里島炎夏的夜晚，因為有海上吹來的徐徐海風，增添幾分詩情畫意的感覺。

羅馬城南邊也有一座露天劇院，原址是公元三世紀初建造的羅馬大浴池，「卡納卡拉」（Termi di Caracalla），如今已是一個歷史陳跡，每年夏天就在原來廢墟上演出「阿依達」歌劇，為避免破壞古蹟被風化和損傷，近些年這齣著名的歌劇，已改在臨時搭建的舞台上演出。

「阿依達」風行數十年，是羅馬旅遊機構吸引全球旅客的一大收入。這齣威爾第的成名作，1871年在埃及開羅的「克迪維爾歌劇院」（Khedivial Opera House）首演後一舉成名。如今在羅馬露天劇

場演出時，其場面的雄偉，歌唱家的一流演出，仍然使千萬觀眾為之傾倒。

有一次，得知美國的男高音理查德・特克爾（Richard Tucker 1913-1975）從美國到羅馬歌劇院獻演。在演出前，我特地到他下榻的奎尼納妮大飯店採訪他，和他促膝長談了好幾個小時，臨行前他特地邀約我到時候去觀賞他的演出。

不料在訪問他之後的第二天，就發生了羅馬歌劇院後台工作人員的罷工，所有的演出準備工作受到嚴重干擾。特克爾一行數十人及七十多箱行頭及服裝，在羅馬苦等了近兩週時間，最後在無奈中取消了羅馬的演出，一行人馬去到維羅納在露天劇場演出。

多年來，一直沈浸在觀賞各地歌劇的情趣中，但卻在西班牙東部巴塞羅那（Barcelona）的歌劇院裡，發生了非常尷尬的場面。

我去巴塞羅那的目的是為了解整個歌劇季節的演出內容，專程拜訪當地「里賽歐歌劇院」（El Gran Teatro de Liceu）的藝術部門負責人。在結束採訪後，他問我是否有興趣觀賞當晚的演出。那是一齣德國作曲家譜寫的歌劇。對我而言有幾分陌生。

平時我不論到哪個城市，行李箱中必定備有一套黑禮服及配套的行裝，在那個年代，前往歌劇院觀賞歌劇必定要穿著黑禮服，不然就會顯得格格不入。而那次的行程純粹是公務，所以我就沒有攜帶黑禮服。本想用這理由婉拒他的盛意，他卻詼諧地說，假如我帶了深色西服，一樣可以去觀賞。

他還特別加了一句說：「別以為劇場的觀眾個個都是音樂專業人士。其實好的座位裡不乏殺豬的，賣雜貨的。」說完我們不禁相對哈哈大笑了起來。

因為他的堅持，我接受了他的盛情。但一進入劇場，我就開始感到忐忑不安。環顧四周，與會的女士個個是珠光寶氣，男士們則清一色的黑禮服；對於自己身上的深咖啡色西服，即使周遭的觀眾

沒有給予特殊的眼神，也難免產生心理上的窘態。

　　通常在中間休息時，觀眾或是去衛生間，或是三五成群地在大廳酒吧喝酒交談。整個的四幕演出連中間休息前後總共約四個半小時，我儘量避免站立起來，所以連衛生間都不敢問津，只是一味地捲縮在觀眾席上，手上的節目單也不知翻來覆去了多少次，而且還下意識地將節目單高高拉起遮蓋著自己的臉龐。

　　那次的歌劇觀賞，可以說是我一生中最為尷尬，而且毫無音樂感的一個晚上，每每思及，臉上還不免會泛起一絲紅暈。

　　義大利的歌劇並不能完全填補我的音樂癡迷，也由此興起去德國和奧地利體驗那裡豐富而雅緻的古典音樂情愫。第一次去奧地利應該是六年前的事了。我和妻子抵達維也納的幾天時間裡，參觀莫札特的故居博物館雖然能得到一定的滿足，然維也納的「功利」現象，卻也大大出乎我的意料之外。

　　甚至在臨別時，還留下一個極其負面的印象。在前往機場的路上，司機向我索取一個一歐元的錢幣，在到達機場入口處時，即快速協助我們投幣取行李推車。我夫婦內心還讚揚他服務的周到，下車時特地多給了他一些小費。

　　辦理好登記手續後，我將行李車推回到寄存處，從投幣的機器裡取出剛才給司機的一歐元錢幣，然而彈出來的卻是一個大小一模一樣的塑料小塊。這時候我才恍然大悟，原來他在這雞毛蒜皮的細節上作了手腳，目的只不過是多賺一歐元而已。

　　由此我聯想起，這個舉世聞名的音樂之都，出過一個政治人物，他便是從維也納跑到德國成為殺人魔王的希特勒（Adolfo Hitler 1889-1945），不僅使千萬猶太人生命斷送在他手中，甚至還讓德國成為史無前例聲名狼藉的「戰敗國」。

　　維也納在賺取旅遊收入上不遺餘力地下功夫。1865年奧地利國王約瑟夫為了討好夫人西西，特地為她建造了一座金碧輝煌的音

樂廳（Goldener Saar Wiener Musikvereins），至今仍然是維也納音樂之友協會的六大音樂廳之一。由於地處較偏，我和妻子為了一睹丰采，曾冒雨在那個小區裡兜了好幾次才找到。

維也納電視機構從1960年開始，每年在該音樂廳安排維也納愛樂交響樂團演出「新年音樂會」，並向全球轉播。當然背後的動力就是利益。

1987年北京的中央電視台首次轉播了「維也納新年音樂會」後，立即吸引了中國文化界的注意，開始醞釀成一大商機，「中介公司」因此應運而生。金色音樂廳每年在音樂季節，只邀請享有全球聲譽的音樂團體或個人到訪演出，條件極其嚴格。受邀的音樂團體或個人在演出後，都會收到一筆報酬。

其次就是被接受在該音樂廳演出的樂團，必須先申請並經批准後，雙方簽約才得以進行，票房的利潤則由雙方按比例分成。

至於檔期外的兩個月，一般幾乎無人問津，既不是當地一年一度音樂節目的黃金時段，也不是真正獲得維也納音樂機構安排的節目。

然從1996年開始，五花八門的中國音樂演出，就在離經叛道見不得陽光的幕後進行操作了。清一色的自費演唱就這樣依次安排在音樂廳檔期之外的空餘時間演出，而且費用不菲，據了解只要能支付三萬歐元上下的費用，就可以滿足登上金色音樂廳「自我陶醉」的成就感！

到2013年，享譽中國大江南北的民歌歌手宋祖英突然出現在維也納金色音樂廳獻演的新聞，引起社會不小的震撼，咸以為中國的民歌居然征服了西方古典音樂的首府。也因此維也納金色音樂廳在中國人心目中達到登峰造極的地位。

事實上要填滿整個音樂廳裡的1800個座位，卻需要費一番心思。尤其是像宋祖英這樣的「超級歌后」，總不能在她舉行演唱會

時出現尷尬的冷場。所以當地的華人社團就使出渾身解數,為「全場滿座」赴湯蹈火在所不辭了。

最終得到實際利益的當然是金色音樂廳和出謀劃策的「中介」人。在那一段時間裡,中華大地形形色色的「音樂團體」前仆後繼,過足了登台癮後,趁勢到歐洲幾國遊覽,再凱旋歸國。

這個「一個願打一個願挨」的業務交流,給金色音樂廳創造了可觀的外匯收入,也給很多中國的「藝術家」留下經常可以眉飛色舞向親朋好友「吹噓」的成功演出!

到了維也納,我和妻子興致沖沖地去參觀莫札特故居,沒想到被那吱吱咯咯的地板,斑駁的粉牆和橫梁柱子,引起我們對這位潦倒一生的音樂家的身後待遇產生同情和不平。而行走在街頭,無論大商場,小舖頭,還有機場的零售店,只見莫札特頭像的巧克力鋪天蓋地。一個偉大的作曲家,在他奮鬥一生的故鄉,居然成了如此不堪的商業工具!

我們的興趣轉向南邊的中央公墓(Zentralfriodhof),它是在1874年的萬聖節(All Saints Day)落成的。當時維也納市政府在工業大發展的前提下,預感到未來的都市將會有人滿為患之虞而必須作出「未雨綢繆」的計畫。所以特地在東南邊郊外擇地設計了一個佔地2.5平方公里的中央公墓,共擁有三百多萬個墓穴。由於距離城區太遠,落成之初曾遭到不少的反對聲浪。

如今從歷史古城中心地標聖斯蒂芬大教堂(Wien Stephansdom)搭乘地鐵U3線,經過十個站到達終點站Simmerring,從出口處轉乘6號或71號電車,兩站之後到公墓的中間2號入口(Tor 2)處下車,即可直接進入公墓。

從這裡進入公墓後,步行十分鐘,即可到達音樂家的墓園,也是我和妻子專程來到這裡的目的地,向名垂青史的音樂家們獻上最真誠的景仰。

　　遺憾的是因為妻子不慎觸碰了「消除按鍵」，相機裡數百張照片瞬間全部消失。由於歸期無法更改，只得帶著無限的遺憾離開了維也納。

　　2019年我們去歐洲慶祝五十年金婚紀念，在四個月舊地重遊的行程中，特地安排了重返維也納的節目，得以完成在中央公墓將之前失去的記憶重新攝入鏡頭的心願。

　　中央公墓共有四個名人墓園區，分別是32A，32C，14A和14C。在這四個園區內，最受矚目的是第32A區，著名音樂家貝多芬（Ludwig van Beethoven 1770-1827），舒伯特（Franz Schubert 1797-1828），約翰・勃拉姆斯（Johannes Brahms），老約翰・斯特勞斯（Johann Strauss Vater 1804-1849），及小約翰・斯特勞斯（Johann Strauss II 1825-1899）都長眠在此。

　　著名的音樂家莫札特並沒有安葬在這裡，他去世後最初安葬在聖馬可斯公墓（St. Marx Cemetery），但如今那裡只留下一個殘缺的紀念碑，莫札特的遺骸究竟在何處，至今無人知曉。不過為推崇他的成就，後來特地在維也納的中央公墓裡貝多芬和舒伯特墓園之

1 2
1　筆者妻子在貝多芬及舒伯特墓園留影，背後中間是莫札特的紀念碑。
2　莫札特最早安葬的墓園遺址。

間，豎立了一座紀念他的豐碑。

　　雖然維也納被公認為世界頂級的音樂之都，然而它卻沒有德國萊比錫音樂界的和諧協調。音樂家們即使擁有豐富的創作力，仍無法排除人性間的世俗弱點，彼此間為了職業，為了名聲，雖然沒有公開的敵對，暗中的角力卻時有發生。

　　儘管維也納仍掌握著古典音樂的命脈，也是歷代為音樂而奉獻追求者的夢境。世俗的功利主義充斥在各個角落，卻仍有許多善心人，在默默地為社會推動音樂活動。更幸運的是維也納在近兩百年來，名垂青史的音樂家層出不窮，在他們代代薪火相傳時光中，留下一個個不朽的作品，匯聚成浩瀚無垠的音樂大洋，任由喜愛者，崇拜者，追隨者去尋找俯拾即是的音樂果實。

　　維也納歌劇院，每次在演出時，必定在院外廣場邊豎立著一塊巨型的白銀幕，白銀幕正前方還設置了幾張椅子，銀幕上直接播放院內舞台上的演出，讓無力購買入場券的歌劇愛好者，如同劇場內的觀眾一樣，有機會坐在那裡欣賞完整的演出。

　　我們下榻的酒店距離歌劇院步行僅需三分鐘的路程，所以幾乎每晚都會到歌劇院周圍欣賞戶外的歌劇轉播，也藉此觀察維也納帶有濃郁音樂氣氛的社會動向。有一晚正下著小雨，但是歌劇院外廣場上設置的座位仍然是座無虛席，令人感懷不已。

　　徘徊在中央公墓的音樂家墓區，頃刻間就能將沈澱在心中的世俗渣滓洗淨，仰望藍天，在幽靜的樹叢下，感受到那份似乎不屬於人間的安詳，傳遞給我們的是：

　　悠揚的音樂傳承不息，直接賦予我們的更是人生的哲理——音樂家雖然都已無聲，但在那無聲的寂靜中，油然而生的是純淨的崇敬和永恆的祝禱。

（2020年7月25日完稿於溫哥華）

被遺忘的大音樂家薩利艾力，他毒殺了莫札特？

　　凡是到奧地利維也納中央公墓去憑弔著名音樂家時，都會不約而同從中間二號大門進入墓園，向前走約十分鐘左右，即抵達音樂家的特別墓園。貝多芬，舒伯特，勃拉姆斯，斯特勞斯父子等四十多位千秋萬代的音樂家在那裡長眠。

　　唯獨義大利著名作曲家安東尼奧・薩利艾力（Antonio Salieri 1750-1825）孤零零地安葬在公墓入口處右手邊的紅磚牆下。正對面就是公墓的辦公室。

　　這位名噪一時的義大利作曲家，曾經是貝多芬，舒伯特和李斯特等著名作曲家的老師，同時傳授過奧地利作曲家卡爾・澤爾尼（Carl Czerny 1791-1857）及德國作曲家賈科莫・梅葉爾比爾（Giacomo Meyerbeer 1791-1864），甚至還給莫札特的兒子佛蘭茲・夏維爾（Franz Xaver）上過課。

　　用「傳奇性」來形容這位音樂家一點都不誇張，他出生在義大利北部距離維羅納（Verona）城約43公里的小鎮萊雅果（Legnago），自古以來，這個小鎮只產生過連同薩利艾力在內三位文藝界人士，其他兩位是十九世紀的藝術史學家喬凡尼・卡瓦爾卡塞勒（Giovanni Cavalcaselle 1827-1897），及歌劇舞台男中音阿波羅・格藍佛爾迪（Apollo Granforte 1886-1975）。但這兩位在文藝界並沒有多少傑出的成就，於是薩利艾力就成為這小鎮的一枝獨秀了。

　　這個只有兩萬五千人口的小鎮，為紀念這位名震歐洲的音樂家，自2010年開始成為舉世音樂界無人不曉的聖地。那一年，當地的「薩利艾力音樂學院」（The Salieri Academy）首次舉辦了「國際

青年音樂家比賽」（International Young Musician Competition），經過十年的發展，逐漸成為一年一度的國際音樂盛事，使得這座原本名不見經傳的小鎮，一躍而成為國際知名度甚高的音樂城市。

薩利艾力可以稱得上是鴻運高照的音樂界人士。年輕時遇到波希米亞作曲家佛羅里安・萊奧波爾德・葛斯曼（Florian Leopold Gassmann 1729-1774），非常賞識他的音樂才華，於是邀請他前往維也納發展，從而讓這位義大利作曲家在音樂之都終其一身。

在這之前，他也曾受業於另一位波希米亞歌劇作曲家克里斯多夫・威立博德・葛勒克（Christopher Willibald Gluck 1714-1787），成為當時巴洛克古典音樂過渡期的傑出作曲家。一生創作有43部歌劇，芭蕾樂，交響樂，鋼琴協奏曲，頌曲及詠嘆調等。可謂是著作等身。

24歲（1774年）他就擔任了義大利歌劇院的樂團團長。38歲時受到國王約瑟夫二世（Joseph II）的重用，任命他為王室的作曲家，同時也是王室音樂老師。從1788年到1824年，他一直在帝國王室教堂擔任音樂重職（Kapellmeister）。

這是歐洲德國地區十八世紀音樂界的傳統，被公認為權高位重的文化職務，職位的德文是一個複合字彙。前半段「Kappel」原意是教堂，而後半段「Meister」是音樂師的意思，是王室或者貴族的御用宗教音樂家專職，歷史上巴赫，韓德爾等音樂家也都享受過這份殊榮。

薩利艾力不僅在王室權貴圈子裡青雲直上，在維也納社會上，還被選為「維也納音樂家協會」主席，以一個義大利籍的音樂家，能在歐洲音樂之都獨佔鰲頭，因而聲名大噪。1817年，維也納創辦了「維也納演唱學院」（Vien Singakademia），薩利艾力出任首任院長。

1771年，薩利艾力還在弱冠之年，就已經受到王室符騰堡伊莉

莎白公主（Princess Elizabeth Wurtemberg）的青睞，認為他是一位好老師。當時莫札特也在王宮任職，希冀能獲得這一特殊教席，不料被薩利艾力搶得先機。

次年，公主再次聘用薩利艾力為鋼琴老師，莫札特希望這次能獲得良機，遺憾的是他再次失之交臂。莫札特和薩利艾力雖在王室內以同僚相處，彼此間卻因為兩次的職業競爭而產生了敵意。種下了日後在樂壇出現兩人的敵對傳言。

薩利艾力自青年時期，先受到兩位波希米亞作曲家的提攜，接著又被國王約瑟夫二世延攬為宮廷音樂家，期間還前往法國巴黎發展歌劇的演出。與其說薩利艾力是傑出的音樂家，不如視其音樂上的成就歸功於政治上的支持。1790年國王約瑟夫二世去世，薩利艾力因此失去了王室的禮遇和支持，在現實生活下，他只得專注於教職和創作。

不過女王瑪麗亞・特蕾莎（Empress Maria Teresa）對薩利艾力在義大利歌劇創作上讚賞有加，並譽其在德國作曲家中青出於藍。由於他的義大利背景，在高傲的日耳曼民族社會中，過於出人頭地就難免遭到有意或是無心的抵制。

莫札特在1791年去世，正是薩利艾力不惑之年，音樂成就已是名震一時。莫札特去世不久，在沒有任何確鑿的證據下，維也納盛傳他是被薩利艾力毒害的，引起整個音樂之都的震動，一時間薩利艾力是謀殺莫札特的元兇之說，在音樂界傳開，甚至在全歐洲也不脛而走。薩利艾力的聲譽受到嚴重的傷害。

薩利艾力是一位多產作曲家，與此同時，莫札特以而立之年卻聲名大噪，無形中對薩利艾力產生了巨大的壓力。謀害莫札特的謠言紛飛，導致他的信譽掃地。甚至在後來的一百年裡，被俄羅斯文藝界用來作為素材譜寫作品，使得薩利艾力在音樂界的地位一落千丈。

俄羅斯大文豪普希金（Alexander Pushkin 1799-1837）以之為創作題材，在1832年完成了名為「莫札特與薩利艾力」（Motsart I Salieri）的舞台劇。

1898年，俄羅斯的作曲家雷姆斯基‧柯薩科夫（Nikolai Rimsky-Korsakov 1844-1908）又根據普希金的劇本，創作了一部不尋常的歌劇，為名震一時的多產作曲家薩利艾力在含冤不白的情況下，鑄造了永遠無法洗刷的罪孽。

薩利艾力是地道的義大利作曲家，但在維也納帝國生活了整整六十年，通過他自己的勤奮和客觀的條件，成為典型的德國作曲家，然而卻因一個始終沒有得到證實的謠言而被遺忘了一個多世紀。

薩利艾力和莫札特兩人之間，的確因誤會而造成莫札特對這位義大利作曲家的諸多不滿，但也是由於英年早發，意氣用事在所難免。美國傳記作家亞歷山大‧維勞克‧戴耶爾（Alexander Wheelock Thayer 1817-1897）在他的著作《薩利艾力，莫札特的勁敵》（Salieri, Rival of Mozart）曾對這兩位作曲家的對立有過很客觀而細緻的分析及描述：

莫札特的兒子Franz Xaver是在他去世前四個月出生的。稍後薩利艾力還特地為他兒子傳授音樂課程。由此可見，兩人在生前應當是有著純正的友情，彼此間的齟齬，充其量也只是人性中弱點的展現而已。

在莫札特去世前三個多月，特地親自去接薩利艾力及其學生德國歌劇女高音卡特麗娜‧卡瓦利艾立（Caterina Cavalieri 1755-1801）一同到劇場觀賞「魔笛」的首演，時間應該是1791年9月30日。

傳記作家戴耶爾撰寫的【薩利艾力，莫札特的勁敵】封面。

後來莫札特對妻子曾這樣描述稱：薩利艾力從序曲到最後的大合唱，自始至終全神貫注地欣賞，而且對每一個情節都讚不絕口，連連用「好棒」（義大利文Bravo）及「好美」（義大利文Bello）來形容。

假如莫札特對他妻子所說的是事實，那麼又怎麼會發生薩利艾力毒死他的陰謀呢？

由於薩利艾力的拉丁民族背景，而且在以日耳曼民族為首的音樂之都光芒四射，不滿的情緒就會不時從社會上流傳出來。

莫札特的姻親卡爾·瑪利亞·馮·韋伯爾（Carl Maria Von Weber 1786-1826）也是當時德國的著名作曲家及指揮。因為莫扎特兩次在王室中謀職被薩利艾力奪走，於是對這位義大利作曲家也有著間接的不滿態度。

那時候在維也納有一個地位非常特殊的俱樂部Ludiamshohle，因為薩利艾力是會員，所以韋伯爾拒絕加入。不僅如此，在德國音樂界的人士心目中，他們都將薩利艾力視為是一個詭計多端的人物，不值得信任。

除了兩次的王室教席爭奪是他們彼此間摩擦的肇因外，還牽涉到一位他們的共同朋友羅倫索·達·龐德（Lorenzo Da Ponte 1749-1838）。這位出身天主教神父的作曲家，也是一位對歌劇唱詞的撰寫富有特殊天賦的作者，一生為十一位歌劇作曲家譜寫了28部歌劇的唱詞。其中包括薩利艾力多部作品，也在1786，1787及1790年先後為莫札特譜寫了他的幾部成名作：〈費加羅的婚姻〉（Le Nozze di Figaro），〈唐璜〉（Don Giovanni）及〈女人皆如此〉（Cosi Fan Tutte）。

正因為他同時為幾位作曲家譜寫唱詞，顧此失彼的窘狀也就難免發生。當莫札特的作品〈費加羅的婚姻〉1786年在維也納首演時，薩利艾力卻在忙於他作品〈霍拉斯〉（Les Horaces）的演出。

可能為他們譜寫唱詞的作者羅倫索偏向了薩利艾力，造成莫札特的不滿。

另一次當羅倫索於1788年在捷克首都布拉克，正為莫札特另一部歌劇〈唐璜〉布景設計忙碌時，突然被召回維也納，安排為皇家舉辦婚禮的歌劇演出，戲目正是薩利艾力的成名作品〈奧爾姆斯國王阿克蘇爾〉（Axur Re Ormus）。又成為莫札特對薩利艾力反感的口實。

實際上，兩人的恩恩怨怨並非如音樂界所傳那樣的對立。傳記作家戴耶爾指出，莫札特從1785年後在維也納和薩利艾力過從甚密，彼此合作無間。如在1788年，薩利艾力在擔任教堂音樂老師時，曾協助莫札特的〈費加洛的婚禮〉獻演。

由於受到心理和情緒上的壓抑，薩利艾力晚年染上憂鬱症，1825年去世後，於5月20日安葬在Matziesdocter Friedhof公墓，但何時被遷葬至中央公墓的牆角下，只能留給研究學者去考證了。遺憾的是他沒有與貝多芬，舒伯特等學子一同在音樂家專屬區內安眠。

從中國人的尊師重道傳統角度審視，如章回小說《西遊記》第三十一回中所提的「一日為師，終身為父」的教誨，是西方文明中永遠找不到的本質。薩利艾力就是一個非常顯著的例子。他曾經是貝多芬，舒伯特的老師，但是走進維也納中央公墓時，注視著他那簡單而孤單的墓碑，我只能仰天嘆息，一個終身為音樂獻身的作曲家，在那安詳而寧靜的墓園裡，似乎是一位為學生們看大門的「老師」。

這就不免牽扯到歐洲一直流傳到今天的種族歧視問題。日耳曼民族在拉丁族裔面前展現自視過高的姿態，始終是義大利人心頭上的一個死結。雖然德國作曲家華格納（Richard Wagner 1813-1883）對薩利艾力有過高度的評價，認為他是德國作曲家中的德國狂。然而薩利艾力在維也納表現的自大，暴躁，甚至無情，其實完全是出於

在種族歧視的現狀下的自我保護而已。

迄今為止，日耳曼民族以及北歐人對南歐居高臨下的氣勢，仍然是歐洲社會矛盾的顯著現象。美國近年來社會中的種族歧視，以至於因種族歧視而產生的社會矛盾衝突，和歐洲多少世紀以來產生的種種種族矛盾，只能用「殊途同歸」來看待。

值得欣慰的是，義大利作曲家薩利艾力的聲譽重返國際樂壇，得力於1984年發行的一部由導演米洛斯・佛爾曼（Milos Forman）執導的《艾瑪迪斯》（Amadeus）電影。該片名取自莫札特的中間名字，而且獲得八項奧斯卡金像獎，包括最佳影片及最佳音樂。

這部影片等於是給薩利艾力獲得了名譽上的平反。他是在1750年8月18日出生的，在紀念薩利艾力誕生270年之際，撰寫這篇短文正式為紀念他在音樂界的成就，以及洗刷他這一百多年來所承受的冤屈，讓音樂愛好者，得以重溫這位多產作曲家的作品，從中領略並欣賞他的音樂天賦和成就。

（2020年8月18日完稿於溫哥華）

義大利咖啡裡的文化底蘊

　　在匆忙的都市生活中，咖啡早已成為全球公認的飲料，尤其是清晨，不論早餐與否，一杯咖啡在手，不僅僅代表著時髦，更是年輕人不可或缺的提神聖品。

　　在美國，咖啡的消耗似乎都是在「牛飲」狀態下進行。只要稍加注意，就可見到咖啡店裡出售的咖啡都是按照大，中，小三種量劑設置。街頭基礎設施或是大廈建築工地的工人，每天帶到工地的咖啡量似乎有一公升之多，是他們每天八小時的活泉。

義大利咖啡機發明人
Angelo Miriondo簽名照。

　　美國咖啡價廉物不美，即使風行了一百多年的義大利濃咖啡，到了美國後也面目全非。臺灣的上班族，應該都有上7-11的經驗。那裡的義大利牛奶咖啡價格低廉。只要95元新台幣就能滿足咖啡癮。我經歷過臺北一些較為有層次的咖啡館，居然有「買一送一」的咖啡推銷術。

　　因為美國人沒有節制的「牛飲」喝咖啡習慣，引起美國醫學界不時發出咖啡是妨礙健康「元兇」的警告。心臟病，血壓高甚至癌症等等，凡是能將人體疾病和咖啡聯繫起來的，都不會輕易放過。

　　每次前往美國，和當地友人一同喝咖啡時，我拒絕美國式的「牛飲」而偏向歐洲的「小酌」。因為一杯義大利濃咖啡，僅僅25毫升的容量，價格卻是美國一杯250毫升咖啡的三倍。所以很多美國人在衡量咖啡得失時，並非按照咖啡的享受度來區分，而是認為

花那麼多錢，只能嚐到一口又苦又少的咖啡很不值得。

談起歐洲咖啡，不論是來自何處的人士，都會對義大利豎起大拇指，對它的龍頭地位莫不頂禮膜拜。據歷史記載，義大利人自十八世紀就開始飲咖啡。但義大利本身並不出產咖啡豆，所以這個後來成為人見人愛的飲料，也是從歐洲在南美及非洲等地殖民後得到的巨大利益。

經過時代的變遷和經營咖啡者的不斷研究發展，義大利已經成為世界的咖啡精神殿堂。它充滿了外人頗為難於理解的禮儀和神奇的定律。實際上義大利咖啡豆在烘培的程序上並沒有任何特殊的要求，只不過是在製作義大利濃咖啡時，必須注意咖啡豆一定要磨得細膩如粉狀，而且在製作時，必須將咖啡粉末壓得很緊，用高溫水，通過高壓快速將咖啡壓出，才能得到令人精神為之一振的咖啡。

在義大利生活了大半輩子的埃及人咖啡吧主人，經過多年的經營，得出一個獨特的見解，認為要製作一杯好咖啡，任何經營咖啡吧的主人，必須要認清「五M規律」，缺一而不可：

　　1.調配（Miscela）

　　2.咖啡機（Macchina）

　　3.磨豆機（Macinino）

　　4.保養（Manutenzione）

　　5.製作咖啡的技巧（Mani）

十九世紀末葉，歐洲在咖啡製作上起到了革命性的發展，以往每製作一杯咖啡至少需時五分鐘，對趕時間的上班族就成了負擔。聰敏的義大利人在這方面取得了歷史性的突破。1884年義大利北部工業城市都靈（Torino），一位出生自企業世家的年輕人安吉羅・莫寧翁多（Angelo Moriondo 1851-1914），經他手下一位員工的協助，以而立之年發明了第一台咖啡機。

1	2
	3

1 義大利1910年流行的咖啡機。

2 義大利在1960年時代仍然風行的手壓式咖啡機。

3 現在全球普遍使用的商業電子自動咖啡機。

　　他初創的咖啡機，出現在都靈的商業博覽會上引起注意，並榮獲銅牌獎，同時獲得自1884年5月16日起為期六年的專利權。然而他並沒有因此而滿足，繼續從事改良的工作。就在同年11月20日，他再次榮獲創新的專利權。之後仍然繼續不斷地改良，而每次都能輕易過關。

　　經過一年多的不懈努力，他終於在1885年10月23日獲得巴黎國際專利機構確認其發明，並享有專利權。莫寧翁多雖然擁有發明義大利咖啡的權利，但他從未將其擴張為國際性的工業規模，只是將它保留在自己創立的工業範疇中，作為令人稱羨的最佳商業廣告。

　　義大利人在咖啡業國際發展中居功厥偉。也因此在喝義大利咖

啡時，因其種類繁多，所以就必得遵守在什麼場合中喝哪一類的咖啡的要求，才能體現對義大利咖啡的認識，不至於引人笑柄。更重要的是因此而懂得如何去欣賞品嚐每一種咖啡的樂趣。

進入義大利咖啡館，大致可以看到下列幾種不同的咖啡：

1. Expresso或是Caffe——這就是最常見的義大利濃咖啡，基本上每一杯不會超過25毫升的量。義大利人一般都是在早，午餐時品嚐，晚餐後視個人的愛好而定，並無必然的拘束力。全球各地對咖啡的反應是睡眠前絕對不能喝咖啡，否則肯定會失眠。然而義大利的濃咖啡就不然，當地民間有一句諺語：「好咖啡可以幫助你入睡！」不管是否屬實，筆者就有數十春秋晚上喝濃咖啡的嗜好，而且喝過後立即入睡而屢試不爽。這也見仁見智，切忌模仿。

   因為咖啡量的限度，有些義大利人到咖啡吧或是在餐館用餐後要一杯加量的濃咖啡，可以向服務人員要一杯「Caffe Lungo」（通俗的翻譯是「長咖啡」），它的量就是普通濃咖啡的一倍半到雙倍。

2. Cappuccino——如今已在全球流行，尤其是美國的國際連鎖咖啡店「星巴克」，還分大，中，小三種不同的份量。傳統上義大利人僅僅在早餐時喝這種加牛奶的飲料。因為牛奶多，不適合午，晚餐後飲用，不然會加重腸胃的負擔。因為美國人養成不論何時都要喝這種加牛奶的咖啡習慣，到了義大利也會早晚不分地喝而引起當地人的暗笑。

   也因此在美國和臺灣的7-11小賣店，義大利的傳統飲料早已被折騰得面目全非。美國的「星巴克」甚至發明出稀奇古怪名叫Frappuccino的飲料，其中還加奶油和糖漿及各種不同口味的飲料，變成了年輕顧客的嗜好，卻不知其危害人體健康的嚴重性。

3. Caffe macchiato——就在濃咖啡裡加上幾滴牛奶。但在美國，卻已改頭換面，除了在咖啡裡加很多牛奶之外，還添上一些糖漿及奶油，看上去真的是「慘不忍睹」。

4. Caffe corretto——在濃咖啡裡加上一份義大利的烈酒Grapp，或是一小份白蘭地。這都是晚餐或宴會中增加氣氛的享受。

5. Shakerato——將濃咖啡倒在雞尾酒混合杯裡，加上檸檬汁及冰塊用力搖晃約二十秒鐘，待咖啡呈泡沫狀，而冰塊還未完全融化卻已呈透明狀，即可倒入雞尾酒杯中飲用。是夏季的爽心飲料。

6. Granita di Caffe——是炎夏的祛暑飲料。製法很簡單，先將沙糖加水在鍋中融化，加上一杯濃咖啡攪和後，放置在冰箱冷凍櫃裡約半小時，取出用小湯匙或叉子將糖漿咖啡攪碎，再放回冰凍櫃裡，如此周而復始約三小時，取出後，在高杯中先放置一些打好的鮮奶油，再將冷藏的咖啡冰放在中間，上面再加打好的鮮奶油。這樣就是義大利人的冰鎮咖啡了。

從上面的幾種典型的義大利咖啡飲料裡，除了1，2，和3之外，其他種類在美國飲食業裡還很難找到。主要是美國人不知如何去享受這些歐洲有悠久歷史傳統的飲品。

當今名列前茅的義大利咖啡品牌有下列幾種：

1. Illy——1933年創建，總部設在東北角港口特利艾斯迪（Trieste）。

2. Lavazza——1895年在都靈（Torino）創辦，是歷史最悠久的咖啡公司。

3. Segafredo——1973年在義大利中部波洛亞（Bologna）創建。

4. Vergnano——1882年在都靈附近小鎮Chieri設立。

5. Kimbo——1963年創建於南部海港城市那波利（Napoli）。

在這些較為著名的義大利咖啡品牌中，第一種應該是後起之

秀。它一直是專用Arabica咖啡豆作為主要原料。筆者多少年來,也將其作為消費的首選。遺憾的是近年來為了拓廣國際市場,該產品公司為了「量」的增加,不惜犧牲其過去「重質」的一貫傳統。何況義大利經常會有新的品牌上市,給消費者增加不少選項。

第二種咖啡目前其總資產已超越22億歐元,和第四種咖啡同為歷史悠久的產品,在咖啡市場平分秋色,行銷於全球,和第一種咖啡在國際市場中相互競爭。但筆者對這兩種咖啡的香醇味有一定的保留。

第三種咖啡在義大利本國市場銷路甚暢,遍及高速公路兩旁的餐廳,主要機場及火車站的公共餐廳,幾乎是Segafredo的天下。這裡面也許有著政治因素的影響。義大利的政治人物希爾維奧‧貝魯斯孔尼(Silvio Berlusconi)擁有65億美元的資產,在米蘭以地產起家,成為媒體的鉅子,還曾擔任過總理等政治要職,並擁有各種行業,高速公路兩旁的餐廳即為其中之一。

不論是政治的影響力,或是站在商業的立場,義大利咖啡屹立於世,無人能與之抗衡。

如上提及,製作義大利咖啡有其不可忽略的程序,關鍵是從磨咖啡豆開始,到將咖啡粉壓得如同餅乾一般嚴實,再加高溫,快速。凡是鍾情於義大利濃咖啡的消費者,對發明咖啡機創作者佩服得五體投地,其中最關鍵的的是他將蒸氣和水在同一個機器中分離開,從而產生不同的效果。

只要能掌握下列的關鍵標準,製作出來的濃咖啡,肯定是最上乘的飲料:

1. 每製作一杯咖啡,需要咖啡粉約七克左右;
2. 咖啡機出水的溫度,保持在攝氏88-93度之間;
3. 製作出來的咖啡溫度應在攝氏67度;
4. 製作咖啡的水壓,平均在9個bar(1 bar相等於100,000

Kilopascals千帕）；

5. 在製作過程中，咖啡流出的速度約為25秒；

6. 一杯咖啡的量劑為25毫升。

為了培養更多的製作濃咖啡人才，義大利咖啡鉅子伊利（Illy）特地在其總部特利埃斯迪（Trieste）開設了「咖啡大學」為咖啡出產商，咖啡吧經理人員，服務顧客的員工以及和咖啡業有關人士設計不同的科系。

義大利濃咖啡機發明人莫寧翁多在1884年獲得專利權時，曾榮膺一個傳世的頭銜：「安吉羅・莫寧翁多為咖啡飲料生產出經濟而快速的蒸汽機」。而這個蒸汽機經歷了一個多世紀的發展，如今已是風行全球的咖啡飲料製作設備。

由於他沒有保護在國際上生產咖啡機的專利，所以不同型號的咖啡機充斥市場，而且造型也從最初的手壓控制到當今的電子自動，形成激烈的商業競爭。

義大利人發明這機器，始終視其為發揚咖啡文化底蘊的目標，如法國巴黎，葡萄牙里斯本，西班牙馬德里及義大利羅馬，都有上百年的古老咖啡館，通過他們發揚歐洲的文學藝術音樂。筆者將接著在後面的章節中詳細介紹咖啡在這些城市中的文化氣息。

美國人自始至終將咖啡看成是獲取利益的商品。筆者曾在美國星巴克買一杯Cappuccino時，因為加牛奶的量通常是義大利標準的雙倍以上，失去了該咖啡的原汁原味，所以提議他們少放些。

那個妙齡售咖啡員，卻給了我一個哭笑不得的答覆。她說，我已經付了錢，如果少放牛奶就不划算了。究其原因，是她根本不懂如何做地道的義大利加牛奶的咖啡，而只是從價格上計較。我只得在取了之後，將杯中多餘的牛奶，倒在垃圾桶裡了。

別小看一杯只有25毫升的咖啡，卻有很多不為人知的內涵。在義大利咖啡吧裡喝咖啡，一般是站在吧台前，一面淺酌，一面和吧

台後面的服務人員交談。這就是義大利的文化風俗。

　　而站在吧台前喝咖啡和坐在咖啡館或是露天座位時，費用的支付也不同。義大利咖啡價格是由政府統一規定。走遍義大利東南西北，都是一個價格，目前的市價是一杯濃咖啡只收一個歐元，Cappuccino最多也是一個半歐元。如坐在咖啡座享用，就要支付三倍左右的價格，因為裡面包含有各種服務費用。

　　美國人素來對快餐情有獨鍾，只要付錢後，就可以找座位享用。但對歐洲文化的無知，經常會鬧笑話。他們將美國快餐店的習慣，帶到義大利的咖啡吧，因而忽視不易對付的服務人員毫不留情的驅客態度。這其中含有隱晦的政治反感。

　　筆者曾在一個炎熱的夏天，到羅馬火車站露天咖啡吧要了咖啡，坐在那裡看書消磨暑氣。這時候有三位遊客端了食物及飲料在我不遠處坐下。不久咖啡吧服務人員走到那幾個遊客桌前嘀咕了一下，那三位旅客無奈起身離開。

　　那服務員在走過我身邊時，對他剛才趕走那幾個外國遊客的態度傳遞了會心一笑，而且用簡短而帶有不屑意味的言語奚落地說：「這些美國佬！」

　　當然我很清楚，這些美國遊客並不瞭解當地的風俗，所以就糊裡糊塗的坐下了。我也理解那位服務員對美國人的不禮貌中帶有長期以來在義大利人心目中留下的種族反感。

　　這些看似誤解的表現，卻隱含著美國人在世界各地不受歡迎的種因。他們的霸道行為早已令人厭惡，歐洲人對美國的垃圾食品，雖然有部分人因為價格低廉而接受，大多數當地人仍然堅持維繫他們的傳統烹調。

　　義大利咖啡傳到美國後，其發展的速度令人震驚，但是鑒於美國的財大氣粗，以雄厚的資金在全球遍地開花般地開設美式的義大利咖啡連鎖店，義大利咖啡的質量也就可想而知了。

　　義大利人作為早餐飲料的Cappuccino，在美國早已成為早晚不分的大眾飲料，而且通過美國連鎖店，除了義大利之外，充斥在全球市場。其命運就如同中國人的高尚烹調，到了美國只成為無法下嚥的「炒雜碎」。

　　高度文明的濃咖啡，跨過大洋後，變成了粗俗的飲料。充滿樂觀主義的義大利人，見到這樣的情景，也只能兩手一攤，聳聳肩，一臉的無奈！

（2020年9月5日完稿於溫哥華）

融入咖啡裡的文學和音樂（一）

──馬德里希宏咖啡館

　　亞洲人一提到西班牙，立即會和鬥牛相提並論，要不然就是把西班牙南部安達魯西亞的土風舞「佛蘭蒙哥」（Flamenco）舞蹈串聯在一起。其實這些都只是西班牙民間傳統文化的一部分，卻在亞洲人心目中，形成「以訛傳訛」的誤導，反映出亞洲人對西班牙認知的膚淺。

　　羅馬給人的印象是古老而激情，到了馬德里卻是另一片景象，朝氣而帶有活力。雖然西班牙從古到今命運多舛，不斷的外侵勢力給西班牙歷史上留下的是斑斑血淚。尤其是北非摩爾族七個世紀的統治，從無情的屠殺逐漸地轉化成文化的變異，西班牙反而因禍得福豐富了生活的內涵。

　　要澈底瞭解西班牙，就不能忽視北非摩爾人侵略伊比利亞半島的歷史。從公元711年開始，一直到1492年格拉納達（Granada）最後一個摩爾王朝的覆滅，西班牙在阿拉伯人的統治下生活了781年。

西班牙黃金時代劇作家貝卡故居，現為國家一級文物。

　　西班牙歷史上自公元一世紀就已經建立了天主教信仰。到八世紀阿拉伯人的入侵，等同於顛覆伊比利亞半島的信仰習俗。西班牙北部自718年就開始了對抗阿拉伯人的戰爭，逐漸形成天主教王朝抵抗阿拉伯人的「再征戰」（Reconquista）

　　在天主教阿拉岡國王費爾南多二世（Fernando II de Aragon 1452-1516）和卡斯蒂

亞王后伊莎貝拉一世（Isabella I de Castilla 1451-1504）夫婦的通力合作下，於1492年擊敗摩爾人的最後一個據點──西班牙南部格拉納達王國，阿拉伯族裔摩爾人在西班牙覆亡。

為了肅清摩爾人的勢力，費爾南多二世在1478年即開始成立「宗教裁判所」（Inquisicion），計畫最後將所有阿拉伯人驅趕出境。早在中古世紀，天主教就曾發生過教宗主導下的「宗教裁判所」，造成許多宗教上的冤案。而這次則是由國王直接領導施展清除阿拉伯人的手段。

但也有相當一部分阿拉伯人願意留在伊比利亞半島，前提是必須要將他們的信仰從穆斯林轉化成為天主教徒。這些轉換宗教信仰的阿拉伯人，在西班牙被稱為（Morisco），否則就會受到有被處死的威脅。

北非的摩爾人最終在1609年完全被驅離，但給西班牙人留下了豐富的文化遺產。西班牙語文中有近1500個詞彙來自阿拉伯語。並為當地引入了橘子，檸檬，杏子，棗子，桃子，甘蔗，石榴，無花果及生薑等水果，還給西班牙人傳入藏紅花，大米和絲。豐富了西班牙人的日常生活。直至今日西班牙人仍然享受著用藏紅花製作成的海鮮飯，就是阿拉伯人一脈相承的膳食。

1960年筆者在馬德里大學文學院求學選課時，除了拉丁語是必修科外，每個學生從希臘文或是阿拉伯文中任選一科為必修課程。因為阿拉伯人在歷史，藝術及人文各方面留給西班牙人的遺產不計其數，後人在研究這些文化遺產時，就必須有阿拉伯文的根基才能隨心所欲。

信仰天主教的歷代帝王，經歷了艱苦奮戰，重新樹立了人民信仰的根基。到菲利浦二世（Felipe II 1527-1598）達到登峰造極的地位。從1556年登基為西班牙國王，一直到1598年去世，在位四十多年。他在1609年定都馬德里後，將該城市建立為政治中心，並帶領

西班牙進入政治，文學，藝術的全盛時期，也就是西班牙引以為榮的「黃金時代」。

菲利浦二世成為西班牙歷史上具有光輝的君主。他一生曾有過四位王后，分別是葡萄牙瑪麗亞‧瑪露艾娜（Maria Manuela de Portugal 1543-1545），英國瑪麗一世（Mary I of England 1554-1558），荷蘭伊莉莎白女王（Elizabeth of Valois 1559-1568）及奧地利安娜王后（Anna of Austria 1570-1580）。他先後迎娶這四位女后，和他在歐洲及地中海拓展勢力有著千絲萬縷的政治關係。

他的第一任女后婚娶兩年後即去世。九年後，菲利浦二世迎娶了英國的女后瑪麗一世，因女后擁有她在英國的權利，西班牙國王菲利浦二世即自然享有王后的權利。這是歐洲史上傳統稱謂Jure Uxoris（根據妻子的權利）的婚姻關係，法律上菲利浦二世也順理成章地成為英國的君主，一直到四年後瑪麗一世仙逝。

第三任王后瓦魯瓦‧伊莉莎白來自荷蘭，於菲利浦二世結為連理達九年之久，因為菲利浦二世自1555年即已成為荷蘭十七個省的君主，所以在1559年迎娶伊莉莎白女后也就是極其自然的婚姻了。

第三任王后去世兩年後，菲利浦二世迎娶了奧地利的安娜，1570年迎聚入王室，到1580年去世，是菲利浦二世四任王后中婚姻最長的一位。菲利浦二世在最後一任王后去世後未再結婚，獨守空房達18年之久。

菲利浦二世的帝王生涯自1556年加冕開始直到去世，逾四十年統治著歐洲各地，其榮華權勢的威力大致如下：

1. 1554年為義大利拿波里和西西里島王國的君主。

2. 1556-1598年登基為西班牙國王。

3. 1554-1558年因為和瑪麗一世成親，也就享有英國「根據妻子的權利」法令規定而自然擁有英國君主的權利。

4. 1558年掌控了荷蘭十七省的權力而成為君主，這十七省在當時還包含比利時，盧森堡在內。

5. 1580-1598年為葡萄牙國王。

在西班牙歷史上，菲利浦二世無異是西班牙及歐洲大陸擁有絕對權力的君主，不過由於他在財政上缺乏治理的才幹，導致馬德里城市遭受數次財務空虛的危機，稅務因此而大減，從而形成社會貧富懸殊的局面。

| 西班牙國家圖書館的塞萬提斯雕塑。

也由於他崇尚奢華，結交權貴，造成富者奢靡浮華，貧者無立錐之地，埋下後來西班牙歷代王朝社會動盪不安，甚至發生暴亂的局面。

菲利浦二世的治理方針是全力推動改革，直接影響著文學藝術方面的獨樹一幟。聞名於世的小說家塞萬提斯（Miguel de Cervantes Saavedra 1547-1616）即是當時的代表人物。他的不朽名著《唐吉軻德傳》（Ingeniero Hidalgo Don Quijote de la Mancha）不僅是西班牙不朽文學巨作，也是舉世公認的第一部現代小說，甚至可稱為有史以來的最傑出文學作品。

同一時代，馬德里也產生了一位多產戲劇作家羅貝‧迪‧貝卡（Lope de Vega 1562-1616）。他一生除了大量的詩歌作品外，單在戲劇上就留下了逾500部作品。瞭解其文學上成就的歐美學者公認他地位可匹配英國戲劇家莎士比亞（William Shakespeare 1564-1616）。就筆者研究其作品的經歷而言，這位西班牙戲劇家的成就遠遠超越了莎士比亞。之所以不為人知，是因為語言上的阻隔所導致。

英語為世界通用的國際語言，所以在研究莎士比亞時就摒除了

諸多的不便。而若要研究西班牙戲劇家貝卡，首先要克服語言上的障礙。這位與塞萬提斯同時代的戲劇作家，所創作的五百多部戲劇作品，都是用西班牙的詩歌體完成的。其創作的速度也令人震驚，好幾部作品甚至是在二十四小時之內完成的。他一生在馬德里度過，其故居如今被西班牙政府保存為國家一級文物，即可瞭解其文學的地位。

塞萬提斯作品《唐吉軻德傳》1605年初版封面

在西班牙黃金盛世時代，藝術上的輝煌更是值得大書特書。馬德里的藝術博物館，博拉多博物館（Museo del Prado）進門處豎立著藝術家威拉斯蓋茲（Diego Rodriguez de Silva y Velazquez 1599-1660）的雕塑坐像，無庸置疑地代表著他在西班牙藝術界的崇高地位。

他的出生較當代文學家略晚，在菲利浦四世執政期間，受到王室的器重成為御用宮廷畫匠。歷史上曾有記載，王室當時提供給他的日薪是12個雷斯（Reis），約相等於一個宮廷理髮師的待遇。而王室提供給畫家的一年服飾補貼也僅僅是90個杜卡特（Ducats）。這印證了王室的奢靡和受僱於宮廷員工寒酸的鮮明對比。

威拉斯蓋茲一生的畫作大約在110到120幅之間，不能被列入多產的藝術家之林。但是他的作品都具有其獨特的技巧。

他的歷史題材油畫「波雷達的投誠」（La Rendicion de Breda）。源於畫家在1629年受到西班牙國王菲利浦四世的恩准首次前往義大利參觀一年半。當時他曾陪同服務於西班牙軍隊的義大利貴族安布若吉奧‧斯皮諾拉（Ambrogio Spinola），在旅途中獲得其征服荷蘭波雷達城市的故事而產生靈感，在1634及1635年之間完成了這幅作品，成為畫家一生中繪製最成功的油畫之一。

　　筆者在馬德里大學攻讀文學時，曾選修世界藝術史，是西班牙文學院的必修課程，當時選擇了該畫家及其他幾位當代著名藝術家為學習專題。這幅「波雷達的投誠」就是在博拉多博物館真跡前領略到其中的歷史故事以及藝術家的筆下技巧。

　　上世紀九十年代，筆者前往荷蘭拜訪荷蘭籍的教授沃斯特爾（Voster），他的家鄉就是這座曾經被西班牙征服的波雷達小城。從阿姆斯特丹搭乘火車經鹿特丹到波雷達只需要一小時。在求學期間，我曾追隨沃斯特爾教授研究西班牙黃金時代的劇作家貝卡及另一位同時代的劇作家卡爾迪榮（Pedro Calderon de la Barca 1600-1681）。

　　他不僅在西班牙黃金時代的戲劇研究上有獨到的成就，在語言學上也有不凡的造詣，他因編撰西班牙語，荷蘭語及弗蘭迪斯語三種語言辭典為語言的研究提供了非凡貢獻而享譽歐洲。

　　筆者沒有事前告知行程，所以先是給了他一個驚訝，接著十分興奮。他帶領著筆者參觀了這座小鎮的各個歷史重點。並特地到市政府，觀賞大門入口正廳牆上的威拉斯蓋茲油畫「波雷達的投誠」複製版本。

　　沃斯特爾教授看到筆者臉上驚訝神情，微笑著簡略地介紹這一幅複製品，他告訴筆者，複製這幅畫目的是要這座小城不要忘了西班牙曾經對我們的征服。我立即回憶起在馬德里博拉多博物館上課時看到的原作，於是和老師作了一個會心的微笑。

　　從菲利浦二世後，西班牙在朝廷變更中，經濟的盛衰，政治的動盪不安並沒有停止。和鄰國的交惡此起彼伏，西班牙的民間反抗也此起彼伏，到拿破侖入侵達到高潮。在西班牙人心目中逐漸樹立起鬥爭反叛的心態，時至今日人民和政府之間的牴觸情緒仍時有發生。

　　筆者在求學時代經常光顧的希宏大咖啡館（Gran Cafe de

Gijon），就是一些心懷積鬱而欲藉機發抒的激進份子聚會之所。

這家咖啡館是在1888年5月15日由一位名叫谷莫辛杜・葛美茲（Gunmesindo Gomez）投資興建開業。他的初衷只是感恩於事業的成功，對他家鄉西班牙北部阿斯圖里亞（Asturias）省的城市希宏（Gijon）表達感謝而開設。

這家咖啡館座落在馬德里的文化區，地址是雷克萊多斯街（Recoletos）21號。跨過馬路正對面就是菲利浦五世國王在1712年下令建造的皇家圖書館，到十九世紀才變更為西班牙國家圖書館（Biblioteca Nacional de Espana）。從咖啡館轉彎不遠步行即可到達著名的博拉多博物館。

筆者開始光顧這家咖啡館，是每週在博拉多博物館上課後，在前往國家圖書館溫習功課前，先到這家咖啡館喝杯咖啡，當時並不瞭解它的歷史經歷。後來結識了西班牙的著名女作家瑪麗亞・桃樂蕾絲・梅迪奧・艾斯特拉達（Maria Dolores Medio Estrada 1911-1996），她帶領筆者前往希宏咖啡館，在那裡認識了不少當時年輕一代的作家及政治運動人物，慢慢地瞭解到，這家咖啡館在西班牙內戰（1936-1939）結束後，成為戰後文學運動「36時代」（Generacion 36）的聚會場所。

在新時代的文學運動前，這家咖啡館就受到十九世紀末葉到二十世紀初西班牙作家的青睞，其中著名小說家貝雷茲・卡爾多斯（Perez Galdos 1843-1920）就經常光臨。他在西班牙文學界裡，被公認為是繼塞萬提斯後西班牙最重要的小說家，他的文學地位從而給這家咖啡館增色不少。

內戰結束後，當代著名作家如卡密諾・約瑟・塞拉（Camilo Jose Cela 1916-2002）及其他作家在1948年共同建議設立「希宏納達文學獎」（El Premio Nadal del Cafe Gijon），由咖啡館負責提供獎勵。因為咖啡館的創建人來自希宏城市，而且咖啡館也是用該城市

名命名，所以該文學獎後來被轉移到西班牙北部阿斯圖里亞省希宏市旅遊機構，除了逐年頒布文學獎之外，還專為該城市推動旅遊宣傳，一直延續到現在。

在女作家艾斯特拉達的安排下，筆者每週六下午必定出現在希宏咖啡館，參與「36時代」的聚會，其成員有作家，藝術家，也有當時頗為激進的政治運動人物。由於正值佛朗哥元帥執政專制時代，與會的年輕人，尤其是那些身負政治細胞的成員，在每次出席時，幾乎都會不由自主地帶著幾分謹慎。

艾斯特拉達本身也是「36時代」的成員，她的作品中或多或少地帶有為故鄉阿斯圖里亞省煤礦工人抱不平的呼籲，為此她也曾經歷過牢獄之災。

希宏咖啡館在一百多年的歷史潮流中，留下最多的還是文學進步遺產。如詩人赫拉爾果・迪艾哥（Gerargo Diego 1896-1987）組織的「詩人聚會」（La Tertulia de los poetas），馬德里的文化機構（Ateneo）組織的作家及演講者的聚會。

更有影響力的是「青年詩人創作會」（La Juventud Creadora），主題是研究西班牙十六世紀詩人卡爾希拉索・迪・拉・貝卡（Garcilaso de la Vega 1503-1536）。這位古典詩人在短暫生命中，第一個將義大利文藝復興時代的詩歌體，結構及技巧完整地介紹到西班牙，對西班牙詩歌的傳承居功厥偉，起到承先啟後的歷史貢獻。所以在希宏咖啡館組織的聚會，就是以研討卡爾希拉索來鼓勵青年詩人的創作。

事實上，希宏咖啡館在馬德里也成為國際文壇作家及影壇巨星的座上客。如好萊塢著名女性艾娃・卡特勒爾（Eva Gardner 1922-1990），奧爾遜・威爾斯（Orson Welles 1915-1985），約瑟夫・考登（Joseph Cotton 1905-1994），美國小說集短篇小說家杜魯門・卡波特（Trumen Capote 1924-1984）及英國作者喬治・森德爾斯

（George Senders 1906-1972）都曾在那裡留下他們的蹤跡。

在離開西班牙前的一個週末下午，筆者如約出席「36時代」的聚會，注意到與會者往日輕鬆的表情，幾乎都換成凝重的神色，並帶有忐忑不安的情緒。似乎是一個不祥的預兆。

從交談中領悟到這個例行的聚會，似乎已經遭到有關部門的追蹤，所以這次的聚會有可能是最後的一次。為此整個氣氛凸顯不安中帶有幾分憤怒和憂慮。筆者覺察到過去準時出席的兩位年輕人已不見蹤影。經與會者悄悄告知，他們已經到外地暫避風頭去了。

草草地結束了這次的聚會，彼此緊緊地作了告別的擁抱，筆者帶著落寞不捨的思潮在路上緩步，遙望對面國家圖書館門首的塞萬提斯雕塑，引起了筆者的千萬感慨。這位舉世無雙的小說家，畢生窮苦潦倒，還參過軍，當過俘虜，幾乎成為被人出售的奴隸。

再回首菲利浦二世後的西班牙，近四百年的歷史上，戰爭不斷，民不聊生，今天的內戰後興起的專制體系，又何嘗不是西班牙人一脈相承的政治延續？最為明顯的是馬德里和東部地中海濱的加泰隆尼亞之間的矛盾。在他們的眼中，馬德里人只是在那裡悠閒享受，而加泰隆尼亞人民卻要負擔全國三分之一的重稅。迄今為止民族間的矛盾仍然是無休止地暗潮洶湧。

作為一個外國學生，因為曾經飽嚐過內戰的煎熬，接著在臺灣又經歷了威權制度的壓抑，對西班牙的現實不由得會出現處之泰然的定力。當然身處異域，多少還得謹慎。因為不論何種專制體系，如要正面衝突，下場絕對不會有兩樣。

時光流逝如同眼神的一眨，六十年就這樣無情地流逝。雖然當年相交的西班牙作家們都已先後駕鶴西去，然而每次到馬德里時，總會不由自主地前往那個被文化籠罩了幾個世紀的地區，除了回味往日學生時代的生活情趣外，還必定會到希宏咖啡館去小坐片刻。那些曾經匯聚一堂的「36時代」精英的笑容及慷慨的發言，仍然清

晰地在空間迴盪，留下給筆者的是帶有幾分淒情的回憶和眷戀。

　　回顧四周，喝咖啡的，用餐的，只顧談笑風生，希宏咖啡館的往日種種，或許在他們的生活中勾畫不出任何的激情。

　　筆者的思潮中，如同衝擊在岸邊的大浪，似無聲的祝福，又似純真的期盼，這家充滿文學色彩的咖啡館，不知能否重新產生出往昔的動力，賦予西班牙年輕一代甚麼新的使命！

（2020年9月18日完稿於溫哥華）

融入咖啡裡的文學和音樂（二）

──羅馬葛雷哥咖啡館

　　1960年生活在歐洲那段時光裡，最值得回憶的是羅馬的點點滴滴，其中尤為值得懷念的是羅馬市中心「西班牙廣場」的崢嶸歲月。我幾乎每個星期都一定會出現在那裡。

　　「西班牙廣場」是一個歷史的據點，從中央火車站搭乘地鐵兩站路即可到達。每年來自全球各地的遊客到達羅馬後，從來就沒有人會遺漏這個極具吸引人的景點。它擁有天主教和法國政壇許多錯綜複雜的歷史背景，也有膾炙人口的藝術遺產供人憑弔。

　　去羅馬的旅遊者，行前必須在心理上對當地的文化藝術遺跡要有一定的瞭解和認識，才能深入觀察並享受到旅遊的樂趣。否則僅手執相機，帶著「本人到此一遊」的觀念，肯定一無所獲。

　　的確，行走在羅馬的大街小巷，可以說處處是歷史，一根柱，一塊磚都帶著無窮的文化痕跡。除去羅馬帝國的廢墟，或遺留下來的人獸搏鬥場，西方人到羅馬最為感悟的是遍佈大小廣場各異的雕塑。其中尤以十七世紀巴洛克造型著稱的雕塑家江‧羅倫索‧貝里尼（Gian Lorenzo Bernini 1598-1680）的作品最受人景仰。這位受人崇拜的藝術家名字，幾乎和羅馬城市融為一體。

　　西班牙廣場上一座名為「長船噴泉」（Fontana della Barcaccia）就是貝里尼在1627年和他父親彼艾特羅‧貝里尼（Pietro Bernini 1562-1629）合作完成的不朽藝術傑作。貝里尼一生的成就不僅超越了他父親，而且是歐洲甚至國際上最為著稱的藝術家，

　　歐洲曾經有學者稱：「戲劇非莎士比亞莫屬，而雕塑則是貝里尼獨佔鰲頭！」這說明了貝里尼不僅是米開蘭基羅（Michelangelo di Lodovico Buonarroti Simoni 1475-1564）的忠實繼承者，更有青出於藍的崇高地位。

這兩位曠世奇才分別在翡冷翠及羅馬榮登藝術寶座。米開蘭基羅擁有文藝復興時代的先驅尊稱，貝里尼卻是巴洛克雕塑的奇才。雖然兩者之間相距逾百年，卻有著諸多相似之處。

不過貝里尼較米開蘭基羅更為幸運，他得到當時的教宗Urban VIII及樞機主教等宗教領袖的賞識，在羅馬藝術界為人稱羨。1508年米開蘭基羅在教宗久利烏斯（Pope Julius）的命令下，非常不情願地前往梵蒂岡教宗府邸內的西斯廷教堂（Cappella Magna，英文常翻譯為Chapel Sistine），用四年的時間，在1512年完成天花板頂端的畫作。

沒有想到的是，25年之後，另一位教宗又命令米開蘭基羅設計該教堂祭台後面牆上畫作。他從1536年開始，到1541年完成了這幅傳世的壁畫「最後的審判」（il Giudizio Universale）。

由於筆者曾在梵蒂岡第二次大公會議新聞辦公室工作，有了職務的便利，憑藉出入證，輕鬆愉快地隨時進入到西斯廷教堂去瞻仰這幅傳世的藝術巨作。因為筆者和這幅作品還有一段學習時的情結。

筆者在馬德里大學文學院攻讀時，跟隨馬德里博拉多博物館（Museo del Prado）副館長學習世界藝術史。他教學時一絲不苟，嚴肅而認真。給全班期終考時，在黑板上寫下「el juicio final」三個字，只簡略地告訴全班兩百多學生：「兩個小時」，就走出了教室。

這個考題就是米開蘭基羅在西斯廷教堂的壁畫「最後的審判」，要求學生們用自己的思考發揮。筆者絞盡腦汁完成了考試。接到教授通告，考試答案內容還可以，但不能通過，等九月開學前補考。

　　教授的這個提示結局是，整個暑假不敢外出，幾乎每天在西班牙國家圖書館和博拉多博物館度過，將一年學習過的所有歷史建築，雕塑和美術翻來覆去地複習。終於在補考時順利通過。筆者對這位教授不僅沒有抱怨，反而視為終身難忘的恩師。因為他的嚴格要求，使筆者在世界藝術史的學習上獲益匪淺。所以在梵蒂岡工作之暇，必定到西斯廷教堂，面對這幅名著沈思而緬懷學生時代艱辛和豐收交織的情趣。

　　貝里尼在一百年之後，同樣是受到教宗的任命，但他的重任遠超越米開蘭基羅，成為聖彼得大教堂續建工程中的總建築設計師，為後人留下聖彼得大教堂中的不朽之作。他在祭台前聖彼得陵寢上方，設計了用四根螺旋狀鍍銅柱建造的華蓋，成為傳頌的經典之作。

　　這兩位傑出雕塑家不謀而合地分別完成了「大衛」（David）雕塑，米開蘭基羅的作品高5‧17米，原來陳列在翡冷翠的市政大廳（Palazzo Vecchio）前廣場上。後來被移置到今天的「藝術館」（Galleria dell accademia）中，原地則豎立了一座複製品。

　　貝里尼的「大衛」雕塑則保存在羅馬的「博蓋塞別墅博物館」（Villa Borgnese），這座位在大公園裡的別墅，原來是西比奧尼樞機主教（Cardinal Scipione）的官邸，現為對外開放的博物館。貝里尼四座傳世的雕塑均保存在這座博物館中，其中一座即為「大衛」。

　　羅馬還有多處公共場所陳列著貝里尼的作品：著名的那沃納廣場（Piazza Navona）即保存著一座在教宗Innovent X委請下設計創作的「四條河流的噴泉」（Fontana dei Quattro Fiumi），代表著世界上的四大洲：恆河代表亞洲，多瑙河代表歐洲，尼羅河代表非洲及銀河（Rio de la Plata）代表美洲。

　　位在巴爾貝尼利廣場（Piazza Barberini）的另一座貝里尼設計

的噴泉（Fontana Tritone），以及其他分散在各個廣場和建築中的藝術品，充分展現了貝里尼對羅馬的貢獻。所以有人曾如此的評論稱，貝里尼是和整個羅馬城市齊名的藝術家。

　　也許這樣的稱頌有點誇張，但自十七世紀以來，貝里尼在羅馬的藝術地位沒有人能望其項背，卻是不爭的事實。所以凡是到「西班牙廣場」參觀旅遊的客人，如一昧地專注於那一百三十多級的石階而忽視了貝里尼設計的「長船噴泉」，就難免遭人譏為對羅馬「無知」。

　　「西班牙廣場」經歷了數百年的發展，已累積不少歷史的故事和現代化的開拓。如石階的右邊一棟淺棕色的古老房舍，就是英國浪漫派詩人基茲（John Keats 1795-1821）的最後歸宿。他在英國患了肺結核，經朋友的建議到南方較溫暖的地方靜養，但為時已晚，到了羅馬後已沈痾不起。現在這棟建築已成為紀念基茲和他好友，也是同一時代的詩人雪萊（Percy Bysshe Shelley 1792-1822）的紀念館，裡面陳列有關他們二位的諸多歷史文物，包括基茲的一束頭髮。

　　在1960年時代，「西班牙廣場」已發展為義大利著名服裝設計師的集中地，記憶中印象最深的是至今仍為義大利服裝設計的范倫蒂諾（Valentino）。筆者為了謀生，經常要忙於到他們的服裝表演展廳拍攝照片，然後連同稿件發到臺北及香港的服裝雜誌賺取稿費。

　　為了不浪費時間，在拍攝結束後，立即到對面孔托狄大街（Via

西班牙廣場的石階，左側的紅色小屋是英國浪漫派詩人基茲最後彌留之處。

Condotti）上的「葛雷哥咖啡館」（Antico Caffe Greco）要一杯濃咖啡，奮筆疾書完成稿件，然後到郵局寄出。

就此「葛雷哥咖啡館」和筆者結下不解之緣，也是在羅馬光顧最多的咖啡館之一。這家創立於1760年的咖啡館，作為羅馬最古老的咖啡館當之無愧。它的創始人來自希臘，所以咖啡館的義大利名稱「Greco」是「希臘人」的意思，稱其為「古老的希臘咖啡館」最恰當。

筆者之所以選擇在這家古老的咖啡館撰稿，除了因為它的咖啡正宗外，主要是環境十分優雅，內部裝飾一直保留有十八世紀巴洛克的風格，牆壁上繪製的油畫也為這座咖啡場所增添不少藝術氛圍。創建人設計的咖啡桌都不大，但足以放置寫作材料，一疊稿紙，加上一枝圓珠筆。

在長期的光顧後，漸漸地和咖啡館女主人相識，進而從交談中建立了友情。有一天，她見筆者似乎是在沈思，於是走了過來，將一本足足有一呎厚的綠色絲絨封面「書籍」放在咖啡桌上。然後和藹地說，這是她家族經營咖啡館後一直流傳下來的紀念物。裡面都是曾光臨過咖啡館的著名文學家，藝術家，音樂家留下的痕跡。她建議筆者細細品味其中的內容，說完即起身去繼續為照顧咖啡館而忙碌。

在慢慢閱讀了其中的幾頁後，深深吸引著筆者的注意力。裡面匯集了許多名人的手跡，有詩人留下的幾句即興詩句，有音樂家畫下的一些音符，還有藝術家勾畫的卡通或是隨筆。頓時令筆者有如沈浸在浪漫，崇高的文化洗禮中，而這家咖啡館就是一座高超的文化殿堂。

翻閱著每一頁，經歷了德國的文豪歌德，作曲家孟德爾頌和華格納，挪威的劇作家易卜生，以及英國浪漫派詩人拜倫和基茲。似乎穿越在歷代文藝時空隧道中。尤其是對基茲，幻想著在他最後的

歲月裡，帶著沈重的病體從西班牙廣場石階邊的小屋跨過廣場，來到咖啡館休閒，是多麼的綺麗又是多麼的悲悽。

　　一直到十九世紀末至二十世紀，「葛雷哥咖啡館」仍然是現代名人光顧的場所，英國王室的黛安娜公主，好萊塢明星伊莉莎白‧泰勒，劇作家奧爾遜‧威爾斯（Orson Wells）都曾在這裡駐足，美國狩獵水牛綽號為「水牛比爾」（Buffafo Bill 1846-1917）的好萊塢經紀人，也曾穿著印地安人羽毛服飾在這座古老的咖啡館裡留下身影。

　　看完這本無價的集子，環顧四週，深為這家古老咖啡館因此而樹立起高尚的文化氛圍所傾倒。筆者以一個寂寂無名賣文度日的東方人，如同沐浴在古老文化的大海中，洗滌身上的庸俗污漬，從感動中寫下一篇篇不能登大雅之堂的「服裝表演」報導，目的只是用來換取充飢的麵包。

　　自離開羅馬後，幾乎隔不多久必然會重臨斯地，而每次一定會找時間到這座咖啡館小坐片刻，重溫往日的寫作樂趣。當年的那位女主人已交付給她後人繼續經營。當筆者問起那本集子，意欲重溫舊夢時，從她的答覆中得到的僅僅是失落。因為她的家庭已經將它捐獻給羅馬博物館，作為文物永久的歸宿。

　　時光流逝，歲月如梭，轉眼已經是一個甲子的回憶。然而對「葛雷哥咖啡館」的印象猶如昨日一般清新。正思念那位女主人的後裔是否仍然在經營著這家充滿歷史文化藝術的咖啡館，卻傳來一則令人心碎的消息。

　　原來這家咖啡館並不擁有自己的物業，而是按月支付租金來維持營業，引起筆者的臆測和不解。自1760年開設以來，其中有可能數度易主，這麼一座擁有兩百多年歷史的咖啡館，難道就沒有業主曾經有過購買物業一勞永逸的考慮？

　　這條大街是羅馬以出售名牌商鋪為主的商業中心，房租的高昂

自是意料之中。諷刺的是，這條屬於義大利文化歷史的中心街道，業主並非義大利人，而是來自猶太族。據瞭解這位猶太商人在羅馬除了這棟商業大樓外，還擁有三座醫院。其財力之雄厚不言而喻。

「葛雷哥咖啡館」的房租爭議從2017年即已開始，2019年10月23日租約到期，猶太業主要求從18000歐元月租，增加百分之七百到12萬的鉅額房租。這無異是逼迫具有歷史淵源的咖啡館除了歇業別無選擇。

由於咖啡館的歷史悠久，早已是羅馬政府「文化遺產」部門的保護對象。迄今為止，雙方似乎仍在商議，或依舊處在糾纏不清的階段中。猶太人在歷史上遭受過義大利的歧視，到二次大戰時更達到難以生存的頂峰。猶太人猶如被軟禁般控制在一個定居點。如今猶太人已復國，而且有美國政府撐腰，義大利則因為墨索里尼和希特勒的勾結成為戰敗國，受盡美國的控制和欺凌。猶太人是否藉此機會，對義大利施以報復就不得而知了。

作為一個文學研究者，對「葛雷格咖啡館」的情誼也僅僅侷限在文化層次中，至於他們和猶太人之間的房租糾纏，除了羅馬政府斡旋之外，非局外人能妄加既無權也無力的議論。

唯一的期盼就是，希望這座承載著兩百多年歐洲文學，藝術和音樂的歷史遺跡，能夠繼續給後來的文化人士提供光臨的機會，以接力的氣勢，將此薪火代代相傳。

也許筆者再度落腳羅馬時，這座曾賦予筆者靈感和教誨的咖啡館，依然是人頭攢動，香氣四溢。

融入咖啡裡的文學和音樂（三）

──里斯本尼古拉咖啡館

　　第一次前往葡萄牙已經是六十年前的記憶了。當時決定去那個位於大西洋濱海的城市，並沒有任何的旅遊概念，只是因為在梵蒂岡工作期間聽聞葡萄牙法蒂瑪（Fatima）在1917年發生聖母顯靈的故事，引起我一探究竟的構想，給我的好奇與疑竇尋找解答。

　　法蒂瑪位在里斯本東北角，是一個距離首都只有109公里的小鎮，1917年春天，三個年幼的牧羊童，由年僅九歲的露茜亞・多絲・山托斯（Lucia Dos Santos）帶著她的表弟佛蘭西斯哥・瑪爾多（Francisco Marto）及小表妹哈辛塔・瑪爾多（Jacinta Marto），在科瓦・德・伊利亞（Cova de Iria）放羊時，第一次一同見到天使顯靈的奇蹟。

　　那是5月13日的清晨。聖母告訴孩子們自己是「和平天使」也是「葡萄牙的保護神」。從那之後到10月13日，孩子們一共見到聖母顯靈六次。因為有太陽光芒的奇異照射，所以又稱為「太陽奇蹟」（Milagro do Sol）來展現法蒂瑪的聖母顯靈。

　　孩子們第一次見到聖母顯靈後的消息在鎮上不脛而走，由於當時葡萄牙政治氣氛的不安定，引起政府的關注，認為這些孩子受人指使蠱惑人心，為此三個孩子還曾遭遇過牢獄之災。三個孩子目睹聖母顯

1917年發現聖母瑪利亞顯靈的三個牧童，自左至右為露茜亞，佛蘭西斯哥及哈辛塔。

靈的經歷，引起當地凡俗社會和宗教領域之間不同的議論。

三個牧童在6月13日第二次見到聖母瑪麗亞顯靈時，聖母溫和地告訴三個孩子，他們中的兩個較小的很快會被召回天堂，只留下露茜亞在世上，代替她傳播道理。而且預言世界上的戰爭很快就會結束。

也許是巧合，西班牙在1918年發生了大流感傳染病（1918-1920）。男孩佛蘭西斯哥因受感染在1919年4月4日病死，年僅11歲。接著在1920年2月20日，最小的10歲女孩哈辛塔也病死在當地一所教會的兒童醫院，應驗了聖母顯靈時的預言。

在1917年10月13日孩子們見到聖母瑪利亞顯靈的那天，吸引了大批信徒前往見證，在場的群眾一致看到太陽折射的之字型彩色光芒照射在大地上，歷時十多分鐘。這引起了當地神職人員的關切，收集了公眾的見證和評估，記者的報導，以及政府官員的態度及太陽光折射的諸多論證，足以成為對孩子們見到聖母瑪利亞顯靈事蹟充分採信的依據，但教會仍然需要鄭重其事地作進一步的瞭解和調查。最終在1930年10月13日，該教區主教若瑟‧阿爾維斯‧科勒亞‧達‧席爾瓦（Jose Alves Correia da Silva 1872-1957）以函件方式，正式公布承認三個牧童見到聖母顯靈的真實性，並宣布法蒂瑪為天主教信徒們膜拜頂禮的聖地。

經歷了前前後後近三十年的推敲求證，教宗庇佑十二世（Pius XII 1876-1958）在1946年5月13日下令給樞機主教貝勒迪托‧阿羅伊希‧馬塞拉（Benedetto Aloisi Masella 1879-1970），代表他為法蒂瑪聖母瑪麗亞舉行加冕慶典。

1951年樞機主教費迪利科‧特德斯基尼（Federico Tedeschini 1873-1959）親自向成千上萬信徒宣稱，教宗庇佑十二世分別於1931年10月30日、31日和11月1日以及1950年11月8日，先後四次在梵蒂岡花園中親自目擊「陽光奇蹟」。

　　聖母瑪麗亞在第一次顯靈時，曾告訴三個牧童在她顯現的地方建造一座教堂，當地民間在1919年4月28日興建了一座較為簡易的聖堂，取名為「顯靈教堂」（Capelinha des Aparicoes），不過一開始並沒有得到教會的鼓勵和支持。

　　1921年10月13日在該教堂舉行了第一次彌撒，為朝聖的病人所設置的小旅社也同時開始服務。不幸1922年3月6日教堂毀於祝融，一年後重建。

　　筆者造訪時，後來興建的大教堂已具備相當的規模。周邊廊道上，櫛次鱗比地擠滿了朝聖的信徒，陪伴著躺在病床上，或是坐在輪椅上的親人，每人都手執一串玫瑰經唸珠，虔誠地輕聲唸著經文。

　　據梵蒂岡宗教紀錄顯示，在三十多個聖母瑪麗亞顯靈的奇蹟中，至今只有六個得到教會的宣福並祝聖。他們分別是1531年墨西哥城瓜達露佩聖母（Guadalupe）聖蹟，法國最多，共有1830，1846及1858年三次的出現，其中以1858年的路德（Lourde）最具影響力，接著是1879年愛爾蘭的顯靈。1917年法蒂瑪聖母瑪麗亞的顯靈轟動了全球天主教各教區，不僅成為葡萄牙最大的朝聖地，也吸引了全球每年百萬以上天主教信徒前往頂禮膜拜。

　　值得注意的是，在眾多的聖母瑪麗亞顯靈時，大多數都出現在年幼的牧童身上。聖經中許多英雄人物如摩西，大衛等，都被稱為是牧羊人，而天使宣稱耶穌就是「牧羊人，而且是「好牧人」。所以當聖母瑪麗亞顯靈時，接觸的對象以牧童為主，是否巧合凡俗人很難理解。

　　天主教會在審理中確認了法蒂瑪聖母瑪麗亞顯靈的合理性，其中一個重要因素是三個牧童曾敘述他們從聖母那裡接到三個祕密。第一個祕密是聖母展現出地獄的景象，地球下面是一片火海，魔鬼及帶有人形的靈魂在那裡掙扎，在聖母引領下人形的靈魂得以浴火重生而進入天堂。

第二個祕密是預言第一次世界大戰即將結束，但另一場大戰接踵而來。經過神學家的探討，世界上所有發生的戰爭和這個祕密之間關係頗為牽強，唯獨發生在中國的軍閥大戰的年代，似乎和「祕密」中的預言更為吻合。

至於第三個祕密，一直由露茜亞保存著而未對外宣稱。她在1922年14歲時被送到學校就讀，然後於1928年前往西班牙進入修女院成為修女，終身獻身於教會。露茜亞曾宣稱分別在1925，1929，1931，1936和1941年見到聖母顯靈的奇蹟，而且在她從1935年到1941年間撰寫的四部回憶錄中詳實地敘述了這些奇蹟的經過。接著分別在1989及1993年兩次繼續撰寫了她的第五部和第六部回憶錄。

1943年10月她的病情引起主教的擔憂，於是向她施壓，要求她將此祕密用文字正式紀錄下來。修女露茜亞將祕密寫下後，封存在信封中交給主教，並稱要等到1960年或是她去世後才能拆封。主教在1957年12月4日去世，而修女露茜亞一直到2005年2月13日才仙逝，享年97。這個祕密解封後，迄今仍然有不少的爭議。

在全球各地發生的眾多聖母瑪麗亞顯靈事蹟中，1900年在中國河北保定東閭鄉也出現過，那時正值八國聯軍侵華，卻出現了聖母顯靈事蹟，而且有當地信徒目睹聖母引領著一位騎馬的聖人驅趕敵人。

聖麥克（St. Michael）在西方宗教史中是被尊崇為打擊魔鬼的戰神。東閭鄉聖母顯靈出現騎馬聖人，也就和天主教聖人聖麥克聯繫在一起。

東閭的聖母顯靈最終在1932年得到教宗庇佑十一世的宣福。聖母被恭稱為東閭教堂的「中華聖母」（Our Lady of China）。

當地的天主教教堂始建於1880年，是一座歌德式造型，也是中國北方最大的天主教堂，據說可容納數千人望彌撒。1941年因日本侵略而毀於戰火，現存的教堂是後來重建的。

東閭聖母顯靈的歷史片段，使筆者聯想起澳門在葡萄牙統治442年的歷史中，在歐洲和中國之間的宗教傳播中處於至關重要的媒介地位。第一位通過澳門到內陸的義大利耶穌會傳教士利瑪竇（Matteo Ricci 1552-1610）就是一個典範。

為了實現他在中國宣揚宗教的理念，利瑪竇在澳門停留期間，曾編撰了有史以來第一部中葡雙語字典。後來去了北京，因為在天文數學方面的成就，獲得明代萬曆皇帝的器重成為首位受邀進入紫禁城的外國人士。

筆者數度造訪澳門，始終未能嗅出如香港當地英國殖民的傲氣與虛偽，更多的是樸實和樂觀的感受，當然也凸顯商業上的利益算計。這從市面的飲食業和賭博業發展的繁榮就可見一斑。

引起筆者最大興趣的是糕餅店裡的「蛋撻」和餐廳裡的「葡國雞」。過去一直認為「蛋撻」是廣東的傳統茶點之一。自從在澳門看到所有的糕餅店裡都標示著「葡國蛋撻」時，不由得大惑不解。一直到2017年在里斯本觀光時，這一懸念才得以解開。

原來「葡國蛋撻」的確起源於葡萄牙，而且是來自葡萄牙天主教修道院。十八世紀前，三位葡萄牙修道士在法國看到甜點，將製作配方帶回國。那時候修女院都是用蛋清漿洗修女穿著的罩袍，每天會剩下很多的蛋黃。修院就利用這些剩下的蛋黃為原料製作甜點。

日子一久，成了他們餐後的必備甜點。位在里斯本貝勒聖母瑪麗亞教區（Santa Maria de Belem）的赫羅尼莫修道院（Jeronimo Monastery）

筆者妻子在里斯本蛋撻商鋪前享受甜點的神情。

里斯本尼古拉咖啡館的正門首場景。

咖啡館裡至今仍保存著詩人博卡赫的銅雕,增加文化的氛圍。

就是這個甜點配方的擁有者。1834年修道院因故被關閉,修士們將製作甜點的配方出售給當地一家煉糖廠。

經過三年的醞釀,該煉糖廠於1837年在貝勒地區開設了「蛋撻製作工廠」(Fabrica de Pasteis de Belem)開始生產「蛋撻」(葡萄牙文稱為Nata),再經一個多世紀的發展,如今這個從葡萄牙修道院發展出來的甜點,已成為聞名全球的「葡萄牙甜點之王」。

在里斯本商業區,如見到店鋪門前招牌「Fabrica de Pasteis de Nata」就是正宗的葡萄牙甜點了。相比之下,感覺到澳門經過中國人加工後的「葡國蛋撻」味道更為爽口,葡萄牙當地甜得太膩的蛋撻,也許只適合西方人的腸胃。

在里斯本時還有一嚐「葡國雞」的意願。筆者夫婦從甜點店鋪出來後,步行到里斯本城中區的若希奧(Roosio)廣場。里斯本在1755年11月1日那天,適逢教會「清明節」,卻遭到史無前例的大地震。整個城市除了一兩座歷史建築倖存外,幾乎全被夷為平地,以致當地的歷史古蹟寥寥無幾。若希奧廣場雖然是歷史古區,也是在大地震後重新修建的。

到這廣場巡遊的主要目的原本是到當地有歷史紀錄的「尼古拉

咖啡館」（Cafe Nicola）享受一頓美味的「葡國雞」，原來「葡國雞」不是葡萄牙的原汁原味，卻是澳門當地居民的「發明」。

倒不是因為沒有嚐到「葡國雞」而對「尼古拉咖啡館」心生偏見，因為那是當地擁有文學氣息的古老咖啡館，是筆者遍查資料後體認出這是一座必須造訪的咖啡館。

「若希奧廣場」早在十三，十四世紀即已修建，而「尼古拉咖啡館」是第一家在1779年開設的義大利雜貨舖或直接稱為咖啡館，出售各種雜貨兼售咖啡等飲料。業主是一位義大利的小商人尼古拉‧威塔利亞諾（Nicola Vitaliano），他最初用的商舖名字是「尼古拉酒肆」（Botequim do Nicola）。

十九世紀中葉該咖啡館曾一度停業並數度易手，1929年在新業主霍阿金‧佛乃斯卡‧阿爾布蓋爾蓋（Joaquim Fonesca Albuquerque）主持下重新開張，改名為「尼古拉咖啡館」一直沿用到現在，1935年再度裝修後迄今未再變更。拿破崙入侵葡萄牙後，咖啡館一度被法軍佔據成為他們的聚會所。1808年法國從葡萄牙撤退後，尼古拉咖啡館舉行了一場獨立的大聚會。到1930-40年期間還曾經被各國情報人員利用成為歐洲諜報中心。

在慘澹經營下，尼古拉咖啡館逐漸成為文人的聚會所，同時也是當地政客們議論時事的場所。迄今為止，咖啡館裡還懸掛著當地藝術家菲爾南多‧山托斯（Fernando Santos 1892-1966）以葡萄牙詩人曼奴艾爾‧瑪利亞‧巴爾波薩‧杜‧博卡赫（Manuel Maria Barbosa du Bocage 1765-1805）為主題所繪製的幾幅藝術作品。

博卡赫是葡萄牙十八世紀傑出新古典主義詩人。從小就有「神童」的美譽，但其一生命運多舛，不喜歡上學，先後參軍多年，而且風流成性，性格不羈。葡萄牙十六世紀的著名詩人路易斯‧迪‧卡莫伊斯（Luis de Camoes 1524-1580）對其影響甚深。

卡莫伊斯在葡萄牙文壇上的地位，幾可和莎士比亞，荷馬及

但丁等歐洲詩人相配比。他的「盧希阿塔斯之歌」（Os Lusiadas）被認為是葡萄牙的民族史詩，記述葡萄牙探險家瓦斯科・達・伽馬（Vasco da Gama 1469-1524）到達印度的航海探險事蹟。

卡莫伊斯的作品有荷馬史詩的韻味，共分十個篇章，用八行詩歌體完成1102節。有趣的是這部史詩是卡莫伊斯流亡到澳門時完成的，直到他回到葡萄牙三年後於1572年才出版。

博卡赫對這本史詩尊崇有加。也因此他追隨卡莫伊斯的腳印去了印度和澳門。但他在澳門逗留期間，目睹葡萄牙在亞洲的所作所為引以為恥。他為人刁蠻，卻留下不朽的詩歌作品，其中以「十四行詩」最為人所稱頌。最初是用筆名艾爾馬諾・阿卡迪亞（Elmano Arcadia）發表了大量的詩歌，但未能引起文壇的注意。

他和卡莫伊斯有著相似的人生經歷，一生窮困潦倒，甚至在1790年從東方回里斯本時，是在朋友的資助下才得以成行。之後的生活也一直在友人接濟下才能度過。因為居無定所，曾經一度在尼古拉咖啡館樓上棲身，所以咖啡館也成為他和友人相聚的場所，由此與「尼古拉咖啡館」結下不解之緣。

經歷了一百多年的時光流逝，尼古拉咖啡館從義大利人創業開始，到如今仍然是在義大利「馬希莫・扎內迪飲料集團」（Massimo Zanetti Beverage Group）的掌控下經營，實際上這座因為有著博卡赫詩人影響的文雅館舍，至今已成為世俗的商業場所，不得不令人遺憾。但也符合了葡萄牙重商主義。

如今葡萄牙有一款著名的咖啡豆商標就是「尼古拉」，更為諷刺的是在包裝咖啡豆的袋上，尼古拉（Nicola）上面還加印了詩人「博卡赫」（Bocage）的名字，一代詩人的名字竟然成為咖啡豆的商標名稱。

這也勾起筆者在維也納得到的觀感，著名音樂家莫札特的肖像，早已成為當地巧克力的商標橫行在大小商舖中。同樣，北京

的「老舍茶館」究竟是保留這位作家的文化底蘊還是「掛羊頭賣狗肉」的勾當呢？無論是歐洲還是在亞洲，在利益高於一切的社會現象中，用中國人的「斯文掃地」來形容一點都不誇張！

看到博卡赫的名字被印上咖啡豆商標的那一刻，我的思潮隨即回到法蒂瑪聖地。那三個牧童只是貧窮之身，卻給葡萄牙留下一筆豐富的精神財富。年僅11歲的佛蘭西斯哥‧瑪爾多（Francisco Marto 1908-1919）和小他兩歲的妹妹哈辛塔‧瑪爾多（Jacinta Marto 1910-1920）經歷了教廷百年的慎重調查，審理，終於將他們二人的遺骸遷葬到法蒂瑪的聖母瑪利亞大教堂內。

2000年5月13日教宗約翰保羅二世（John Paul II 1920-2005）在法蒂瑪為兩位牧童施宣福禮。2017年5月13日現任教宗佛蘭西斯（Francis 1936-）親臨法蒂瑪，正式冊封兩個牧童為聖徒，並定每年2月20日（哈辛塔去世的日子）為特定紀念日，同時成為病患者特別是病童的保護聖者。

教宗佛蘭西斯在訪問時，正是三位牧童目睹聖母瑪利亞顯靈百週年紀念，他表示，兩個兒童是年紀最小的聖徒，而且不是因為殉道而獲得這項宗教殊榮，哈辛塔更是天主教歷史上年齡最小的聖徒！

至於他們的表姐露茜亞自進入修女院後，一直獻身於教會，直到2005年2月13日去世。當時的教宗約翰保羅二世和即將繼任教宗貝勒迪克特十六世（Benedict XVI 1927-）均表示這位修女遲早會升天。2月15日安葬時，葡萄牙宣布當天為全國哀悼日。恰逢2月20日為葡萄牙國會選舉，也因此而中斷。

她去世後三年，教宗貝勒迪克特十六世在2008年2月13日表示，根據宗教法，教廷對任何一位等待接受宣福禮的逝者，必須要經過五年漫長的時間按照步驟進行審查分析。但對露茜亞修女可以免除這些繁文縟節，無異對未來露茜亞修女授予聖徒地位跨前了一

大步。這個禮遇只有印度加爾各達的德勒莎修女及教宗約翰保羅二世曾經獲得。無可諱言的是修女露茜亞被封為聖徒只是時間的問題。

　　三個牧童為葡萄牙樹立了一個堅實的宗教精神財富。不僅給葡萄牙人民創造了傳世的謙卑信仰，更為全球天主教樹立勸人為善的道德規範。法蒂瑪也早已成為虔誠的天主教徒或是世俗的群眾，在失落的空虛之餘，尋找心靈補償的聖地！

　　如果博卡赫在天堂和這三個牧童相遇，他內心將會出現什麼樣的感受？

（2020年9月20日完稿於溫哥華）

融入咖啡裡的文學和音樂（四）

——巴黎普羅科貝咖啡館

　　上世紀五、六十年代，羅馬的維雷多大街（Via Vittorio Veneto）是一條極為奢靡而浪漫的咖啡街道，充滿了激情甚至放蕩不羈。整條街並不長，但五星級飯店、奢華的咖啡館以及豪華昂貴的商鋪布滿全街。它的聞名全球應歸功於義大利電影導演費迪尼可‧費里尼（Federico Fellini 1920-1993），借用咖啡街的著名「巴黎咖啡館」作為電影「甜蜜生活」（La Dolce Vita）中的重要場景。

　　從此好萊塢影星，國際闊佬等如《甜蜜生活》中的女主角，瑞典籍的女星安妮塔‧艾克波爾格（Anita Ekberg 1931-2015）的身影就經常出現在這家咖啡館。

　　1953年好萊塢在羅馬拍《羅馬假期》（The Roman Holidays），該片男女主角歐黛莉‧赫本（Audrey Hepbum 1929-1993）及格雷哥‧派克（Gregory Peck 1916-2003）以及美國影星加利‧古博（Cary Cooper 1901-1961）及奧爾遜‧威爾斯（Orson Welles 1915-1985）等也會在這座咖啡館的露天咖啡座談笑風生，給追星記者創造捕捉精彩鏡頭的機會。

　　然而曾幾何時，誰也沒有料到這個風靡一時的咖啡街，在半個多世紀後居然風光不再，「巴黎咖啡館」更遭到倒閉的厄運。它對面的「杜尼咖啡館」（Cafe Doney）曾經是政治人物聚會之所，內部陳設以奢華著稱，超大型的沙發，精緻的家具，是義大利政壇人物高高在上地位的體現。如今也已經成為明日黃花。

　　緊挨著杜尼咖啡館的酒店，是1906年由瑞士出資建造的「怡東大飯店」（Hotel Excelsior），1920年出售給「義大利大酒店集團」

（Compagnia Italiana Grandi Alberghi）後數度易手。1985年巴基斯坦穆斯林望族後裔Aga Khan IV，將購入的義大利大酒店集團轉售給美國喜來登大酒店集團，再轉售給威斯汀財團，最後在2015年花落阿拉伯人之手。成為位在卡達爾（Qatar）的卡達拉酒店集團（Katara Hospitality）的資產。

這家大酒店也曾經是美國好萊塢演藝界的聚會之所。1959年好萊塢在羅馬拍攝古裝片《賓漢》（Ben Hur）時，全體演員及攝製組都在該酒店下榻。1973年拍攝鬼怪影片《驅魔師》（The Excocist），也將這酒店作為重要景點之一。1994年美國搖滾樂作曲人寇爾特・柯本（Kurt Cobain）在該酒店套房中過度吸食毒品而喪生。

二次大戰結束後，美軍作為戰勝國進入羅馬，馬克・克拉克將軍（Mark Clark）曾一度徵用該酒店作為其總部。因為距離美國大使館只是一步之遙。

如今，維雷多大街上，該座有一百多年歷史的大酒店仍然聳立在原址，隔鄰的杜尼咖啡館還在那裡擺著「風光不再」的姿態；上世紀六十年代的繁華狂放，也只是羅馬帝國奢靡荒淫的延伸。諷刺的是，當「賓漢」在當地拍攝的時候，那些義大利人始終不捨的羅馬精神，只能從電影中去追尋；咖啡街縱然有金錢和虛榮支撐，卻無法抵禦或抗衡現實生活中的時代轉變，像失去風姿的少女，終究得向衰老年華俯首稱臣。

歐洲有很多咖啡館和文學音樂及藝術相調節，有著堅實的文化基礎，不論是戰爭的摧殘，或是大自然災難的衝擊，始終能屹立不倒。

喝咖啡是歐洲人的嗜好，也是生活中的享受。尤其在南歐諸國，街邊行人道上的露天咖啡座，幾乎一年四季受到青睞。羅馬的人民廣場上兩家咖啡館，已沒有往日的詩情畫意，留下的是來自世

界各地旅客的膚淺交談。

　　西班牙著稱的市中心Gran Via在六十年代時，路邊的咖啡座櫛次鱗比。尤其是傍晚時分，除了咖啡座上座無虛席之外，往返的行人也如同過江之鯽。西班牙人晚餐時間一般是近午夜的十一點，用餐前素有散步的習慣，西班牙文稱為「Paseo」。每當日落華燈初上之時，市中心只見過往行人如織。散步的行人如偶遇熟人在咖啡座上休閒，就不免會駐足交談，即使擋住其他過路人也不會遭到抱怨，西班牙人就是那樣地善良。

　　法國一直是個浪漫瀟灑的國度，巴黎著名香榭里舍大街就如同大眾情人般地受到追捧，幾乎每一個旅客到了巴黎必定會到香榭里舍大道一親芳澤。然而筆者在這條聞名於世的商業大街上所見所聞，除了昂貴的奢侈品，過度要價的餐飲之外，始終找不到她雍容華貴，抑或是濃妝抹艷的真實面貌。櫥窗裡千篇一律庸俗而機械式的「世界名牌」，和行人道上穿著T恤，腳踏拖鞋，背著行囊廉價「遊客」的不相稱，更凸顯的是對巴黎文化尊容的諷刺。

　　巴黎的歷史陳跡隨處可見，國王路易十六世（Louis XVI 1754-1793）被斬首的「革命廣場」，拿破崙（1769-1821）的陵寢，紀念拿破崙勝利的凱旋門（l' Arc de Triomphe de l' Etoile）以及舉世聞名的羅浮宮博物館等遍佈巴黎。

　　巴黎聖母院（Cathedrale Notre Dame de Paris），通過雨果小說改編的電影，成為全球家喻戶曉的歷史古蹟，不幸於2019年4月5日遭遇大火，所幸教堂裡的歷史文物都經過搶救後完好無缺，其中最重要的是耶穌受難時所戴的棘冠得以保存。

　　這些歷史景區幾乎是遊人如織而人滿為患，導致每個景區都要預約，如巴黎聖母院，買了門票不算，進去後如要參觀鐘樓，還得另外購票，而且限時二十分鐘。旅遊事業的發展使得巴黎漸漸失去了文化的薰陶，代之而起的是利益的驅使。

　　巴黎聖母院的正門前廣場上，卻有一個不起眼的小點引起我的極大興趣。那是法國用來丈量從巴黎到全國各地里程的起測點，也是巴黎城區內提供到各個重要區域的路程距離。如從聖母院到香榭里舍大街是4.5公里，到拉丁區是1.2公里，對外來的旅客尋找目標提供不少方便。

　　這使我想起西班牙馬德里也有這樣的一個起始點。它位在馬德里老區「太陽門」（Puerta del Sol）。太陽門在馬德里歷史上是一個非常古老的地區，由於朝向東邊，正好是日出的方向，故而命名為「太陽門」。它的周邊有十條街道呈放射性佈局，起始點就設在古老的郵局正前方人行道旁。

　　在佛朗哥專制時代，這座老郵局曾經是國家內政部和安全部的警政總部，其手下的警察部隊（La Guardia Civil）的主要任務是維護國家安全，現在該建築已成為馬德里大自治區區長辦公室。

　　「太陽門」每年在12月31日半夜舉行迎接新年的特別傳統節目，每個參與的市民手中都握著12顆葡萄，當郵局頂上的鐘聲響起時，市民們即開始將葡萄塞進嘴裡。據說，如果在十二下鐘聲停止時吃完手上12顆葡萄，來年就會有好運。筆者曾試驗過，要在十二下鐘聲中吃下十二顆葡萄，的確不是一件容易事，因為西班牙葡萄又大又厚實，在場的人即使互不相識，彼此間見到對方滿嘴塞滿葡萄的窘態，也不免會面對面嘻笑一番。

　　筆者心目中常懷念而且值得大書特書的是一間巴黎最古老的咖啡館，它的來歷頗具傳奇性，而且是一位來自義大利西西里島的小商販留下的故事，歷久彌新。

　　他就是普羅科比奧・庫多（Procopio Cuto），1651年出生在西西里島首府巴勒爾莫城（Palermo）。一生中曾使用過其他不同的名字，如佛蘭切斯科・普羅科比奧・庫多（Francesco Procopio Cuto），佛蘭切斯科・普羅科比奧・迪・科爾特利（Francesco

Procopio dei Coltelli）和佛蘭索阿・普羅科貝（Francois Procope）。

　　佛蘭切斯科是他祖父的名字，可能是為了紀念祖父，所以在自己的名字上加上佛蘭切斯科。第三個名字後面的Coltelli是「刀」的意思，他從法語中的Des Cuteaux「刀」字翻譯到義大利文，可能是後來入了法國籍後，經營咖啡館而添上這個與烹調有關的名字。最後的一個名字是入籍法國成為當地公民後改的。

　　他的祖父和父親都是漁民，祖父在捕魚閒暇時，就在家自行摸索製作冰淇淋的設備，當時稱為雪糕（Sorbet），是起源於阿拉伯人的傳統食品。由於西西里島曾經被阿拉伯人佔領有兩百多年的歷史（831-1061），所以他祖父潛心製作雪糕的來源應該是來自於阿拉伯人。

　　普羅科比奧就是在少年時代，受到祖父耳濡目染的影響，經常在冬天下雪時，用雪花加不同的果汁、蜂蜜混合成冷飲。祖父見到孫兒對調配雪花和果汁的興趣，就直接將自己製作雪糕的設備傳授給他，並期望他能繼承這份行業。

　　果不其然，普羅科比奧從祖父的小發明上繼續潛心鑽研，逐漸發展成製作不同味道的冰淇淋而且可以批量生產，成為向外推銷的產品。

　　於是他下了走出大山的決心，1672年遠走巴黎，時年才21歲。到了巴黎後，先開始學習如何製作汽水飲料，並且跟隨來自亞美尼亞一個名叫巴斯卡爾（Pascal）的移民小商販，在杜爾弄街Rue de Tournon）上擺設販賣檸檬汁等冷飲和咖啡的小攤子。但是巴斯卡爾並沒有達到他預期的目標，在1675年將小攤子轉讓給了普羅科比奧，自己則遠走倫敦去找財運了。

　　普羅科比奧接手後，更加勤奮地不斷研究，終於推出多種樣品的冷飲，如薏米冰水，及用茴香花、橘子花、肉桂花及素馨花等不同的香料，調和成不同口味的飲料。並在1680年學會了在製作檸檬

冰淇淋的時候，用添加食鹽的方法來降低溫度，從而延長保持低溫的效能，為此他生產的冰淇淋深受公眾喜愛，還得到國王路易十四世的賞識，頒授給他專利權的證書，就這樣他開創的冰淇淋成為獨家生意而在巴黎走紅。

1686年他將小攤販搬到一條名叫Rue des Fosses-Saint German-des-Pres 的街上，就在一年之前，他獲得法國國籍成為法國公民。

業務有了起色後，他決定買下當地一間浴室，將裡面裝修一新，並且用了當時認為是極其奢華的水晶吊燈，貼牆玻璃鏡和大理石桌子等。一時成為時尚紳士喝咖啡聚會之所。

也許是普羅科比奧的時來運轉，聞名的法國唯一國家級喜劇團（Comedie Francaise）於1689年在他咖啡館對面開設了一家劇院，而他咖啡館裡出售的冰淇淋無意間成為社會名流及政治人物的嗜好，從而將他的咖啡館作為聚集之地。

為方便業務的開展，他在1702年將名字改成法國姓名佛蘭索阿‧普羅科貝（Francois Procope），同時將咖啡館改名為普羅科貝咖啡館（Cafe Procope），這個店名一直延用到現在。

早在他經營咖啡館前，就已經有法國人自行開設咖啡館，如1644年海港馬賽就出現過，但不久即倒閉。1643年巴黎也出現過咖

普羅科貝咖啡館正門首。

咖啡館裡仍保存著伏爾泰使用過的桌子和遺物。

啡館，由於經營不善而關門。普羅科比奧的咖啡館不僅供應咖啡，而且採用如蛋杯形狀的瓷杯來盛咖啡，提高了咖啡館的品味。最重要的是他出售的冰淇淋被公認為是歐洲的特殊新產品，獲得上層社會及普羅大眾的喜愛。

　　當時眾多的文人中，伏爾泰（這是他創作用的筆名，原名為佛蘭索阿-馬利・阿諾艾特Francois-Marie Arouet 1694-1778）幾乎將這家咖啡館當成他寫作的書房，而且他喝咖啡時有在咖啡中加入巧克力的癖好。至今咖啡館中還保留著他曾經用過的書桌等遺物。

　　普羅科比奧在1716年將咖啡館交給次子亞歷山大（Alexandre）接手經營，咖啡館也一直是著名作家和政治人物光臨的場所。法國大作家如巴爾扎克（Honore de Balzac 1799-1850），雨果（Victor Hugo 1802-1885）及法國大革命時代的政治人物如喬治・丹屯（George Danton 1759-1794）和讓-保羅・馬拉特（Jean-Paul Marat 1743-1793）等。

　　甚至威震四海的拿破崙（Napoleon Bonaparte 1769-1821）都曾經在咖啡館裡用過餐。美國開國元勳本傑明・佛蘭克林（Benjamin Franklin 1706-1790）曾經在法國出任外交公使職務長達近10年之久（1776-1785），任職期間曾和國王路易十六世（1754-1793）在這家咖啡館商討雙邊同盟關係，至今在咖啡館門首還懸掛著一塊歷史紀念銅牌。美國第三任總統湯瑪斯・傑佛遜（Thomas Jefferson 1743-1826）也曾在1784年被奉派到巴黎和另一位政治人物後來成為美國第二任總統的約翰・亞當斯（John Adams 1735-1826），一同在巴黎協助佛蘭克林和

美國開國元勳佛蘭克林曾擔任過駐法使節，期間和國王路易十六世在咖啡館中商討雙邊同盟協定。

法國國王路易斯十六世談判兩國之間締結同盟關係的協定。這三位美國的外交官，都曾經是小咖啡館的顧客，竟然都是美國的開國元勳，及第二、三任總統，為普羅科貝咖啡館留下不朽的政治光環。

法國政治哲學家及作家羅梭（Jean-Jacques Rousseau 1712-1778）也經常光臨該咖啡館，他的劇本在對面的劇場上演後，如果對演出不滿意，作家便在這裡公開抱怨。

經常光臨咖啡館的傑出人士、騷人墨客不勝枚舉。咖啡館提供的鮮美飲料吸引了他們的注意力，而他們留下的痕跡，又給咖啡館創造了輝煌的歷史。

雖然有兩百多年的歷史，世稱法國歷史上經營最久的咖啡館的說法，也存在一些爭議。因它在1872年那段時間曾經關閉過。後來一位名叫狄娜的男爵夫人（Baronne Thenard）買下了這家咖啡館，但她沒有繼續經營，只是出租給一位文化人士，開設了一家私人藝術沙龍，還用「普羅科貝」作為出版的刊物名稱。直到1920年又重新開設咖啡館，取名為Au Grand Soleil。後來業主發現原來的咖啡館名字很具吸引力，於是「普羅科貝咖啡館」又重新出現在公眾的視野中。

1988年業主將內部裝修恢復到十八世紀的面貌，包括龐

筆者妻子在咖啡館裡享受著巴黎有特色的煎餅。

培時代的紅色牆壁、水晶吊燈，還用橢圓形的畫框，鑲有曾經光臨過該咖啡館社會人士的畫像，更增加了吸引顧客的魅力。

筆者夫婦在2018年到巴黎旅遊的時候，特地造訪了這間富有歷史、文化、政治、哲學等諸多背景的咖啡館。在那裡喝了一杯咖啡。妻子要了一份巴黎人最鍾愛的特產薄餅（Crepe）。當地人用不同的果醬塗在上面再捲起來吃，但是普羅科貝咖啡館的薄餅是加了法國橘子味的烈酒（Liqueur Grand Marnier）。

在結束造訪之前，我特地向女主人徵求允許是否可以上樓參觀。出乎意料的是，這位女主人沒有法國人的傲慢自大，溫柔而友善地同意了我的要求。這是筆者在多次前往法國的歷程中，唯一一次得到法國人出自內心的友善對待，滿足了對整個咖啡館內部陳設巡禮的意願。

坐在咖啡座上，環顧四週，牆上的歷代政治人物或是執筆文豪的畫像，給後人留下的有如一股青煙般，在腦際中短暫地飄忽。唯獨這位義大利小商販因為他的執著和進取，他開創的冰淇淋，經歷了兩百多年的歷史過程，仍然歷久不衰，讓「普羅科貝咖啡館」始終沈浸在歷史的時光隧道中受到讚美。

這一個不見經傳的小小發明，成為普羅科貝窮其一生開拓了義大利人在巴黎甚至在歐洲的冰淇淋產業，從而使他榮獲「義大利冰淇淋之父」的尊稱，更令他家鄉引為無上的榮耀。

2017年巴勒爾莫市政府，用他的義大利全名為市中心的一個廣場命名，稱之為Piazza Francesco Procopio Cuto，視其為當地的榮譽市民。他所發明的冰淇淋，如今已經成為全世界知名的冷飲產品，也為義大利這個世界級食品王國增添了豐富的內涵！

（2020年10月1日完稿於溫哥華）

融入咖啡裡的文學和音樂（五）

──威尼斯佛羅利安咖啡館

　　在義大利生活的那段時光，除了羅馬之外，涉足最多的城市是翡冷翠和威尼斯。每年夏秋之際，在羅馬和威尼斯之間，至少要往返穿梭五次以上，記得有一年，一個夏天就打破紀錄光顧水上城市十多次。除了開車前往觀賞著名歌劇外，就是去姆拉諾（Murano）欣賞當地人工技術吹玻璃製作藝術品的過程。

　　那時候國際觀光事業還沒有發展到像今天這般利慾薰心的程度，除了美日等富有國家之外，所有來羅馬的親朋好友，在遊覽參觀時儘量以節約為主。所以盡地主之誼就成了我的「天職」，不但作司機兼導遊，還得招待一路上的必要開支，更別說陪同到往返一千公里的威尼斯，巨大的精神消耗尤其是個負擔。好在筆者對威尼斯情有獨鍾，每次藉機前往，也就權當學習的機會。

　　筆者對威尼斯產生親切感，是從大學研究莎士比亞戲劇時開始的，他那膾炙人口的劇本「威尼斯的商人」（The Merchant of Venice），是一部諷刺性的喜劇，從中得知「威尼斯」的名字而存心儀之情。但是更令筆者對威尼斯嚮往的是因為馬可波羅（1254-1324）故事的啟發。

　　從小就因讀過馬可波羅的遊記，而產生諸多環遊世界的憧憬。因此莎士比亞劇作、馬可波羅遊記以及威尼斯的文化歷史背景，為筆者打造成一個浪漫而充滿幻想以及必要完成的旅遊夢想。

　　既然在羅馬生活，儘管威尼斯有五百公里之遙，卻因為對其悠久歷史以及水上都市場景的追求，無形中成為生活的必須。每次到威尼斯，必定會重溫馬可波羅東方旅程的膽識。

　　馬可波羅出身商人家庭，父親和叔父都是威尼斯的殷實商人，他們第一次到達中國後，受到忽必烈的款待。馬可波羅從小聽聞他們論述中國的種種，引起極大的興趣。所以在17歲的時候，即跟隨父親和叔父，在1271年穿越中亞沙漠，歷盡艱辛，四年後（1275年）才抵達。忽必烈見到這位義大利年輕人後，顯然對他發生好感而延攬入朝廷為官，歷時十七年。為此他既繼承了父輩的職業，同時也將自己鍛鍊成世界聞名的旅行家。

　　回到義大利後，由於地方勢力相互殺戮，馬可波羅參加戰鬥後失敗，於1296年被捕囚禁在熱那亞監獄中，歷時三年。獄中他認識了在另一場鬥爭中被捕入獄的作家魯斯迪切諾・達・比薩（Rustichello da Pisa）。

　　這位當時頗負盛名的作家，以寫傳奇軼事為主。其出生及死亡年份無從查考，也不知他的姓氏，由於他來自比薩，所以後人就將「比薩」作為他的姓氏。

　　馬可波羅的商人背景很強，但他並不擅長執筆，在獄中遇到魯斯迪切諾後，他對這位獄友講述了在中國的經歷，魯斯迪切諾用當時盛行的法式威尼斯語言一氣呵成，完成了「馬可波羅行記」巨著。這部作品因為並非馬可波羅親手完成，幾個世紀以來，其內容的完整真實性一直在歷史文學界存有不少爭議。

　　這部巨作的義大利文版本是從法式威尼斯語文譯成拉丁文後，再翻譯成義大利文。書名為「il Milione」，中文意思是「一百萬」，起源於馬可波羅的綽號「Emilione」。由於他和忽必烈的非常關係，而且在中國十七年的經歷，回到家鄉後，當地人士幾乎一致認定他擁有來自中國的不尋常財富，從而給他取了「一百萬財富的馬可」綽號，久而久之，他真正的姓氏「波羅」（Polo）反被這個綽號所替代，而且成為他的旅遊傳記書名。

　　另外還有一個對這本書名來源的解釋。在那個時代，當地社會

階層對旅遊記事文章的接受度都有一定的排斥心態，咸認為旅遊書籍中充斥不少的誇張不實的描述，令人難以置信。於是「百萬」就成為「滿紙謊言」同義詞了。

但無可否認的是，馬可波羅在義大利甚至全球人士心目中是絕無僅有的偉大旅行家，這本作品也成為義大利歷史上一部不朽的遊記文學作品。他的故居現在已經成為當地劇場的一部分，前面的廣場也以他的書名而命名。

「馬可波羅行紀」一書對後人影響甚鉅。其中尤為特出的是，它成為哥倫布發現新大陸的指引，產生了前往印度的構想，卻歪打正著地抵達了拉丁美洲。至今受人詬病的是，他發現新大陸後，助長了他搜刮財務，殘殺土著的嚴重罪行；反觀馬可波羅，卻以一個出自商人家庭的年輕人，為人類留下了燦爛的文明交流。

每次到威尼斯就不由自主地會想起馬可波羅跟隨父親及叔父穿越沙漠，不畏艱辛長途跋涉，憑藉沙漠中的駱駝及沿途的馬匹車輛，最終完成歷史上無人能及的夙願。那麼當我們生活在具有現代化的航空器，且能日行千里的時代中，為什麼就不能立志作環球旅行的構思？也許沒有人能如馬可波羅那樣受到帝王的呵護，也無法因為獄中的偶遇而能得到作家的代筆，但馬可波羅始終是筆者大半生實現旅行夢想的啟蒙人。

威尼斯令筆者癡迷之一的就是聖馬可廣場上大教堂門首屋頂上的四匹銅馬。每次到威尼斯，必定會在廣場上對大教堂仰首凝視良久，從牠們的命運中領悟出歐洲歷史上殘酷無情的你爭我奪。

這四匹銅馬原本是羅馬帝國君士坦丁大帝時代競技場中的裝飾，1204年落戶威尼斯，得歸功於當時的威尼斯王國總督恩利科・丹多洛（Doge Enrico Dandolo 1107-1205）以耄耋之年率軍大戰後掠奪的戰利品。拿破崙攻陷威尼斯後，又將這四匹銅馬運到巴黎。直至拿氏敗亡，銅馬才重回威尼斯。

在一次的造訪中，無意間聽到當地權威人士告知，因為聖馬可廣場鴿子的繁衍，大量的糞便堆積在銅馬上造成嚴重的氧化，所以威尼斯市政府考慮將銅馬移到博物館內保存，門首的頂上就用複製品取代。

為此筆者想方設法爬上屋頂，將四匹銅馬一一攝入鏡頭，至今保存在檔案中。果不其然，當筆者再度光顧威尼斯時，四匹銅馬已被遷入大教堂裡，屋頂原址則安裝了複製品，不知情的旅客對其莫不為之讚嘆。

其實聖馬可廣場最為遊人所青睞的就是頗具歷史的兩家咖啡館了，分別在廣場左右兩側遙遙相對。面對聖馬可大教堂的左邊是1638年開設的Caffe Rimedio，一直到1775年才由一位名叫喬基奧·瓜德里（Georgia Quadri）購入後予以裝修，並用他的姓氏為咖啡館命名。1830年再度易手後，新主人仍然保留了咖啡館的原名，並將二樓擴建為廣場上唯一的餐廳。

奧匈帝國在歐洲擴展時，曾經佔領威尼斯，瓜德里咖啡館無形中成為奧地利軍政人員的聚會場所，威尼斯當地人士對其極為不滿和憎恨。

於是對面的佛羅利安咖啡館（Caffe Florian）就成為義大利人鍾愛的地方。許多人以為羅馬的葛雷哥咖啡館是義大利最古老的咖啡館，實際上它只能在羅馬居首，威尼斯的佛羅利安咖啡館才當之無愧。

這家咖啡館是1720年12月29日開業的。威尼斯在經歷了法國、土耳其及奧地利等國的相繼爭奪後，最終回到義大利的懷抱。它的創始人佛羅利安羅·富蘭切斯科里（Floriano Francesconi）為表達愛家鄉的感情，特別以「為威尼斯的勝利」（Alla Venezia Trionfante）給他的咖啡館命名。

咖啡館起初的規模雖只有兩間咖啡室，但很快就引起當地上

層社會尤其是文化界的注意
而經常光顧。其中包括有
義大利著名戲劇作家卡諾‧
果爾多尼（Carlo Gordoni
1707-1793），及當地作家賈
科莫‧卡薩諾瓦（Giacomo
Casanova 1725-1798）。後者
因為父母均為演員，自幼欠
缺家庭溫暖，跟隨著當地一

咖啡館裡的中國廳。

位神職人員生活多年。後奮發向上成為律師，和王室、教宗、樞機
主教及上層社會結為深交，竟養成了奢侈風流的積習，以致他的名
字成為「風流成性」的代名詞。

　　卡薩諾瓦給後人留下一部自傳「我生命中的故事」（Histoire
de ma Vie）迄今為止仍然被公認為是對十八世紀歐洲的社會動態及
人生百態描述得最真實的一部作品，也因為他對女性的追逐，反映
了當時歐洲生活的糜爛和荒唐。

　　咖啡館創始人後來用他自己的名字為咖啡館命名為「Caffe
Florian」，並在1750年擴張到四間咖啡室。他的孫子瓦倫蒂諾在
1773年接手，1814年瓦倫蒂諾再交給兒子安東尼奧經營。這座咖啡
館經過了四代人在一百年間的苦心經營，有了一定的規模。

　　這期間經歷了戰爭及政治的干擾。1796年，法國大革命的影響
遍及歐洲，威尼斯王國擔心會受到法國革命意識的傳播，曾經一度
下令瓦倫蒂諾關閉。1858年後咖啡館曾數度易手，雖然業主已經不
是原來創始人的後裔，但依舊沿襲著佛羅利安的名字，並將內部
加以裝修，增加了四間咖啡室，分別是「議員廳」（Sala del Senato
「中國廳」（Sala Cinese），「遠東廳」（Sala Orientale）和「希臘
廳」（Sala Greca）。其中「議員廳」裡有十一幅代表藝術和科學的

作品，是很多愛國人士用來議事的場所。

　　為突出亞洲異域風光展現的效果，設計「中國廳」和「遠東廳」的藝術家，有意地將兩個廳連接在一起，並用窗戶的佈局，使得在那裡飲咖啡的客人感覺上在迷宮中作樂。然而由於裝飾廳堂的設計師缺乏對東方文化的深入認識，「中國廳」裡陳列的畫作內容只是一些所謂的情人場景。「遠東廳」裡繪製的則是異鄉婦女的畫像。

　　這令筆者在酌飲咖啡時，聯想起在西西里島首府巴勒爾莫參觀歷史古蹟「諾曼皇宮」（Palazza dei Normanni）時，見到其所謂的「中國廳」，廳堂內裝飾的畫雕居然都是不堪入目，趣味低俗的「春宮」圖，令人啼笑皆非，牆上的中文字也令人如墜五里霧中。在那個時代，描述東方文化是歐洲極為普遍的時尚表現，法國、荷蘭等地的王宮中皆可看到，只能被視為是文明歐洲對東方文化帶有藐視的「無知」。

　　咖啡館在1872年和1891年再增添了兩個咖啡廳，分別是「名人廳」（Sala degli Uomini Illustri）及「四季廳」（Sala delle Stagioni）。「名人廳」裡懸掛著十多幅義大利的名人畫像，包括義大利劇作家果爾多尼和馬可波羅。至於「四季廳」則繪製了代表四季的四幅女性畫像。到了1920年，經營者再為咖啡廳增加了一個「自由廳」（Sala della Liberta）用手繪的鏡子作為裝飾。

　　因為這座咖啡館內部裝修得雅典清怡，和對面的瓜德里咖啡館形成強烈對比。給人的普遍印象是瓜德里咖啡館氣氛浮躁喧鬧，而佛羅利安咖啡館一直保持著它自開設以來的高雅。所以始終是歐洲文學作家到威尼斯時的必選去處。其中就有英國小說家狄更斯（Charles Dickens 1812-1870），浪漫派詩人拜倫。義大利當地的文人更是不計其數，包括詩人吳哥·佛士科羅（Ugo Foscolo 1778-1827）及卡布里艾勒·達努基奧（Gabriele D' Annunzio 1863-

1938）。

1893年，威尼斯市長里卡多‧薩爾
瓦蒂科（Ricardo Salvatico），在「議員
廳」用餐時，突然觸發靈感，想借咖啡
館的藝術魅力，舉辦國際美術展覽。經
他的努力促使威尼斯議會一致通過舉辦
「第一屆威尼斯市國際藝術展覽會」
（Prima Esposizione Internazionale d'Arte

1895年第一屆威尼斯國際
藝術節的宣傳海報。

della Citta di Venezia）。特地選擇在1895年4月30日開幕，目的是為
慶祝國王翁貝爾多一世（Umberto I 1844-1900）及王后馬格麗特‧
莎沃雅（Margherita di Savoia 1851-1926）的銀婚大慶。

　　令市長先生始料未及的是，半年的展出居然吸引了超過二十萬
觀眾的光臨，從而增強了他繼續舉辦藝術展的意願，最終決定每兩
年舉辦一次。經歷了一百多年不斷的改進，至今已成為世界公認國
際上最大也是最重要的藝術雙年展，並將名稱簡化為「威尼斯雙年
展」（La Biennale di Venezia）。

　　臺灣在1995年首次以「臺灣藝術」為主題參加了威尼斯雙年
展，但早在1957年和1959年，臺灣藝術家蕭勤（1935-）和楊英風
（1926-1997）就曾經以個人名義參加了威尼斯雙年展。中國則遲
至2005年才首見出席。

　　2017年，中國現代派藝術家邱志傑率領一個藝術家代表團，以
「代代相傳」（Continuum, Generation by Generation）為主題，在中
國館展出了代表作。其中有一位頗為引人注目的藝術家來自蘇州的
刺繡高手姚慧芬女士，她藉著蘇繡作品的展出，凸顯出威尼斯和中
國之間的文化交流淵源。

　　假如馬可波羅再世，看到姚慧芬的驚人傑作，相信他一定會興
起故地重遊的念頭。義大利人對中國絲綢的瞭解，就是通過馬可波

羅傳遞的。聖馬可廣場上具有三百年歷史的佛羅利安咖啡館，造就了威尼斯雙年展的興起，有誰會料到，一座只是供群眾喝咖啡交談的場所，帶給威尼斯的竟然是國際上首屈一指的藝術價值！

　　在當前心冠肺炎病毒蔓延全球之際，義大利曾遭受到毀滅性的衝擊，西班牙、法國和葡萄牙也均未倖免，因此對這幾家將文化和咖啡聯繫在一起的咖啡館的未來感到憂心忡忡，當務之急是如何解救眼前面臨的經營困境。他們能否繼續生存的命運，只能寄希望於疫情的早日過去及社會經濟的恢復。

　　筆者對這幾家咖啡館都有著深厚而千絲萬縷的情份，期待著疫情過後，舊地重遊，能在那裡喝一杯濃郁的咖啡，重溫往日的異國情誼，最重要的是能看到它們的面貌依舊，別來無恙！

（2020年10月8日完稿於溫哥華）

國家圖書館出版品預行編目

蒼茫追憶 / 文劍著. -- 臺北市：致出版，
 2021.09
    面；　公分
    ISBN 978-986-5573-19-5 (平裝)

1.遊記 2.旅遊文學 3.世界地理

719   110013789

優傳媒叢書02

蒼茫追憶

作　　者／文劍
出版策劃／致出版
製作銷售／秀威資訊科技股份有限公司
　　　　　114 台北市內湖區瑞光路76巷69號2樓
　　　　　電話：+886-2-2796-3638
　　　　　傳真：+886-2-2796-1377
網路訂購／秀威書店：https://store.showwe.tw
　　　　　博客來網路書店：https://www.books.com.tw
　　　　　三民網路書店：https://www.m.sanmin.com.tw
　　　　　讀冊生活：https://www.taaze.tw

出版日期／2021年9月　　定價／500元

致 出 版　　　　　　　　　　向出版者致敬